集人文社科之思　刊专业学术之声

集 刊 名：清华社会学评论
主办单位：清华大学社会学系
主　　编：王天夫
执行主编：严　飞

(No.19) TSINGHUA SOCIOLOGICAL REVIEW

第十九辑

集刊序列号：PIJ-2012-057

中国集刊网：www.jikan.com.cn/ 清华社会学评论

集刊投约稿平台：www.iedol.cn

清华大学社会学系　主办

清华社会学评论

Tsinghua Sociological Review　　第十九辑　No.19

主　编／王天夫　　执行主编／严　飞

社会科学文献出版社
SOCIAL SCIENCES ACADEMIC PRESS (CHINA)

卷首语

清华大学社会学系建系于1926年，作为第一批在清华大学中设置的17个学科之一，由此开启了它的辉煌历程。

1932年，系主任陈达在一次纪念周会上发表演讲，向全校师生介绍社会学系。他指出，"社会学普通最简单之定义为：采用科学方法，研究人类社会。可注意者有三点：一为'科学方法'，二为'人类'，三为'社会'。本校社会学及人类学系依此以订之工作"。

在这三点的基础上，老清华社会学系的研究工作分两方面进行。一是关注文献的搜集，如中国当时的社会事实。确定的社会问题有十八门，如人口、农业、妇女、犯罪、劳工等，每门在报章中找一部分的研究资料，每日剪出有关的材料，自民国12年（1923年）至1949年，此项工作从未间断。二是重视实地的田野调查。清华大学社会学系所教授的课程中包含社会机关参观及调查实习，可让学生拥有调查的经验。自1934年春季起，已进行的及在计划中的有八家村的实验工作、村小学改进，以及村民生计（小本借款、手工业）、乡村卫生（为井水消毒、修路）、社会环境的革新等工作。

老清华社会学系自1928年起增聘教师，除教授兼系主任陈达和教员王士达二人外，又增聘李济、傅尚霖、史禄国（Sergei Shirokogorov）、吴景超、潘光旦和李景汉，以及多名讲师和助教。系里的主要教授都是清华学校毕业留美的学生。例如，陈达是美国哥伦比亚大学博士，随美国"社会学大师"奥格本（William Ogburn）等研究社会学，来校前曾担任过美国劳工统计局职员。吴景超是美国芝加哥大学博士，随美国芝加哥学派鼻祖帕克（Robert Park）从事都市生活研究，来校前曾任金陵大学社会学系主任。潘光旦是美国哥伦比亚大学硕士，来校前曾担任过上海政治大学教务长。李景汉是美国加利福尼亚大学硕士，并曾在哥伦比亚大学研究院学习，来校前曾任中华平民教育促进会定县实验区调查部主任。

西南联大期间，社会学者们在昆明继续从事社会学的教学工作。1938年，清华大学国情普查研究所在昆明成立，陈达教授任所长，李景汉教授任调查组组长，统计组组长为戴世光，另有教员、助教苏汝江等，以及本校毕业生多人。

在这段时期内，云南呈贡县城的魁星阁内有吴文藻、费孝通等主持的云南大学社会学研究室，文庙内有陈达、李景汉、戴世光负责的西南联大清华大学国情普查研究所，这两个学术共同体分别以社区调查和人口普查作为社会学中国化的实践方式，在社会学调查的理论、方法及取得科学成果等方面实现了社会学的中国化，形成了"魁阁学派"和"文庙学派"，成为早期社会学中国化进程中两个主要的学术流派，对中国社会学及国际社会学界产生了重大影响。

老清华社会学的形成与发展，正发生在近代中国社会从传统到现代、承前启后的关键时代，正所谓"素履之往，其行天下。士如皓月，其心朗朗"。基于此，本辑特推出"把中国问题放在心中：老清华社会学的理论与实践"专题，共包含7篇文章，展现了老清华社会学的社会关怀与田野调查，从历史的维度深度再现早期中国社会学家对于社会学本土化的探索与实践。

本辑同时还设有"社会学理论研究年度述评"专题，对2022年英文学界社会学理论研究的脉动与趋势进行回顾与综述。作者孙宇凡指出，社会学理论研究在三个共识上有所松动：一是迈向社会学理论史的量化研究，二是迈向作为认知实践的社会学理论研究，三是迈向规范评估的社会学批判。社会学理论家不仅将理论作为一种文本的解读，也开始重视"做理论"的认知实践，通过量化方法回应经典问题，并将过往易被忽视的幸福、善意与正义等方面的伦理意义带入社会批判。

本辑收录的其他重点学术论文包括：何江穗、郭于华通过对自组织捐助活动过程的分析，探讨了当前社会信任重建的条件及路径；张岳、安丽哲将"葬礼麻将"作为经验材料，对城市社会中的葬礼进行了死亡社会学研究；王兆鑫、田杰剖析了重点大学中农村学子婚恋选择背后的情感再生产问题，为考察社会分层与流动提供了一个新的透镜；刘诗谣通过对资源枯竭型城市下岗工人生存样态的观察，分析了国家政策与社会变迁背景下的"新东北现象"；撒浩轩对中国农村土地模糊产权制度进行了社会学解读。

严 飞

《清华社会学评论》执行主编

清华社会学评论

第十九辑　　　　　　　　　　　　　　　　　　2023 年 6 月出版

把中国问题放在心中：老清华社会学的理论与实践

社会学理论研究年度述评

学术论文

清华学派关于中国乡村出路之论

——吴景超与"李约瑟之谜"的"文化"续篇

张小军[*]

摘　要：中国乡村的发展之路是民国时期社会学的主要论题之一，其四种代表性观点都与社会学的清华学派有关，即吴景超的城市工业化带动乡村发展之路，李景汉的乡村社会调查和傅葆琛的教育优先的乡村建设运动，费孝通的乡村工业化发展之路，袁方的城乡一体有机发展之路。这些观点以不同的社会观察形成了互补。吴景超提出中国社会的"文化的问题"对于破题乡村发展具有重要意义。他们的学术贡献，为民国时期著称于学界的清华社会学学派做了一个致力于中国乡村发展的脚注，反映出这个学术共同体宽广的学术视野和社会情怀。

关键词：乡村　清华学派　吴景超　民国　城乡关系

回顾民国时期社会学和人类学对于乡村发展出路的论断，可以归纳为四种具有代表性的观点。并非完全巧合的是，这四种观点都与当年在清华社会学系（包括西南联大时期）任教过的学者有关，他们的学术贡献，为民国时期著称于学界的清华社会学学派做了一个致力于中国乡村发展的脚注，反映出这个学术共同体宽广的学术视野和社会情怀。清华学派这四种代表性的观点是：①吴景超的城市工业化带动乡村发展之路；②李景汉的乡村社会调查和傅葆琛的教育优先的乡村建设运动；③费孝通的乡村工业化发展之路；

---

[*]　张小军，清华大学社会学系教授。

④袁方的城乡一体有机发展之路。吴景超、李景汉、傅葆琛、费孝通、袁方提出上述观点时，正是他们任教于清华社会学系的时期。20世纪50年代开始的城市化和工业化运动以及由此形成的城乡"剪刀差"，80年代提出的城乡一体化协调发展，90年代提出的"三农问题"，21世纪提出的"城市支持农村""工业反哺农业"，21世纪10年代发起的"城镇化"运动，2018年提出的城镇化、逆城镇化两个方面要相得益彰、相辅相成①，以及乡村振兴战略的提出，无论怎样"曲折"于城乡之间，都没有脱离上述四种代表性观点所讨论的基本路向。1949年以来逐渐形成的城乡户籍的二分，更是一道深深的历史犁沟，将城乡的差别制度化。遗憾的是，清华学派的上述理论在20世纪后半叶长期被湮没，其中有很多理论精髓被忽视。因此，今天我们回顾民国时期清华学派的学术贡献，不仅是学术上的再思考，也是对那个年代"独立之精神、自由之思想"的纪念。

一　吴景超：城市工业化带动乡村发展

吴景超（1901~1968）1915年考入清华留美预备学校，1925~1928年入芝加哥大学攻读硕士学位和博士学位，1931年秋任清华大学教授，1932年任清华大学教务长，1935年底离开清华大学赴南京任国民政府行政院秘书，1946年任中国善后救济总署顾问，1947年重回清华大学社会学系任教授。

吴景超的工业化和城市化思想源自他对当时中国社会的分析。在《第四种国家的出路》（1937）一书中，他指出"第四种国家"人口密度高、农业人口多。如何改造这样一个农业水平低、生产技术落后、分配不公平、人口密度高的农村社会？吴景超的观点之一是通过都市化和工业化来救济乡村。1948年3月1日，一批以清华教授为主的学界领袖成立了"中国社会经济研究会"，第一批理事共11人，其中有吴景超和潘光旦（陈正茂，

---

① 《习近平：发展是第一要务，人才是第一资源，创新是第一动力》，新华网，2018年3月7日。

2010）。该研究会创办了《新路》周刊，在创刊号上刊登了著名的"三十二条"，即《中国社会经济研究会的初步主张》，其中第十七条是"国家应运用各种合理的政策，积极促进我国经济的现代化与工业化"（吴景超，2010b：28），体现了吴景超的思想。吴景超从城市与农村的关系入手，认为应该发展都市工业以救济乡村，其要点包括：不反对农村发展的其他出路；工业发展不一定以农业发展为基础；工业不一定在城市中发展；工业发展并非与农业发展脱离，而是共同发展；等等。吴景超还认为，城市应主要发展三种事业：一是兴办工业，可以让一部分农民迁入城市；二是发展交通，便于城乡沟通和农产品的流动；三是扩充金融，让农民借款有方、高利贷者无计可施。假如做到这几点，城市工业对于农民的贡献是显而易见的。吴景超还提出了"都市意识"，即地方领袖在其势力范围内全力经营，城乡共存共荣；如果城市领袖都有这种"都市意识"，早晚农村有繁荣的一日（吴景超，2010b：93~95；吕文浩，2020b）。

吴景超一直反对"农业立国"的论点，称其为"经济上的复古论"。他的基本出发点乃是民生：

> 我们以为中国的劳苦大众，在衣食住行四方面的欲望，要求满足，乃是做人应有的权利。而且在衣食住行之外，对于教育、娱乐、交际、卫生、旅游等方面，想享受一点他们现在没有享受到的快乐，也决不能视为逾分的。但是现在这种生产方法之下，上面所说的欲望，是不能充分满足的。所以我们要提倡改良生产方法，要提倡走工业化的路。（吴景超，2010c：113）

他批评徐旭生的"以农立国"观点及其《教育罪言》对农业教育的主张，认为它们来自梁漱溟的乡村教育思想。徐旭生曾认为，"中国是以农立国的，我们相信不惟今日如是，即将来亦仍如是"。吴景超则认为，"以农立国"如果是指中国农业人口居多，是十分可怜的看法；如果是说中国农业社会长期不变，那通过乡村教育改变乡村又有何意义？（吴景超，2010c：

102~108）吴景超认为乡建运动忽略了农村生计问题。"在现在这种农村运动已经成为一种时髦的时候，我愿意诚恳地指出，就是中国农民的生计问题，不是现在各地的农村运动所能解决的。假如现在还有人迷信农村运动，可以解决中国农民的生计问题，将来一定会失望，会悲观。"实际上，乡建运动中也有从民生入手的看法，如卢作孚①提出为民生而发展实业，通过都市化促进乡村现代化。吴景超认为，"中国现在的问题，最急切的一个，无疑的是统一问题"。农民生计是其中的一部分，应该与工业、矿业、运输业、交通业、商业等问题一同解决（吴景超，2010c：17~18）。这里的"统一"指国家能够统筹经济建设，这样一种"经济统一论"的思想，无疑影响了他对于工业救济农业的具体思考。

在《新路》第一卷第七期上，吴景超在"论坛"专栏中发表了《中国工业化的资本问题》一文，反映出他对农村的关注，提出希望通过工业化大量转移农业人口到工业中来。当时的《新路》"论坛"专栏分为"本文"、"讨论"和"总答复"三部分，体现出随说、随辩、随答的民主学风。丁忱②在"讨论"中对吴景超的观点提出了不同看法，他认为在讨论工业化的资本问题时，不仅应注意筹集资本用于工业化，更应注重这种积聚资本的负担落在社会哪部分人的肩上，工业化的利益又被哪些人占享得最多，需要留神多数人的血汗肥了少数的有钱人。他还对农业人口向工业转移的幅度提出了疑问，并担心走日本快速工业化的路，会带来少数人独享成果。对此，吴景超在"总答复"中没有直接回答丁忱关于资本计算和人口转移的疑问，而是说"至于将来真正建设的时候，对于资本的需要，大约是一个政权的意志的表示，与我那几套数字，也许根本无关"（吴景超，2010d）。吴景超所谓最终要让"政权的意志"来解决，似乎反映出工业发展对于农业及其人口影响的复杂与深远，并寄望于国家。后来的历史演变，似乎也在不断说

---

①　卢作孚，著名爱国实业家和西南乡建运动的领袖，著有长文《乡村建设》（1929），以在重庆北碚的乡建实验而著称。

②　丁忱，1945年获哈佛大学经济学博士学位，专攻工业化资金积累，博士学位论文为《工业化、资本结构和内部积累：战后中国工业化考察》。

明这一点。然而,"国家的视角"以及政府如何面对农村和农民为城市工业发展所付出的巨大代价,恐怕还要留给历史来回答。

关于农村的出路,除了工业化,吴景超还有自己的一些观点,如他在《论耕者有其田及有田之后》一文中认为,耕者如何能够有其田,中国可效法丹麦的做法,丹麦的做法是以政府的力量帮助农民购地,结果使国内佃户的占比从42%降低到10%。吴景超认为要减少佃农,就要让他们转为有土地产权的自耕农。这一点,与托尼的分析相近,都很重视乡村中自耕农的数量。托尼认为,"中国乡村生活的典型形态,并不是雇农,而是拥有土地的农民"。根据1918年的数据,中国农民中约有50%的自耕农、30%的佃农(托尼,2014:27)。相比于佃农,自耕农在某种意义上意味着更多的自由之身和乡村活力。吴景超强调农村改革除了生产关系,更根本的是生产力。而农业机械化对于提高生产力十分重要。吴景超还谈到了苏联的教训,即机械化后农户减少,由此提出因为机械化需要土地集中,可以有计划地缓慢转移农业人口到城市就业,土地逐渐(在七年之后)国有,以及建立土地合作组织,它"由参加农场工作的自耕农的土地,与五千户转业农民的土地合并而成"(吴景超,2010a:30~33)。农民的合作组织也是乡建运动和费孝通都很关注的,不过其要点不同,乡建中的合作组织提倡全面的农民合作,费孝通则聚焦于乡村工业的合作化,而吴景超由以上的分析得出的建议是建立合作农场,体现了集体化的思想。

吴景超的上述想法,在新中国成立后的农业政策中都能见到影子。吴景超反对陈序经全盘西化的观点,他的落脚点是借鉴西方,消化于本土。或许有人会认为吴景超的想法事实上成为新中国成立后的城乡发展道路,这乃是一种误解。实际上,他们没有看到,吴景超的"经济统一论"并没有在后来的计划经济中实现,城市及工业的发展并没有带动乡村工业及乡村的发展,而是形成了一种巨大的"剪刀差",形成了城乡二元结构,由此才有了党的十六届四中全会提出"工业反哺农业,城市支持农村"。如果按照吴景超"经济统一论"的思路,工业发展同时带动农业发展,包括乡村工业、交通业、金融业的发展,就不可能形成城乡对立的二元结构。20世纪80年代农村改革的经验证明，农村的发展不仅不会拖城市和工业发展的后腿，反而会成为促进城市和工业乃至国家发展的重要推动力量。

二　李景汉和傅葆琛：乡村建设运动

始于 20 世纪初的乡村建设思想，在 20 世纪 20~40 年代被晏阳初、陶行知、梁漱溟、卢作孚等人推动为著名的乡村建设运动，影响深远。无论怎样评价其成败，都无法抹杀乡建运动带来的积极思想和实践。李景汉和傅葆琛则是乡村建设运动中清华学派的代表人物，并且都曾与定县结缘。

李景汉于 1924 年留学回国，任北京社会调查所干事。1926 年任中华教育文化基金会社会调查部主任，对都市的下层生活做了重点调查。1928 年任中华平民教育促进会定县实验区调查部主任，赴定县调查。1935~1944 年任清华大学社会学系教授、清华大学国情普查研究所调查组主任、西南联大社会学系教授等职。他的《定县社会概况调查》一书十分系统和细致，开中国社会的系统化统计调查之先河。他与陈达一起，促成了清华社会学的调查传统。

李景汉对乡村建设和乡村发展有着深刻的思考。对于乡建运动，学界有各种评说，其中一种观点指出，学者或政府的美好想法不能圆满落地，是因为学者和政府都无力解决当时的乡村生计和土地等问题。这一方面反映出李景汉后来所言的乡建运动"治标未治本"，另一方面也与人们难以应对社会结构的巨变和城市与工业的急剧发展、资本大量从乡村涌入城市有直接关系。就乡建运动而言，以平民教育开展乡建的愿望虽然很好，但是教育毕竟是一个慢变量，不可能一蹴而就，也很难直接应对整体社会结构的急剧变化和乡村凋敝。从文化变迁的视角看，可以说其外部变迁压力很大，而内生应对动力不足。对此，李景汉曾说过如下一段鞭辟入里的话：

大多数的中国农村社会是由不得你作主的，它不是为你的调查便利
而存在的。……有时你以为表格填写的整齐了，就以为成功了，其实都

是或有一部分是谎话，去事实甚远。有点谎话可以从统计的结果发现出来，也有的无论如何看不出来。此后说不定有人根据你这似是而非的科学调查与分析，来应用到解决某种社会问题。这是多么误引，多么危险！岂但是糟蹋所谓科学之方法而已，竟至可以误国误民。

因此，真要把社会调查作得通办得成功，达到可靠圆满的地步，……就是如何使人们不拒绝、不反对、不怀疑、不讨厌你的调查。如其不然，假定你有天大的本领，你精通高深的统计，你读尽了社会调查原理与方法的中西著作，也是无济于事，倒许贻害。（李景汉，1933：自序5~6）

李景汉讲的虽然是农村调查，但道理皆同。如果把上面的"调查"二字换成"乡建""扶贫""乡村振兴"等，便可知李景汉的深刻所在：乡村不是因为"乡建""乡村振兴"而存在，真要把"乡建""乡村振兴"做得通、办得成功，就要让老百姓接受、相信甚至欢迎你，积极帮忙合作，不拒绝、不反对、不怀疑、不讨厌。否则，你读尽了中西著作，也是无济于事。回到李景汉的话，"若要获得民间的事实，必先得到农民的信仰"，即晏阳初在定县实验中提出的"欲化农民，必先农民化"。李景汉认为："平民教育工作既是以实际生活为研究的对象，就必须到民间来实地工作……，否则拟定的方案不能与社会的情形适合，就不能对于人民的生活上行为上发生若何影响，易犯药不对症或削足适履之病。"（李景汉，2005：13~14）

晏阳初、李景汉都是乡村教育的积极推动者，傅葆琛也是"教育改造乡村"的先驱者。傅葆琛（1893~1984）1916年毕业于清华学校，1924年留学回国，1932~1935年任清华大学社会学系讲师，并和晏阳初合作，在定县领导和参加平民教育实践。1924年10月，傅葆琛出任中华平民教育促进会总会乡村教育部主任，1934年在北平罗道庄建立"农村建设实验区"。他的《农民千字课》通过搜集有关农耕园艺方面的书报14种以及房契、婚书、历书、借据、请帖等乡土文本，从中检得单字3659个，再从中选取1500字编纂成书。抗日战争时期，他曾执教四川大学，后在华西协和大学开设"乡村教育"和"乡村建设"课程，并担任乡村建设系主任。傅葆琛在清华大学任教期间，主要教授"乡村社会学""中国乡村社会问题"这两门课程，其授课内容如下。

　　1935~1936 年社 214《乡村社会学》　傅葆琛

　　本学程在使学者彻底了解乡村社会学在社会科学中的地位，及此种科学研究之方法，并对于乡村社会的起源、现象、组织，以及其他有关联之问题，作分析的与比较的讨论。本学程之内容要项如下：（一）乡村社会学的含义与范围；（二）乡村社会的起源与进化；（三）乡村人口问题的各方面，（四）乡村社会心理；（五）乡村生活；（六）乡村家庭；（七）乡村"社会化"问题；（八）乡村社会组织；（九）乡村领袖人才问题；（十）乡村社会与都市社会的关系（清华大学校史研究室，1991：355~356）。

　　社 215《中国乡村社会问题》　傅葆琛

　　本学程不重理论之研讨，特重事实之引证，其目的在使学者对中国乡村社会情状，获一正确明晰之认识。举凡现阶段中国乡村发生之问题，如人口问题、婚姻问题、家庭问题、生活问题、经济问题、卫生问题、娱乐问题、教育问题、宗教问题、治安问题等均一一根据事实，详细讨论，并探究解决方策（清华大学校史研究室，1991：355~356）。

　　由以上讲授内容可见，傅葆琛的乡村研究视野十分宽广，教育思想十分全面。他把民众教育看作对全国国民的教育，在《乡村民众教育概论》中，傅葆琛提出乡村对民众教育的几个需要：①解决大多数人民的教育问题；②免除衣食住来源缺乏的恐慌；③造就多数有用的乡村领袖人才；④挽救畸形教育之弊病（傅葆琛，1994：5~10）。对照起来，虽然现在在乡村，大多数人已经接受了教育，但是仍需思考为什么村民在接受教育之后更加恐慌，反而纷纷逃离农村？为什么教育导致的是乡村人才流失？畸形教育的问题如教育的盲目市场化、标准化等问题依然深度存在，乡村教育依然任重道远。

在涉及城乡关系的讨论中，傅葆琛认为，推行乡村民众教育可以挽救只重城市教育、忽略乡村教育的弊端。他曾驳斥"乡村都市化"的观点，批评依赖都市建设乡村的"乡村都市化"，主张乡村建设比都市建设优先，认为"农业是根本，工业是花果"，体现出其"农业立国"的观点。傅葆琛还认为，"乡村都市化的主张……只是片面的见解，可用之于产业革命后都市发达的欧美工业化国家而不适用于中国"。因为中国的城市发展起点低，乡村落后且幅员广大，少数城市不仅带不动乡村，反而需要乡村的支持，而很多乡村本身尚不能自足，尚需要寻觅自救、自治、解决自身问题的途径。因此，总体而言，乡村建设和都市建设应该双管齐下，二者同样重要，不可偏废。但如就轻重缓急而论，则乡村建设比都市建设更为迫切（傅葆琛，1994：5~10）。傅葆琛的上述观点，也反映出部分乡建成员的思想认知。

三 费孝通：乡村工业发展模式

费孝通（1910~2005）曾于1933年在清华大学社会人类学系攻读硕士学位，1944年进入西南联大社会学系任讲师，1945~1952年任清华大学副教务长、社会学教授。他在20世纪80年代提出的"小城镇，大问题"对中国的乡村改革影响深远。这一乡村工业化发展模式的思想渊源是他20世纪30年代对中国乡村的思考。有三次思想对话影响了费孝通对中国农村发展路向的理解：一是与国内乡村建设运动学者的对话，包括晏阳初、梁漱溟等人；二是与国外学者如托尼（R. H. Tawney）等人在农业理论上的对话；三是与吴景超关于乡村手工业发展的对话。这些思想对话让费孝通对于乡村、农民和乡村工业形成了自己的见解，并积极推动乡土实践。

费孝通在1933年夏天本科毕业后曾去邹县考察乡建运动。同年11月15日，他在《社会变迁研究中都市与乡村》一文中对乡建运动提出了不同的看法。

> 在社会研究上，最有意思的问题，就是农民对于乡村运动所抱的态

度是怎样的。我们只看见要知识分子下乡去的宣传,要改革这样要改革那样的呼声,但是我们绝没有机会听见一个调查农民态度的忠实报告。好像邹平、定县已在乡村中引入了种种新的生活形式,我们很愿意知道这辈在改变生活形式中的农民,对于这些新形式的认识是怎样的,在态度上,我们才能预测这种乡村运动的前途。在我们看来乡村的变迁是由于市都中移民的回乡所引起的,较之所谓"社会实验"所引起的更为重要(费孝通,2016b:287)。

这段话,反映出费孝通对于乡建运动不接地气的看法和担忧。费孝通在坚持农业优先发展的前提下,选择并坚持以乡村工业化来发展乡村。一方面,这与乡村建设以乡村教育作为主要路径不同,更务实地强调解决当下的乡村经济问题;另一方面,也与吴景超提出的优先发展城市工业来带动乡村不同,费孝通认为需要激活乡村自身的发展动力。此外,他在对话西方理论和中国乡建实践的同时,具有十分清醒的本土化的文化自觉,指出既要防止食洋不化,也要避免食土不化。受功能学派的影响,他对乡村的整个文化机体有比其他学者更为清醒的认识,这一点,恰恰是乡建运动和托尼等国外学者所忽略的。

托尼是对费孝通早期学术有较大影响的学者(杨清媚,2019;黄志辉,2020)。托尼在对英国和中国社会经济史进行比较研究的基础上,认为中国的现代化路径一定是首先基于农业文明而非工业文明的。

> 由于中国有四分之三的人口必须依靠耕种土地、经营传统手工业或者做点小买卖来维持生计,因此,中国面对的最重大的问题便有别于其他国家。中国最重大的问题不是工业文明的问题,而是农业文明的问题……(托尼,2014:47)

在这一点上,费孝通与托尼一致,都同意农村发展应该先于城市,农业发展应该先于工业。托尼甚至将其作为中国道路的问题来探讨:

年轻中国的毛病就是热衷于模仿，在各种工业重组的计划里，这种热衷模仿的现象毫无节制的大肆泛滥。……一个智慧的民族根本不需要卑微地去抄袭别国的方法。……如果中国钦仰欧美工业文明的成果，只想去模仿他们，而不想去开发自己的道路，中国就犯了一个严重的错误（托尼，2014：145）。

费孝通是一个追求本土化的学者，不过对于农业发展的方式，他与托尼的看法不同。他认为中国现代化的重点不在农业，而在乡土工业。同时，乡土工业并不能单独而封闭地发展，必须依托与现代市场的联系。费孝通更主张通过发展乡村工业来改变乡村，进而改变中国。他和托尼都看到了城市工业发展可能会带来乡村和农民贫穷状况的加剧，认为不应重复西方国家工业发展而农村破产的错误路径。他在后来谈到集中办工业的弊端时指出，这样的工业独立于民族传统经济之外，"不仅没有带动起农村工业化局面的兴起，反而加深了城乡差别的鸿沟"（费孝通，2016c：334）。

费孝通对于乡村工业的发展，是有着深思熟虑和乡村实践基础的，这反映在他为姐姐费达生代笔的文章《我们在农村建设事业中的经验》中。文中，他探讨了关于都市工业或机械直接进入乡村的问题，可以说是与吴景超的对话。他提出机械运用到农村并非易事：

社会决不是一个各部分不相联结的集合体。反之，一切制度，风俗，以及一切生产方法等等都是密切相关的，这种关系因为在中国经历了数千年悠久的历史，更是配合的微妙紧凑。帕克教授（Robert E. Park）在他论中国一文中称中国是一个"完成了的文明"（a finished civilization）就是这个意思。所以要为中国任何一方面着手改变的时候，一定要兼顾到相关的各部和可能引起的结果，不然，徒然增加社会问题和人民的痛苦罢了（费达生，2016a：4）。

费孝通的整体论视角也体现在《人性和机器——中国手工业的前途》一

文中。费孝通等谈到，在资本主义制度下，人与机器的关系失调，人变成了机器的工具，"机器文明把社区生活的完整性销毁了"。他们直言自己对乡村手工业的担忧道："我们中国的经济已犯了一种绝症，农业本身养不活农村里的人口，而以往用来帮助农业来养活庞大农村人口的手工业，又因机器的发明而沦于不可救药的地位。手工业没有了希望，也就等于说中国农村经济没有了希望。"（费孝通等，2016：44~45）他们接着指出了吴景超的都市化工业化之路的困难，并主张通过乡村工业的逐步现代化来发展乡村。

吴景超在看到费孝通的文章后，于1947年在《经济评论》上发表了《中国手工业的前途》一文，对费孝通等人的文章提出了尖锐的批评。他认为：

> 等到农村工业已经逐渐地用了机器，已经由用机器而变了质，那时手工业便已被抛弃，被代替了。……归根到底，手工业在中国是没有前途的，因为他代表着落伍的生产方法，无法与现代化的机械生产方法相竞争（吴景超，1947）。

费孝通后于1947年10月发表了《小康经济——敬答吴景超先生对〈人性和机器〉的批评》一文。他指出，"我们并不愿意抽象地来比较手工业和机器工业的长短"，而应该回到中国的现实，大规模的机器工业并不能解决乡村的现实问题。吴先生希望立刻"以机械代替古老的筋肉"，"我们却想慢慢地以机械代替工人"。"吴先生因之说我们对手工业'留恋'，对于机器工业'厌恶'。我记得好像汤德明先生对我们也有类似的批评，甚至称我们这种是乌托邦式的空想，加上略带轻蔑性的'费孝通的王国'的按语。"

费孝通于是重新回到人和机器的基本问题：机器工业会毁灭社区的整体性，让人们成为机器的奴隶。他指出：

> 在现代机器生产中，因为机器的庞大发展，自身有了一个生产的目的，……现代工业为了生产过程中活动的配合牺牲了参加这活动中每个

人生活上的配合。这些人失去了生活的完整，不但影响到生产活动的效率，而且因而发生个人人格的失调和由这些人所组成的社会的波动和不安。人和机器之间并没有完善的调试（费孝通，2016a）。

费孝通的这些思考，具有强烈的乡村本位和农民主体性。不幸的是，他的担忧后来成真了：20 世纪 50 年代以后，经过几十年城市工业对乡村的剥夺，最终导致乡村共同体遭到严重的破坏，农民丧失了生活的完整性，导致了社会的波动，产生了影响深远的"三农问题"，由此才有了 80 年代的乡村改革和"小城镇"的提出。

四　袁方：都市乡村化与乡村都市化

袁方（1918~2000）于 1942 年在西南联大社会学系毕业后留校任教，复原后回到清华大学社会学系任教，其撰写于 1942 年的本科毕业论文便是关于昆明的都市化研究。档案资料记录如下：

袁方 昆明市之都市化，1942 年 社会学系
第 1 部，昆明市之都市化背景。第二部，昆明市之都市化过程：（一）社会解组；（二）行会（手艺人概况，行会的演变）；（三）人口流动；（四）论都市化吸收农村人才；（五）都市化与乡村社区。（清华大学校史研究室，1993：104）
陈达评语：本文最费工夫处在手工业行会的调查与分析，自手工业者改行的观点，研究都市化的进行。其次对于昆明市引诱乡村人口的问题，亦有相当的分析。（陈达，2013）

时任系主任陈达先生对袁方论文的评语有两点。第一，陈达肯定了袁方社区调查所下的功夫，以手工业者的个案展开都市化的研究，以小见大。清华大学社会学系对于都市社区及其职业人群包括劳工一直十分关注，包括吴

景超在内的诸多教师都参与过相关研究。西南联大社会学系由陈达先生领衔，抗战后复校，基本上是西南联大原班人马全部回到清华，因此这一学术传统不曾间断。第二，陈达认为，袁方关于城市吸引乡村人口"亦有相当的分析"，这意味着袁方已经开始关注城乡关系的讨论了。

袁方关于乡村都市化的观点，主要见于其发表在《新路》上的《城乡关系：敌乎？友乎？》一文。文章不长，却十分深刻。袁方认为，城乡存在相成相克的关系："城市离不开乡村，乡村也离不开城市，彼此互相依倚，构成一体，这是相成；城市剥夺乡村，榨取乡里人的血汗，或者乡里人围困城市，革城里人的命，彼此对立冲突，这是相克。从相成的方面看，城乡是朋友，从相克的方面看，城乡是仇敌。""城乡关系的改变，由有机到无机，也是事有必至的过程。有机关系，城乡尚是一体；无机关系，城乡种下相互敌视的因子。"（袁方，2010：123）

袁方认为，城市的起源很早，但是严重的城乡问题则是工业革命之后产生的。"欧洲在1600年时，万人以上的城市不过14个，到1910年，就增加到168个。五分之四或十分之九的城市，全是十九世纪的产物。"在手工业经济时代，城乡关系是一种有机的循环，如昆明和成都，城市中的手工业者十之八九来自农村。农忙时他们在农村，农闲时就来到城市从事手工业，形成了城乡一体的有机循环。但是工业革命之后，这种状况改变了。袁方指出，城乡相克的主要原因在于城乡关系的脱节，他认为有三个值得思考的特征。

第一，乡人失去了自己。他们从乡土的自由之身永远变成了城市和资本的奴隶。从劳工社会学的视角看，这些脱离了乡土的农民永远告别了靠家乡靠土地的生活，被挤向城市，乡土情谊的生活被拆散。他们靠出卖劳动力生活，从"农人"变成了"劳工"。从更深层的视角看，城市工业把人变成了"万劫不复"的打工机器。今天的"农民工"正是这一城乡社会结构的典型写照。

第二，农民失去了乡土。即农民离开土地和逃离乡土。袁方的经典描述是"脱离乡土的人也是忘却乡土的人"。他指出：

　　每逢佳节或是老年，多半要回到父母坟墓的老地；就是死在他乡，也不愿在异地做鬼，要把尸首运回原籍。生在乡土，死在乡土，做鬼也要在乡土；这是一种不忘本的德行。今日的知识分子里，恐怕绝大多数都不会再愿意回到乡梓服务，他们头也不回，那里还记得自己的家乡在残破不堪的场面；要是他们远涉重洋，游学镀金，无论是美国、苏联、英国，就是印度，他们一定会争先恐后，离开乡土越远，也许就是自我比天还高的代价（袁方，2010：125）。

　　这番话，放到 70 多年后的今天依然成立。20 世纪 80 年代开始的进城打工大军，极盛时达到 2 亿多人，虽然他们离开家乡，但是过年过节还是要回家，并形成了世界上独一无二的春节返乡大潮。他们没有忘记家乡，却是有家难回。至于那些有些文化的人或者考大学离乡的人，多少都带有袁方所言的"忘却乡土"，他们当中很少有取得了高学历后回乡工作的。这种状况，被多数人视为理所当然，但是他们很少会想：这种状况是怎样一步步在几十年的发展中出现的？

　　第三，乡村失去了自己。乡村本来是一个独立的相对自给自足的社会，中国的乡土社会更是几千年来中华文明的土壤，后来却变成了依靠城市生活的附庸，逐渐失去了自己的独立性。

　　从此乡村完全沦落在城市的支配下，一任城里人的心意，剪裁出各式各样的原料制造的场所。有人说："工业革命的结果，是使乡村靠城里，东方靠西方。"这个"靠"字就把乡村原有的独立性的消失说得再清楚没有了（袁方，2010：125）。

　　工业革命带来的分工，使乡村只能生产原料，供给城市的制造。这本是一种分工，不过是原料与成品之间的交换，为什么城乡关系会脱节呢？对此，袁方有着更深层的社会文化结构上的思考：本来城乡之间有着经济、文化、社会等千丝万缕的联系，现在却变成了简单的"全然是一种物质交易的行为"。

　　除去物质的交换外，似乎没有其它了。说得过火一点这不过是一种
利害的关系。金钱交换的关系，所以我们说这是一种无机的循环。正因
为是一种无机的循环，乡土也得跟着商品的市侩气转入贸易市场上成为
赚钱赢利的一环（袁方，2010：125）。

　　袁方的上述论断，道出了一个十分文化人类学的道理，就是金钱和物质
的文化将本来城乡之间的深层文化结构打破了，原有的比较和谐的城乡关系
的破裂背后是中国社会文化结构的分裂。不仅是城乡关系，乡里人和城里人
也都被卷入了资本及其权力的文化大网中，一切向钱看，于是就有了乡村和
农民永远难以翻身的命运。中国社会这一深层次的转变，是简单地接受西方
经济体系和现代化的文化价值体系的结果。

　　王君柏在评述1947年吴景超发表的短文《中国农村的两种类型》时认
为，吴景超在城乡分析中提出的"中国一家，繁荣不可分"，"顺理成章地
提出了城乡一体的结论，并且还不仅仅是城乡一体，还有乡乡一体，即不同
类型农村之间也存在相互依存的关系"（王君柏，2021）。费孝通也将城乡
作为一个整体来看待。1933年11月15日，费孝通针对乡建运动，在《北
平晨报》上发文指出：

　　近来在国内似乎有一个趋向，以为"中国问题"是一个乡村问题。
若是所谓"中国问题"是指中国社会变迁而言，则在社会研究的观点
上论，我们不敢附和这种见解。我们认为中国社会变迁中都市和乡村至
少有同样的重要性。若是离开了都市的研究，乡村的变迁是不容易了
解的（费孝通，2016b：279）。

　　1991年8月19日，费孝通又以《城乡协调发展》为题撰写了一篇文章
（费孝通，2016c：314~331）。这是费孝通20世纪80年代以来围绕小城镇

和乡村工业发展多次在全国城乡考察的结果，他希望从"小城镇研究"走向"城乡关系的研究"，将城乡发展问题放到区域发展和"全国一盘棋"的背景下来思考，可谓一种思考的升华，也给城/乡、工业/农业在发展中究竟孰轻孰重的争论画上了一个尚待圆满的句号。

五　吴景超与"李约瑟之谜"的"文化"续篇

文化唯物主义者威廉斯（Raymond Williams）在其《乡村与城市》一书的扉页上写道："献给我的祖父母，他们是乡村工人。""乡村工人"表达了城市和乡村、工人和农民，甚至是资本主义和封建主义的二分张力，却又融为一体。这恐怕也是作者所想表达的思想之一：在表面的二分背后，其实有着深层的文化机制。谢泳认为，吴景超在"李约瑟之谜"提出之前，就已经在从文化上追问中国为什么不能有如欧洲那样的发展了。

> 吴景超在《独立评论》时期，有一个重要的学术贡献，就是他提出了类似于后来我们常说的"李约瑟难题"，并给予了回答。在《论积极适应环境的能力》（《独立评论》162 号，1935 年 8 月 4 日出版）中，吴景超引述倭克朋（William Fielding Ogburn）在《社会变迁》中的观点，认为"发明的能力，既然是根据于文化基础，……我们现在正在吸收别国的文化，或者可以说是正在充分的世界化。假如这一点能够做得圆满，那么我们自然也能够发明许多东西，与欧美诸国并驾齐驱。所以中国过去积极适应环境的能力太差，这是一个文化的问题，而非生物的问题"（谢泳，2002）。

吴景超曾发问"中国为什么缺乏发明的文化基础"，这个问题如果换一个问法，便是"中国为什么缺乏自然科学"，这正是"李约瑟之谜"所提出的问题。谢泳认为，吴景超发表这篇文章的时间是 1935 年，而李约瑟难题的由来是其在 1938 年的发问，即"为什么近代科学只在欧洲文明中发展，而未在中国（或印度）文明中成长"。谢泳坚持认为李约瑟应该看到过吴景超发表的这篇文章（谢泳，2002）。

　　吴景超对自己设问的回答是"文化的问题"。因为我们的文化基础不足，文化没有充分的世界化。他认为自西汉以后，中国知识分子的心力都用在儒家的几部经典上了，结果我们没有去很好地学习西方文明。

　　　　我们的自然科学所以不发达的原因，乃是由于我们在建筑文化基础的过程中，受别个文明国家的益处太少。……我们的文化基础，在十九世纪以前，虽然已经含了不少外来的成份，但大体可以说是我们自己建筑起来的。……假如在中世纪时代，欧洲与中国，交通便有今日的方便，那么他们在文艺复兴以后的文化，便可一点一点的传入中国，成为我们的文化基础。也许中国便有一部分人，受了这种文化的影响，便加入工作，加入自然科学的研究。真能如是，我们今日一定有很光荣的发明可以自豪了。（吴景超，1935）

　　吴景超在上文中提到了中国的世界化不充分（食洋不化）、"文化基础"不足的一面，却忽视了本土化不充分（食土不化）、学者们多不了解中国乡土文化的一面。因为从上文谈及的几条乡村发展道路看，既有吸收西方文化的一面，也有西方文化脱离中国实际无法落地乡土的一面。这是一个"文化悖论"：一方面，要学习西方文明才能解决中国问题；另一方面，中国在学习西方文明的过程中发生了许多文化误解和失解的扭曲，没有足够尊重自己的乡土文化和农业文明，没有看到任何外来文化都需要最终落地于自己健康的文化机体之上，更忽视了自己的乡土文化，使之成为革命和抛弃的对象。文化是一个意义的编码体系，是经过不断的文化化和社会化形成的，它也是一种习性，一个文化图式不可能通过简单的复制、移植、切割、拼贴而完成。因此，要将中国文化改变为欧洲文化的想法是那个年代认识问题的局限性导致的，是根本不可能做到的。托尼对此有十分中肯的分析，他强调中国革命不同于西方，不同于法国大革命和俄国革命留下的遗产，"中国什么都没有留下，她的历史遗产就是文化"。因此，"模仿美国或者欧洲，根本无法提供解决中国深层次问题的解决方案"（托尼，2014：179、207）。

无论如何，吴景超对"文化"的关注是十分重要的。实际上，梁漱溟在乡建运动中提出的"教育—文化复兴—乡村社会改造"模式，承前启后的核心也是"文化"，如果教育达不到文化复兴，乡村改造只能是一句空话。上述各种观点及其乡村实践的失败，根本上是文化误解造成的。看似理想的乡村建设憧憬，最终惨败于固有的文化破碎又难与新文化整合。例如，关于民国时期的合作社，《新路》中的《鄂南农村》一文甚至把"合作社"斥为"无妄之灾"。

> 最近，除了这些捐税之外，还加上了一些新的无妄之灾。那便是新进成立的"合作社"与"县银行"。合作社是由省政府发下来的一笔资本与从各商家摊派而来的款项开设的。这个社的社务，表面上是有理监事的选举，而实际上则是由少数人包办操纵。凡是这个社所经营的业务，如盐、煤油等，其他的商人是不准经营的。至于他们所根据的法令，那只有天晓得（本刊特约记者，1948：16）。

合作社的宗旨本来是推动农民的合作，但是为何会变成少数人牟利的空间？费孝通曾经推荐姐姐费达生的缫丝合作社，认为其就是大家参与的合作共生（费达生，2016b）。如果没有真正的民众共同参与，无论国家推动的合作社和县银行这类的模式有多理想，最终也可能会变为"少数人的所有"。

上述不同的乡村发展道路，反映出民国一代社会学、人类学学人的不懈追求，但他们没有想到的是，中国的"城乡问题"至今仍然是一个并未完全破解之谜。为什么难以走出"城乡发展陷阱"？工业化和城市发展真的不能与乡村发展并举吗？这是前辈学者留给今人的思考。笔者以为，吴景超提出的"文化的问题"依然是历史的深层次问题，近代以来对农村的错误文化认知（如乡村落后于城市、农业落后于工业、农民作为半无产阶级落后于工人无产阶级等）导致了错误的乡村定位。近代以来乡村所遭遇的一轮又一轮的文化破坏，没有给予它们与城市进行平等文化适应的机会。它们找不到自己乡土文化"安其所也""遂其生也"的"文化位育"空间[①]，最终丧失了在他人所设置的无论是现代化还是工业化的"标准社会"中生存的能力。

　　当今，在农村发展的问题上，我们依然没有摆脱将农村的发展焦点放在袁方所批评的金钱和物质交换上，将农村的出路盲目地与城市的发展捆绑在一起，使之成为城市的附庸。有些地方以为只要往农村多砸钱，就可以解决农村问题，甚至有少数地方以盲目的城镇化来"消灭"农村，忽视了对农村本来的文化体系是否可能且应如何接受外来的城市文化的思考，结果无法真正扭转城乡关系。

结　语

　　吴景超关于中国落后是"文化的问题"的见解十分深刻。乡土文化是千年文化积累的结果，历经百年的文化劫难，要用十年乡建的文化宣传或文化运动来改变，恐怕是十分困难的。20 世纪 90 年代提出的"三农问题"，标志着无论城镇化、乡村工业还是乡村教育都无法阻止 90 年代开始的大规模农民工"逃离"乡村，并带来空巢老人、留守儿童等诸多问题，其背后的深刻原因，依然没有跳出当年清华学派大师们的深刻洞见和分析，他们所致力于的本土化努力，正是希望从中国社会的机体内部找到真正的内生发展动力。2018 年印发的关于乡村振兴战略的文件，明确提出了"农民主体性""村民自治""内生动力"这几个自主发展的关键词，这是乡村振兴及其"文化位育"的文化意识定位。乡村的城市化和城市的乡村化不仅意味着城乡之间的平等，也意味要从文化上来理解工农差别和城乡差别的不断缩小乃至消灭。事实上，没有文化的理解，"三农问题"的解决恐怕

---

　　① 关于"位育"的概念，参见潘光旦（1995：48）。

还是蜀道之难。

如何解决中国的乡村问题，在理论和实践上都有许多可以与前辈学者对话的空间，老一辈学者提出的问题依然可以被当今社会学和人类学家们继续追问，他们关于城乡发展的宝贵学术财富应该成为今天我们的思考动力和学术起点。吕文浩曾经评价吴景超的城乡发展思想是"少数人在旷野中的呼声"（吕文浩，2020a），今天的乡村发展之旷野虽然人头攒动，但是当年少数人的呼声依然难觅听众。近百年前，托尼作为一名外国学人在《中国的土地和劳动》一书中的期盼，或许可以再次赠予今天愿意倾听历史的国人：

> 一个国家虽然可以从国外借入某种工具，但掌握这种工具所需要的力量，一定深藏于她自身。
>
> "若非从你灵魂深处自然的流露，你将永远地昏睡，不得清醒。"
>
> 中国，正是在她自身，在她自身的历史文化中，我们才能根据她的现代化需要，作出重新发现和重新解释。中国会找到自身需要的内在动力。中国革命最根本的成就正在实现（托尼，2014：179、207~208）。

只是，这一期盼的实现在近百年之后依然任重道远，但希望在前。

参考文献

本刊特约记者，1948，《鄂南农村》，《新路周刊》第一卷第一期，第16页。

陈达，2013，《浪迹十年之联大琐记》，商务印书馆。

陈正茂，2010，《动荡时代下的坚持——记〈新路〉周刊》，载陈正茂编《新路周刊合订本》，台北：秀威资讯科技股份有限公司。

费孝通、张子毅、张荤群、袁方，2016，《人性和机器——中国手工业的前途》，载刘豪兴编《中国城乡发展的道路》，上海人民出版社。

费尔丁·奥格本，1989，《社会变迁——关于文化和先天的本质》，王晓毅、陈育国译，浙江人民出版社。

费达生，2016a，《我们在农村建设事业中的经验》，载刘豪兴编《中国城乡发展的道路》，上海人民出版社。

费达生，2016b，《复兴缫丝的先声》，载刘豪兴编《中国城乡发展的道路》，上海人民出版社。

费孝通，2016a，《小康经济——敬答吴景超先生对〈人性和机器〉的批评》，载刘豪兴编《中国城乡发展的道路》，上海人民出版社。

费孝通，2016b，《社会变迁研究中都市和乡村》，载刘豪兴编《中国城乡发展的道路》，上海人民出版社。

费孝通，2016c，《城乡协调发展》，载刘豪兴编《中国城乡发展的道路》，上海人民出版社。

费孝通，2016d，《中国农村工业化和城市化问题》，载刘豪兴编《中国城乡发展的道路》，上海人民出版社。

傅葆琛，1994，《乡村民众教育概论》，载陈侠、傅启群编《傅葆琛教育论著选》，人民教育出版社，第5~10页。

黄志辉，2020，《托尼的乡土中国重建方案与青年费孝通的三次系统回应》，《开放时代》第6期，第118~133页。

李景汉，1933，《实地社会调查方法》，星云堂书店。

李景汉，2005，《定县社会概况调查》，上海人民出版社。

理杰德·托尼，2014，《中国的土地和劳动》，安佳译，商务印书馆。

吕文浩，2020a，《社会学家吴景超，他的主张是少数人在旷野中的呼声》，11月1日，https：//www.aisixiang.com/data/123368.html。

吕文浩，2020b，《都市意识与国家前途》，商务印书馆。

潘光旦，1995，《民族的根本问题》，载《潘光旦民族研究文集》，民族出版社。

清华大学校史研究室，1991，《清华大学史料选编（第二卷上）：国立清华大学（1928-1937）》，清华大学出版社。

清华大学校史研究室，1993，《清华大学史料选编（第三卷上）：抗日战争时期的清华大学（1937-1946）》，清华大学出版社。

王君柏，2021，《重温吴景超的"两类农村"与城乡一体论》，《中华读书报》3月23日。

吴景超，1935，《论积极适应环境的能力》，《独立评论》第162期，第8~11页。

吴景超，1947，《中国手工业的前途》，《经济评论》第20期，第5~8页。

吴景超，2010a，《论耕者有其田及有田之后》，载陈正茂编《新路周刊合订本》，台北：秀威资讯科技股份有限公司。

吴景超，2010b，《中国社会经济研究会的初步主张》，载陈正茂编《新路周刊合订本》，台北：秀威资讯科技股份有限公司。

吴景超，2010c，《第四种国家的出路》，商务印书馆。

吴景超，2010d，《中国工业化的资本问题》，载陈正茂编《新路周刊合订本》，台北：秀威资讯科技股份有限公司。

谢泳，2002，《社会学家吴景超的学术道路》，《传记文学》第5期，第3页。

杨清媚，2019，《土地、市场与乡村社会的现代化——从费孝通与托尼的比较出发》，《社会学研究》第 4 期，第 218~240 页。

袁方，2010，《城乡关系：敌乎？友乎？》，载陈正茂编《新路周刊合订本》，台北：秀威资讯科技股份有限公司。

吴泽霖的民族学人类学研究

钟 年[*]

摘 要： 吴泽霖是我国第一代的社会学家、民族学家和人类学家，在他一生的研究中，对学科基本问题如婚姻问题、性别问题、种族问题、学科建设等方面保持着持久关注。同时，他的研究方法以及民族志书写也颇具特色。他还是最早的民族文物收集、民族博物馆尤其是民族学博物馆建设方面的有力倡导者和实践者。通观上述各个领域的学术研究，还可以发现吴泽霖具有融通学科、立足本土、关心应用等方面的基本追求。

关键词： 吴泽霖 民族研究 学科基本问题 方法与民族志 民族博物馆学

历史可以重新书写吗？如果这里的历史指的是过往年代中既已存在的人或事，恐怕是不能的。但如果这里的历史指的是后人对于过往年代中既已存在的人或事的描写和研究，却是有可能的。美国心理学家波林（E. G. Boring）在他那本著名的《实验心理学史》第二版的序言中，开篇就写道："历史可以修订吗？可以的。时过境迁，对于它的解释就可以有第二种想法了。同时还有一些新的发现。"（波林，1981：vi）

吴泽霖先生是我国第一代的社会学家、民族学家和人类学家。在吴先生生前和逝后，我写下过一些关于先生学术思想的文字。现在动笔撰写有关吴先生民族学人类学研究的文章，如果仅仅只是将以前发表过的文章简单地缀

---

* 钟年，武汉大学哲学学院教授。

合起来，应该没有多大的价值和意义。若能有一些新的发现、新的看法，或许就增加了一点趣味。新发现或者新看法，有可能吗？看起来还是有可能的。其一是近年出现了有关吴先生的新材料，其代表便是上海文艺出版社出版的由哈正利、张福强编著的《吴泽霖年谱》（哈正利、张福强，2018）。其二是吴先生去世后，学术界有了一些新的动向和发展，如自 20 世纪 90 年代以后勃兴的文化心理学研究（可参见钟年、彭凯平，2005），使我们对于吴先生的一些研究可以有新的看法。这样，有了新材料和新视角，写出的文章就可能有一些新意。

举个例子，吴先生进入学术界的第一项科学研究，就是他的博士论文——《美国人对黑人、犹太人和东方人的态度》（吴泽霖，1992），从文化心理学的视角看，应该可以算是与民族心理学、心理人类学、跨文化心理学和文化心理学相关的作品。由于吴先生的博士论文长期沉睡在俄亥俄州立大学的图书馆里，并没有公开发表，因此没有进入学者们的视野。该论文的正式出版是在吴先生去世以后。大家当然知道，态度是一个社会心理学的话题，因此吴先生这篇论文是社会学与心理学交叉的成果，但大家还没有从文化心理学角度来看待过这篇论文。而一旦将这篇论文看作与文化心理学相关的研究，则无论是中国的文化心理学研究还是世界的文化心理学研究，都有了一个更早期的成果。当然，需要说明的是，吴先生当年虽不一定有文化心理学的自觉，但他确实在客观上造就了与文化心理学相关的这项研究。

一 对学科基本问题的研究

每个学科都有许多基本问题，从民族学和人类学的学科层面看，经济、政治、婚姻、家庭、语言、宗教、艺术等都是一些基本的问题。吴先生在调查研究当中，同样十分重视这些基本问题。在一些概况性的调查中，上述基本问题几乎都会涉及。由于这方面的内容甚多，本文只能拈出数端予以讨论。

1. 对婚姻的研究

在吴先生的民族学人类学研究中，以婚姻为主题的研究数量颇多，这可视作他的一个鲜明的特点。仅从标题看，他在这方面的文章就有《么些人的婚丧习俗》《贵州苗夷婚姻的概况》《贵州青苗中的求婚》《贵州少数民族婚姻的概况》《贵州清水江流域部分地区苗族的婚姻》《大小凉山彝族的婚姻》《群婚残余试探》《从偶居到结婚——永宁纳西族婚姻制度的变化》等。

"姑舅表优先婚"在整个民族学人类学领域都是被学者们关注的婚姻习俗。在我国西南各民族当中，"姑舅表优先婚"也是流传较广的一种婚姻习俗，吴先生自然十分关注。一方面，吴先生认同古典进化学派对于这种婚姻习俗的某些解释，认为"姑舅表优先婚"可能是古代两合族外婚的残余；另一方面，吴先生又从功能主义的角度展开探讨，指出这种婚姻习俗的形成，是因为从妻居转变为从夫居以后，女性渴望依然与娘家保有一些联系。"这样多少可以满足她留恋怀想娘家的心理，从母家来说，既嫁出去一个爱女，在随着岁月的消长来往逐渐疏远的时候，又娶回一个血肉相承的外孙女，在感情上也是一种安慰。这种在那时的情况下十分合乎人情的办法，无疑地在很大程度上使这种习俗得以长期沿袭下来。"（吴泽霖，1991a：271）增加了这种心理的解释，吴先生的研究相较于当时同类的研究，更能令人感到信服。

另一个在南方少数民族中存在的婚姻习俗是"坐家"（也叫"不落夫家"），在这种习俗里面，女性婚后即回娘家长期居住，一直到生孩子后才到夫家长住。吴先生在分析这种婚姻习俗时，将其与包办婚姻联系在一起，他指出："坐家制只有在父母包办和自由恋爱的双轨婚姻的矛盾中才能保持得这样长久。一旦父母包办完全代替了自由恋爱制，坐家习俗就会变形变质。"（吴泽霖，1991a：349）除此之外，他还从早婚、妇女服装制作、传统的社会心理状态等角度对坐家习俗进行了分析。

吴先生对于婚姻问题的长期关注和研究，使他能够从生物性与社会性、现实性与历史性、族群内与族群间等多个层面对婚姻问题进行全面与综合的认识。他总结道："婚姻是人生的一件大事，与婚姻直接间接有关联的活动，几乎支配了整个人生。它是个人的生物性与社会性的纽带，是肉欲与社会约制之间矛盾的焦点。因此，尽管它只占人生中一个不大的领域，但它涉及整个社会的方方面面。通过它，可以反映该社会和民族的经济、政治、宗教、教育和其他一些方面的风貌。从民族学和社会学的角度来看，在婚姻研究中：横的方面，可以看出民族之间的相互影响，反映出民族间、文化间交流的一些规律；纵的方面，可以使我们看出文化各方面发展的不平衡以及其所保留的种种残余痕迹，从而常可使我们借以追溯一些史迹。总之，对各民族的婚姻习俗的深入调查，不论对民族关系史或对社会文化发展的研究，都会有所贡献。"（吴泽霖，1991a：54~55）

2. 对女性问题的研究

在民族学人类学领域，吴先生是较早关注女性问题的学者。早在 20 世纪 40 年代初，吴先生就撰写了《水家的妇女生活》这样的文章，提出了在当时乃至当下都对人们有启发意义的见解。对于一些流行的传统观点，吴先生并不急于照单全收，而是根据具体情况，从他所收集的资料出发作出解释，因此常常能指出传统观点的缺失之处。例如，在讨论彝族妇女地位时，前人发现，彝族在打冤家时，如有黑彝妇女穿盛装立于阵地之前，往往会让交战的双方握手言和，旧说便认为这是彝族妇女地位优越的表现。吴先生则根据他掌握的材料，指出彝族的妇女既没有财产的处理权和继承权，也没有人生的自由权，对夫妇道德标准的要求对女方又分外严格，这些都标志着夫妇地位的不平等。由此看来，妇女有阻止打冤家的力量，并不足以说明妇女地位的优越，而双方停战真正的原因是怕打死女性，引得她娘家舅家出来干涉，反而壮大了敌人的力量（吴泽霖，1991a：235）。

与此相应，在许多少数民族地区，虽然男女地位不平等已有相当长的历史，但男尊女卑的现象比起汉族地区还是要轻微许多，这是什么因素造成的，引起了学者的兴趣。吴先生通过自己的民族志调查，发现这种现象背后的关键是娘家所起的作用。例如，在苗族地区，"一个苗族女子出嫁后，娘家对她还有相应的照应，不像汉族妇女在封建社会里那样，嫁后一切从夫，娘家无权来过问的情况"（吴泽霖，1991a：372）。吴先生的这一发现，让西南地区一些少数民族社会中离婚事件往往是由女性提出的谜团得以解开。

3. 对种族问题的研究

种族问题是一个十分复杂也十分敏感的问题。严格说起来，种族是一种生物现象，但是种族问题却涉及社会、文化、心理等多个层面。吴先生是中国学界最早对种族和种族问题进行思考和研究的学者之一，早在 20 世纪 20 年代赴美留学时，他就做过相应的调查研究，1932 年由上海新月书店出版的《现代种族》一书，"乃是我国书林中第一本全面而系统地论述人类种族和种族问题的论著"（李毅夫，1988）。在将近一个世纪后的今天，重新翻阅《现代种族》，我们依然能从材料、方法和理念诸层面感受到其坚实的科学性。

在《现代种族》这本书中，吴先生旗帜鲜明地反对种族主义，他从三个方面对种族不平等的论断进行了分析批判。

第一个方面是体质。吴先生指出："原人自与猿类分家以后，散布于全球，不同的环境，不同的食物，使他们的某种器官特别专化，遂使各个种族之间呈现出显著的差异。这种差异都是适应特种环境的结果，绝不可以拿了主观的价值来规定他们的优劣地位。"（吴泽霖，1932）其实即便从生理的角度看，也并没有哪一个种族能在体质的各个特征上都表现出较高的进化程度，往往是某一个种族在此特征上进化程度较高，而在彼特征上的进化程度却比不上其他的种族。"由此可知，就某些体质特点来判断一个人种的进化程度，从而断定其优劣素质，是极不科学的。"（赵培中，1988：326）

第二个方面是文化。文化是民族学人类学的主要研究对象，也是极为复杂的综合现象。从空间上看，文化可以分成不同层级，仅以最简单的三分法为例，如果说在物质层面相互比较还有一些标准的话，那么到了制度层面和精神层面，要对文化进行高低优劣的比较，可就难上加难了。再从时间上看，文化的发展可以有起伏波动，其原因错综复杂，绝不是一种因素尤其不是种族因素所能解释的。因此，吴先生认为："我们绝不能在某一民族文化超过其他民族的时期，就武断地主张该民族为最优秀最高等。从逻辑上，从

历史事实上看，这种主张都是不能成立的。"（吴泽霖，1932：149）

第三个方面是心理。吴先生指出，心理学上有所谓的自傲情结（superiority complex），因此我群常排斥他群，如中国古语所说的"非我族类，其心必异"就是种族问题和种族歧视的心理基础。吴先生认为，种族之间在心理上确实有区别，这有大量事实可以依据，但却不能从这里证明心理上的优与劣。吴先生指出，种族主义者自己用的心理学证据也可以找到内在的错乱之处。（吴泽霖，1932：144~145）

吴先生在大量的分析讨论基础上，提出了自己对种族问题的总看法："各种族间有很大的差异，有很明显的区别。这些区别和差异都是适应环境的结果，与种族的品质没有多大的关系。种族间本来无所谓优劣，一般以种族而自豪的人，为了维护他们主观的情感，或图餍足他个己偏见，才去挂了科学的招牌，武断地创立了种族阶级说。但是，一经真正科学的分析，这种学说便毫无立足的余地。"（吴泽霖，1932：153~154）这样的看法，一直到今天，依然是人们应该坚持的基本立场。

4. 对世界民族问题的研究

如前所述，吴先生最早的学术研究成果《美国人对黑人、犹太人和东方人的态度》在很长一段时间里被学术界所忽略。这项研究可以被归入世界民族的研究，也有学科史研究的著作称其为"研究西方"的最早作品："那些在海外攻读民族学、人类学、社会学学位的中国留学生，以西方社会为调查对象，进行学位论文的写作，如吴泽霖在俄亥俄州立大学的博士论文《美国人对黑人、犹太人和东方人的态度》。"（孟航，2011：277）由于新的研究取向的出现，吴先生的这本著作，也可以有新的学术定位。在民族学和人类学学科内部，一直有对心理问题的关注，产生过民族心理学、心理人类学这样的分支学科。最近30年来，心理学在与民族学、人类学的交叉融合当中，也兴起了文化心理学的研究。

从文化心理学的角度来看吴先生关于美国人对黑人、犹太人和东方人的态度的研究，就是对不同族群心理的跨文化研究。吴先生在研究中聚焦于社会心理学的关键词——态度，运用了当时心理学界刚刚开发出来的态度距离

量表，以大量测量数据来描述当时美国的种族问题状况。（吴泽霖，1992）
在理论分析的部分，先生用心理学中关于精神变态的讨论，提炼出"压迫
精神变态"和"统治精神变态"这一对范畴，来解释前面的调查结果，具
有很强的说服力。（吴泽霖，1992：第8章）同时，他根据自己的调查分
析，提出了解决种族问题的一些建议，并强调对当时美国复杂种族问题的解
决，不是用单一方法就可以达到目的的。（吴泽霖，1992：第9章）直到今
天，吴先生这样的域外民族志研究依然十分缺乏，而能对域外民族展开文化
心理分析的研究更是罕见。

5. 学科工具书建设

还需要提到的是由上海辞书出版社出版、吴先生总纂的《人类学词
典》。（吴泽霖，1991）这本词典以美国人威尼克（C. Winick）主编的《人
类学词典》为蓝本增补编译而成，共收词10630条。该词典是当时我国收词
最广的一部人类学词典，也是当时唯一一部覆盖体质人类学、文化人类学、
考古人类学、语言人类学四大分支领域的专业性词典。在决定编纂这部词典
的时候，吴先生已是八十多岁的高龄，但他考虑到人类学这门学科正在发挥
越来越重要的作用，而在我国，这门学科对一般人来说还十分陌生。国内知
识界虽然一度掀起了一股"文化热"，大家争谈文化，但对有关文化科学知
识的了解却甚是肤浅。因此，吴先生怀着一种使命感，带领若干同行积极开
展这项工作，历时数年，终告成功。

二　研究方法与民族志

吴先生很早就有关于民族研究方法的自觉。在发表于1940年的《水家
的妇女生活》一文中，吴先生就提出了在民族调查的方法上应该思考的一
些问题，以此来向同好者请教。"首先的体会是，到非本民族地区进行与民
族有关的调查，哪怕是一个小小的学术性问题，似乎都必须预先掌握该民
族、该地区的一些历史和概况知识。……同一现象出现在不同的民族中往往
会具有不同的意义，如果只看孤立的现象而不了解它的背景，往往会导致误

解，而这种背景性质的资料搜集和了解是较费时间和精力的，这一点常被有意无意地忽略。"（吴泽霖，1991a：28）我们知道，在西方民族学人类学的发展中，研究者面对的往往是边远地区的无文字的族群，因此，对历史背景资料的挖掘往往是不太可能的，由此也形成了在民族志的描写中不太重视历史背景的倾向。而在中国这样拥有数千年历史的国度开展民族研究，对历史背景的挖掘就显得尤其重要，不仅有文字的民族很可能会有自己的历史记录，就连那些无文字的民族，其历史也很可能在周边有文字的民族的记录中寻找到踪迹。

吴先生注意到："对比两种不同的社会文化是一件极为细致的工作，表面的相同未必是实质上的一致，外表上的差异也可能是同源嬗变的积累。"（吴泽霖，1991a：29）因此，吴先生特别提出，这些都需要较长时间的反复考察才能摸到头绪。多年以后，吴先生根据自己的调查经验指出，只有围绕着几个中心特点来进行比较分析，才能比较容易地在纷繁复杂的资料中寻找出有规律的线索。在调查研究当中，既要注意共有的通性，也要注意那些特殊性。"'舍异求同'和'同中求异'相结合的调查研究方法指出了这两个研究方向，提供了摸索这些规律的一条线索。"（吴泽霖，1991a：380）

吴先生还十分重视在民族研究中培养女性研究者。在20世纪40年代的民族研究文章中，吴先生就指出："我国在民族地区从事田野调查的人目前几乎都限于男性。当然在偏僻地带，尤其是山区，生活又较为落后，妇女在那里工作确有具体的困难，但在调查任何一种社会文化，或一种民族集体时，从需要的角度着想，女性的参加具有其必要性。"（吴泽霖，1991a：29）重视女性问题研究是一方面，如何开展对女性问题的研究就涉及方法层面了。在中国的民族学人类学领域中，吴先生是很早就注意到培养女性研究人员重要性的学者。

除了注重方法问题，吴先生在民族志的书写上也是很有特色的，就以民族出版社出版的《吴泽霖民族研究文集》为例，"翻开这本文集，一股浓烈的田野气息扑面而来，三十余万字的篇幅中，将近百分之九十是作者在实地调查基础上整理出来的研究报告，这在已出版的社会科学家的文集中是罕见的，就是在已出版的民族学家的文集中也是罕见的"（钟年，1992）。吴先生极其重视田野工作以及民族志的写作，从他丰硕的民族志写作成果中，可以提炼出深入详尽、夹叙夹议、动静兼备、学用结合等特点（钟年、孙秋云，1992），下面拣其突出者叙述一二。

第一个特点，尽力全面详尽地记录。吴先生很重视对概况的描写，进入一个新的地区，遇到一个新的民族，所面对的是这个民族文化的方方面面，一开始很难说清哪些现象是重要的、哪些现象又是不重要的，因此，民族志记录的要求就是有闻必录、不厌其详。吴先生的民族研究调查报告在这方面堪称典范。例如，在讨论贵州清水江流域苗族婚姻选择的限制问题的时候，吴先生详尽地列举了同宗不婚的限制、民族服装的限制、姨表兄妹间的限制、某种姻亲关系的限制、辈分的限制、姑舅表的优先权利、迷信性质的限制、年龄的考虑、阶级的考虑及其他因素等十余种限制因素，每一种限制因素之下都可以举出相应的实例。（吴泽霖，1991a：256~276）

吴先生的民族志书写还有一个特点，就是很重视数量的表达，频繁使用图表，这一点或许与先生社会学的训练有关。还是在20世纪30年代末40年代初，吴先生刚刚接触到贵州的少数民族，他当时撰写的民族调查报告就表现出了这个特点。例如，在《炉山黑苗的生活》一文当中，就包含了"炉山各区苗族分配概况表""全县场集情况表""炉山各区族系户数及百分比表""各区族系人口密度分布状况图""各区族系杂居户数比较表""各区族系同族聚居户数比较表""家庭平均人数表""苗族妇女子女生育率表"等，通篇文章的图表之多，给人留下深刻印象。

民族志的书写如果仅仅是对该民族各种文化事项的简单记录，不能不说是依然停留于浅表的层面。吴先生没有止步于此，而是试图透过表层，深入文化的底层，努力进行理论上的探讨。如前所述，在吴先生的民族调查研究中，对婚姻问题关注尤多，少数民族的婚姻习俗与汉族的婚姻习俗有许多的不同，很多调查者会迷失于多姿多彩的各民族婚姻习俗的表象之中。吴先生却十分注意透过表象，去寻找深层的解释以及变化的规律。例如，在对大小凉山彝族的婚姻调查研究中，吴先生谈到姨表兄弟姊妹间禁止婚配的习俗，就指出这种习俗很清楚地说明了彝族以前曾经历过母系社会，这种婚姻的限制就是其遗存之一（吴泽霖，1991a：218）。同样的，姑舅表优先婚也是如此。妻子亡故后，丈夫续娶来的女性大都与死者相关，或为死者的姐妹，或为死者的远房姑侄女，吴先生认为，这可能是古代妻姊妹婚姻制度的遗迹（吴泽霖，1991a：216）。除此之外，吴先生没有停留于对遗存的解释，他敏锐地指出，"姑舅表优先婚"的流行与彝族家族之间的矛盾"打冤家"有关，其也是对于现实生活中婚配范围狭窄问题的一种回应（吴泽霖，1991a：217）。

为了加强对调查材料的分析讨论，吴先生往往还在调查报告的最后专门设立"结论"这一部分，统一对前文中涉及的重要问题做汇总式的讨论分析，以期将调查研究的工作进一步深入。在他的许多民族调查报告中，如《水家的妇女生活》《么些人的婚丧习俗》《布依族的婚姻》《大小凉山彝族的婚姻》《贵州省清水江流域部分地区苗族的婚姻》等多篇民族志的描写中，吴先生都做了类似的处理。

三　民族博物馆学

民族博物馆事业以及对民族博物馆学的研究，一直是吴先生的民族研究中的一个重点。吴先生是我国最早的民族文物开拓者以及民族博物馆事业的建设者，这一点在我国学术界已有定评。早在1940年，吴先生就在因抗战而西迁贵州的大夏大学设立了民族文物陈列室，并于同年在贵阳举办了三次关于贵州省少数民族的文物展览。这是少数民族文物在贵州的第一次公开展览，被当时的报纸称为国内首创。当时的展览中，"其物品分为相片、服饰、用物、研究图表及著作四大类，举凡各种苗夷文物及研究资料，略具梗概。展览十余日中，每日参观者极为踊跃，无不兴趣浓厚，各方硕彦亦往参观，尤为赞许……"（哈正利、张福强，2018：137）。据吴先生的女儿回忆："父亲在贵阳收集少数民族的资料，介绍我国西南各少数民族的风俗，特别是苗族，他还带着学生多次做社会调查，还自费买了一些民族服饰，装了两大木箱。"（哈正利、张福强，2018：136～137）。其后无论是在昆明的西南联大，还是抗战胜利后返回清华大学，以及新中国成立后相继任职于中央、西南、中南多所民族学院，只要有可能，吴先生都会积极开展民族文物陈列室或博物馆的建设工作。

吴先生对于民族文物和民族博物馆事业的专注和热情，或许与他年轻时的家庭传承有关。费孝通先生曾指出，吴先生具有艺术的家学渊源，这种与生俱来的艺术细胞，可能是引导他成长后偏爱少数民族艺术的根源（费孝通，1990）。随着《吴泽霖年谱》的出版，我们可以发现更多这方面的证据。吴先生的父亲自幼爱好绘画，后经人介绍，拜当地著名画家习画。光绪年间，他自学照相术，曾与人合开照相馆，但在照相术还没有普及的年代，经营十分困难。为生计起见，遂以为人画像为生。他的画路极广，尤以人物仕女画著称，其扇头小品最为精妙，是民国时期常熟地区的代表人物（哈正利、张福强，2018：26）。正因受到这种影响，在吴先生一生的经历中，多次表现出对绘画的兴趣以及绘画的才能。例如，在清华留美预备班时期，据其同学回忆："吾级吴泽霖、方来、杨廷宝与本人，对绘画亦有兴趣，兼受美术教师司达女士之鼓励。"（哈正利、张福强，2018：34）在《吴泽霖年谱》中，多次记载早年吴先生有担任诸如美术编辑之类职务的经历，还与同班好友闻一多等人一起成立过美术社，这些与美术相关的经历，既可以是吴先生热爱民族博物馆事业的原因，也应当对日后先生从事文物工作大有助益。

博物馆的建设，首要的部分是文物和标本，这一点吴先生十分清楚，一直将其作为建馆工作应该走的第一步。对于文物和标本，吴先生的主张是，第一要全面，第二不能只注重其中某一部分的文物，而忽略其他部分。他认为，"凡能反映各少数民族在生产上、生活上的基本情况的一切实物，都是少数民族文物。……有人认为民族文物应当是一个民族中精美高贵的东西，这个看法是不正确的。民族文物中有精美的东西，但也有极平凡的物品"（吴泽霖，1957）。如此看来，民族文物的重要性不能简单地用金钱来衡量，也许有的文物从质地上看并不贵重，但它能反映该民族的日常生活以及历史变迁，它就是博物馆需要揽存之物。

另外，物品是死的，而人是活的。吴先生认为收集到的民族文物，如果想让它们发挥更大的作用，一定要在收集文物的同时去了解围绕着文物的一系列背景资料，包括它们在生产生活当中的种种作用。吴先生指出："一切文物，少数民族文物毫不例外，是人民生活中的一部分，是生活资料和生产资料，也是社会关系。任何一种文物都反映一个民族的生产水平；任何文物都有它的生产过程、交换过程、消费过程。许多文物反映出阶级关系和民族特点，通过它，可以帮助我们了解一个社会的性质和民族的面貌。"（吴泽霖，1985）用这样的眼光看待文物，文物就有了学术研究的重要意义。

吴先生是一位学者，是一位民族学家、人类学家，这就决定了他收集民族文物不仅仅是用于展览。在吴先生的想象当中，民族文物也是要用来开展民族研究的，是可以丰富民族学和人类学的理论的。正因为有这样的考虑，到了晚年，吴先生便直接提出了建设民族学博物馆的想法。为了答疑解惑，吴先生说明了民族博物馆与民族学博物馆的关系和区别："正如化学或物理学与他们的实验室的关系相似，是一体中的两部分，是相互依赖、促进的。实际上民族学博物馆就是民族学的一种间接的田野调查的基地，两方相互依存，形成了一种共生状态。每种学科负有两种使命：一是使本学科的知识理论不断深化更新；二是把已有的知识广为散播。在民族学学科总的范围内，民族学主要承担了第一种使命，第二种使命则由民族学博物馆来肩负。"（吴泽霖，1986）"间接的田野调查的基地"的说法极为精彩，民族学家人类学家当然要去"直接"的田野，但如果民族学博物馆建设得好，也可以让人们在此感受到田野的气息，尤其是对新一代的民族学人类学研究者而言更有助益。

在吴先生眼里，"民族博物馆主要是为政治服务的，而民族学博物馆主要是为科学服务的，它是一种传播知识性的专业博物馆，是建立在民族学的基础上，同时也是依附于民族学而存在的"（吴泽霖，1985）。吴先生是理论家，同时也是行动者，他到中南民族学院工作以后一直努力要建立真正意义上的民族学博物馆。在 20 世纪 80 年代后期，中国第一个民族学博物馆终于在中南民族学院落成，馆内也聚集起了一批民族学人类学的研究者，开展着对中国少数民族（主要是中南地区少数民族）的研究工作。当然，如今的中南民族学院民族学博物馆，和吴先生最初的设想还有相当一段距离，当年先生规划的露天博物馆部分至今未能建成，中国的民族学博物馆之路还只是刚刚起步。

小　结

上文对吴泽霖先生民族学人类学研究的描述，自然难免挂一漏万，但即便如此，我们也不难看出，吴先生的研究具有融通学科、立足本土、关心应用等方面的基本追求。在融通学科方面，吴先生在求学阶段就以开放心态对待各个学科，例如，赴美"求学期间，广泛阅读社会学、心理学、人类学、政治学著作"（哈正利、张福强，2018：72），打下了多学科的知识基础。吴先生在《民族学在美国和博厄斯学派》一文中谈到了"多学科结合"："田野调查必然要涉及文化的各方面，对社会文化的系统深入的了解，就有赖于多学科结合而进行。只要调查一深入，就不得不牵涉到诸如语言学、考古学、历史学、心理学、统计学等学科的知识，就得结合它们的知识来求得调查、分析、总结的深化。这种多学科相结合的方法，博厄斯是一向予以重视和一直特别强调的。"（吴泽霖，1991b）这段话也可被视作吴先生的夫子自道。在立足本土方面，吴先生自留美回国之后，大量研究的就是中国的民族问题，其间做过一些中国边境地区跨境民族的资料的翻译整理，也依然是立足于本土。说到关心应用的特点，吴先生的第一项学术研究就能体现出来，他当时研究美国人对黑人、犹太人和东方人的态度，关注的是最后能寻找到一些科学的解决办法，起码是改进的办法。他在20世纪50年代初积极参与中国西南地区的民族调查，也是在回应中国国内民族识别等方面的实际问题。至于长期以来从事民族文物的收集和民族博物馆以及民族学博物馆的建设工作，更是先生关心应用的生动表现。融通学科、立足本土、关心应用等基本追求，对于今天从事民族学人类学研究的学者来说，依然具有深远的启发意义。

参考文献

E.G. 波林，1981，《实验心理学史》，高觉敷译，商务印书馆。

哈正利、张福强，2018，《吴泽霖年谱》，上海文艺出版社。

费孝通，1990，《在人生的天平上——纪念吴泽霖先生》，《读书》第 6 期，第 91 ~
95 页。

李毅夫，1988，《吴泽霖教授与世界民族的研究》，载赵培中主编《吴泽霖执教 60 周年
暨 90 寿辰纪念文集》，湖北科学技术出版社。

孟航，2011，《中国民族学人类社会学史（1900-1949）》，人民出版社。

吴泽霖，1932，《现代种族》，新月书店，转引自李毅夫，1988，《吴泽霖教授与世界民
族的研究》，载赵培中主编《吴泽霖执教 60 周年暨 90 寿辰纪念文集》，湖北科学技
术出版社。

吴泽霖，1957，《关于少数民族文物的一点认识》，《文物参考资料》第 5 期，第 63 ~
65 页。

吴泽霖，1985，《论博物馆、民族博物馆与民族学博物馆》，《中南民族学院学报》第 4
期，第 72 ~ 82 页。

吴泽霖，1986，《民族博物馆与民族学博物馆的区分》，《中国博物馆》第 4 期，第 26 ~
28 页。

吴泽霖，1991a，《吴泽霖民族研究文集》，民族出版社。

吴泽霖，1991b，《民族学在美国和博厄斯学派》，《中南民族学院学报》第 4 期，第 21 ~
30 页。

吴泽霖，1992，《美国人对黑人、犹太人和东方人的态度》，中央民族学院出版社。

吴泽霖总纂，1991，《人类学词典》，上海辞书出版社。

赵培中主编，1988，《吴泽霖执教 60 周年暨 90 寿辰纪念文集》，湖北科学技术出版社。

钟年，1992，《从田野中来》，《读书》第 9 期，第 82 ~ 87 页。

钟年、孙秋云，1992，《吴泽霖民族研究思想述评》，《中南民族学院学报》第 4 期，第
71 ~ 76 页。

钟年、彭凯平，2005，《文化心理学的兴起及其研究领域》，《中南民族学院学报》第 6
期，第 12 ~ 16 页。

潘光旦的"土家"识别及其民族思想

——《湘西北的"土家"与古代的巴人》

李 芳*

摘 要：本文从文化人类学视角出发，理解潘光旦的"土家"识别及其民族思想。学界对土家族的研究，大多围绕族群本身展开，拘于"族源"的还原论。潘光旦认为民族地区的历史研究，必须与汉族，"乃至全部中华人民的大共同体，是如何形成的这样一个总问题密切地结合起来进行"，进而去理解"祖国的历史"过程。其民族思想反映在土家研究中，体现为土家历史文化的交流与融合，他认为识别"民族"这一文化群体的首要标准，是看不同民族的文化是否具有某种连续性，而土家族的历史文化过程也是"民族位育"的过程，这并非简单的文化适应，而是一个民族全方位的文化生态的和谐发展。潘光旦的民族思想是我们今天理解中华民族共同体与多民族和谐共生的重要思想资源。

关键词：潘光旦 土家 民族思想 文化人类学

学界对土家族族源问题的讨论多从"族群"视角展开，形成了"巴人说""土著说""氐羌说""江西迁来说""濮人说""乌蛮说""賨人说""多元说"等。近现代学者对土家族民族历史的源流考证起步较晚，20世纪30年代才开始有文章涉及土家族族源的研究。民国22年，凌纯声、芮逸夫在《湘西苗族调查报告》中提到"永顺、保靖、古丈、龙山等县有土人，

---

* 李芳，北京理工大学设计与艺术学院助理教授、特别副研究员。

永、保等县的土人语言属于泰掸语系而藏缅语化，或为古代僚族的遗民，均非苗族"（凌纯声、芮逸夫，1947）。他们将"土人"与"苗人"进行了清楚的划分。谭其骧（1939）于民国28年在《史学年报》发表了《近代湖南人中之蛮族血统》，对湘西地区土家族大姓如向、彭、田、覃、王、张等进行了详细考证，认为这些大姓是土著而不是客籍，提出了"土著说"。卢美意发表的《湘西现代文化对于中国文明之贡献》（1941a）和《湘西历史文化之新发现》（1941b），以"苗族"的称呼对土家族的历史文化进行了介绍。

到了20世纪50年代，土家族民族成分的确认、识别，经历了一个较为曲折的过程，并出现了大量与土家族识别相关的争论。从1952年严学窘到龙山洗车河流域至1957年潘光旦、向达视察湘西北、鄂西南、川东南的六年时间里，先后有谢鹤畴、谢华率领的中央、省、州联合调查组及严学窘、汪明瑀、潘光旦、王静如、向达等一大批知名学者组成的调查组到湘西龙山、永顺、保靖等地进行田野考察。严学窘的《湖南龙山土家族初步调查报告》，汪明瑀等人的《湘西土家族概况》，王静如的《关于湘西土家语言的初步意见》，潘光旦的《湘西北的"土家"与古代的巴人》，潘光旦、向达的《湘西北、鄂西南、川东南的一个兄弟民族——土家》等论著[1]，对识别确认土家为一个单一民族起到了关键性作用。彭武一通过比较土家语和云南彝语提出了"湘西土家语言列入汉藏语系、藏缅语族、彝语支是非常正确的，不容置疑的"[2]。此外，王忠（1958）在分析大量史料后发表了《驳向达、潘光旦关于土家族历史的谬说》一文，提出"土家族实来自现今的贵州省，……中唐以后越僑一带的乌蛮会侵入贵州，……当地的土著一部分被其征服，……一部分与他们进行长期的斗争，最后被迫迁入湘西和云南，'土家'一名称即是对新侵入的'乌蛮'而言"。诸如此类研究，大多停留在从"汉与土家"的视角去探讨，实质上缺乏两个视角，主要体现为潘光

---

[1] 具体参见《中国少数民族社会历史调查资料丛刊》修订编辑委员会编《土家族社会历史调查》。

[2] 参见彭武一《湘西土家语言句法初探》，此文是1955年他写给各级党委和政府的材料，未刊登。

旦在土家族研究中的思考：一是文化的历史演变与祖国的历史视角；二是民族文化融合与中华人民的大共同体视角。

潘光旦关于"土家"的研究始于1952年，他从清华大学调入中央民族学院，担任研究部第三室主任，从事民族地区的调查工作。1955年，潘光旦在《中国民族问题研究集刊》第四辑上发表了《湘西北的"土家"与古代的巴人》一文，他在文后列出了直接参考和征引的书目共有187种（史籍50种、地方志52种、笔记30种、其他经史子集55种），从巴人上千年的发展史、地理分布和文化传说的种种记载中，通过考证提出湘西"土家"是古代巴人的后裔，探讨了"土家"的族源问题及其作为单一民族的理由。潘光旦认为：

> 历史上绝大部分的巴人，今日湘西北"土家"人的一部分祖先也不例外，在发展的过程中，变成了各种不同程度的汉人，终于与汉人完全一样，成了汉族的组成部分。……因此，这种历史研究又必须与汉族，乃至全部中华人民的大共同体，是如何形成的这样一个总问题密切地结合起来进行，……在祖国漫长的几千年的历史里，这样一个族类之间接触、交流与融合的过程是从没有间断过的（地）进行着、发展着，我们现在还在这过程之中，从人文学的方面来看，也不妨说，这过程就是祖国的历史（潘光旦，1955：5）。

潘光旦认为，"民族"本质上是一个文化群体。他从文化视角分析了在从巴人到"土家"的历史性转变过程中，不同民族融合互动，最终形成了今日"土家"的文化过程。因而，从文化意义上来说，土家族是"土家"的观点无疑是立得住的。

正如费孝通在《潘光旦先生关于畲族历史问题的设想》一文中回忆潘先生对我国民族历史研究时提出，潘先生对我国各民族历史的研究，一向不主张孤立地研究某一民族的历史。正如潘先生所说的：

我们祖国的历史是一部许多具有不同民族特点的人们接触、交流、融合的过程。这个过程从没有间断过,而且还在发展着。我们对汉族的形成虽则至今还没有科学的说明,但是它之所以能成为当今世界人数最多的一个民族,绝不可能是单纯靠汉族的祖先自然繁殖的结果,它是在中国历史发展过程中不断吸收原来不属于汉族的人们而壮大起来的。其他的民族实际上也多是由原来不相认同的人们逐步融合而成的。融合是一方面,另一方面也有分化。在不断又合又分的过程中出现了我国现有的民族结构(潘光旦,1955:5)。

费孝通认为,今后的工作从宏观方面来讲,就是拾起中华民族形成过程这个课题进行研究。

本文从潘光旦的《湘西北的"土家"与古代的巴人》一文及其蕴含的民族思想出发,从"祖国的历史"与"中华人民的大共同体"两大视角,探讨了潘光旦民族研究作为近代西方科学进入中国学界而积极进行本土化的典范,既有别于盲目照搬国外学术的研究,也有别于无法回归中国本土民族研究的实践,而是从中国的国家历史演变的宏观视角来审视不同族群或民族的迁移、文化交流以及文化融合,体现出其民族思想中深刻的文化主体意识和文化自觉。

一　文化的历史演变与祖国的历史长河

潘光旦对族群或民族的研究,一直以"文化"为基础,因为"民族"的本真含义就是一个文化群体。同时,一个地域多民族的历史演变进程,需要放在祖国的历史长河即"祖国历史"中来理解。在这部分,他关注土家文化生态体系中最稳定的文化核心,即信仰、崇拜、姓氏、姓名等方面的文化认同。土家族的祖先信仰,有一个从土酋到土王再到土司的演变过程,在这个过程中,我们一方面可以看到"国家"的不断进入,另一方面也可以看到"祖国"的不断形成。

1. 八部大王及其摆手仪式

湘西酉水土家族地区，尤其是酉水支流洗车河流域的土家族村寨，仍保留着以土酋"八部大王"为主的祖先信仰，这里既是土家语留存区，也是民间所谓的"土家文化核心区"。2016～2020年笔者数次深入湘西州龙山县、保靖县、永顺县、古丈县等地的土家族村寨，从最初调查酉水土家族"舍巴日"开始，发觉这里的土家人在举行舍巴日摆手祭祖活动时，不同社区曾经存在四类供奉不同祖先神的情况：（1）崇拜远祖"八部大王"，远祖"八部大王"被老土家人称为"拔普"或"一拔普、二拔普、三拔普……幺拔普"；（2）崇拜土王"吴着冲"，土王"吴着冲"被称为"禾撮冲""禾撮菩萨""禾撮拔普"；（3）崇拜土司王"彭公爵主、向老官人、田好汉"，土司王"彭公爵主、向老官人、田好汉"被称为"土王拔普""彭拔普""向拔普""田拔普"；（4）崇拜社菩萨"七将军（七兄弟）"，社菩萨被称为"拔普大神""择土拔普""田拔普"等。从这些称呼可以看出，酉水土家族似乎经历了由"八部大王信仰"到"'冲'王信仰"再到"土司王信仰"的历史演进过程，然而，其"拔普"信仰的核心观念并未改变。更为有趣的是，曾作为溪州土司统治中心的永顺土家族地区，在2012年举行舍巴日摆手祭祖活动时，敬的还是上面第三类"彭公爵主、向老官人、田好汉"的土司王，但到了2017年，便转向了敬第一类即远祖"八部大王"。

在湘西土家族地区遍布的以"八部大王"信仰及其摆手仪式为核心的文化，是历史上多族群融合的历史文化建构过程。无论是远古时期首八峒的土家远祖"八部大王"，或是以老蛮头"吴着冲"为代表的"冲"王，还是以"外来者"身份入主溪州地区并统治八百余年的土司"彭公爵主、向老官人、田好汉"，抑或是后来古丈县断龙山镇田家洞的"汉族"大姓田氏等，也都被融入"八部大王"信仰及其摆手仪式的文化之中。在漫长的历史演进过程中，围绕"八部大王"信仰及其摆手仪式，通过文化并接的文化生态已经形成了一个稳定持续的信仰仪式文化核，而这一文化核也是今天土家族文化的认同和归属。从历史的时间和空间维度来看，土家族群并不是静态分裂的而是具有流动性的，从古至今延续不断的土家文化背后其实是

"汉"与"土家"融合的历史文化建构过程。

潘先生认为，"一切生命的目的在求所谓'位育'。这是百年来演化论的哲学新发现的一个最基本最综合的概念。这概念的西文名词，我们一向译作'适应'或'顺应'，我认为这译名是错误的，误在把一种相互感应的过程看作一种片面感应的过程。人与历史的关系，人与环境的关系，都是相互的，即彼此之间都可以发生影响，引起变迁，而不是片面的"（潘光旦，2000：138~139）。土家族的历史文化建构过程也是这样一个民族位育的过程。在族群交融的情况下，酉水地域中土家信仰文化是并接和连续的。这个文化连续统意味着民族位育的上述两个方面，即该地域民族生活的和谐及其文化秩序的维持，不同民族在与环境相互影响中的变迁。两者构成了该区域的文化生态体系。

2. 土司与汉姓土名

在五代时期的历史中，除了"彭士愁""向柏林"这样的汉姓汉名之外，还存在"吴着冲""惹巴冲""春巴冲"等"冲"王只有土名的情况，而"冲"与"送""宠""踵""什用"等音节在土家语里相通，意思是"王"。随着汉文化的不断渗透，土家族地区后来便出现了大批汉姓土名，如将治所迁至福石郡（今老司城）的"彭福石宠"，便使用"彭"作为汉姓，以"福石宠"作为土名。

据史籍记载，拥有土名的土家族土司主要集中在湘西境内的永顺宣慰司、保靖宣慰司、桑植宣慰司和鄂西的施南宣抚司、散毛宣抚司、容美宣慰司等。作为积极学习汉文化典范的明代永顺土司彭世麟，不仅给自己起了"字号"（字天端，号谦斋），还给自己取了土家语别号"麦坡"。通过永属三州、六司的部分承袭系，我们可以发现汉姓土名的普遍应用程度。

南渭州世系：

金胜——什才（哥）——律恕（弟）——可宜——始主倬清——惹即送——定惹即送弟慨主倬——良臣——章——世忠——正——应麒（清顺治年内附凌高）——宗国。雍正六年（1728）彭宗国随永顺司献土。

保靖司世系：

师杲——文通——儒毅——仕隆——云从——凌霄——邦宏——勇——泰定一师孔——定国——思善——本荣——齐贤——博（以上事迹无考）——世雄——万里——勇烈——药哈俾——南木处——显宣宗——仕珑——翰——九霄——虎臣——良臣——荩臣——守忠——养正——象乾——朝柱——彭鼎——泽龙

大喇司世系：

世雄——万里——勇烈——药师——图南——莫古送——忠——武——胜祖一世英——惠——志显——启忠——一正——应楚景——泽永——御椿——御桔——炳——荣魁——华鉴——德

从这些世袭名单中可以看出，其中不乏"什""惹""送""俾"等常用的土家语记音汉字。"送"是现代土家语已经消失的一个古词，在古代土家人名中的作用是表示身份地位，意思是官长、首领……名字中能带上这个词的人一般都是土司主或他们手下的官吏（叶德书，2007）。谭其骧（1939）于民国28年在《史学年报》发表了《近代湖南人中之蛮族血统》，对湘西地区土家族大姓如向、彭、田、覃、王、张等进行了详细考证，认为这些大姓是土著而不是客籍，而土著"实为蛮族之已经归化者，亦非先时从他方迁来之汉族"。

潘光旦讨论了从五代起一贯的占统治地位的彭氏：

即在所称真彭，一千有余年以来，在接受了"土家"的语言与风俗习惯以后，一直的和"土家"人共同生活着，早已成为十足的"土家"人,与其它(他)"土家"人毫无分别。在此千年以前,上千成万的巴人曾经成为汉人,而在此千年以内,也曾经有不少的"土家"人成为汉人,这期间转变的过程和这部分彭氏之所以成为"土家"人基本上是没有不同的(潘光旦,1995:314~315)。

从"姓"与"名"中可以看出彭氏土司由"汉"变"土"又回归于"汉"的整个演变过程。潘光旦强调人与历史、人与环境的关系都是相互的,"即彼此之间都可以发生影响,引起变迁,而不是片面的。说历史与环境完全由人安排,是错误,说历史与环境完全支配着人,也是错误"(潘光旦,2000:138~139)。

3. 从土王到土司

土家先民认为,生前强大的人,死后其魂魄也是强有力的,因而把部落首领及其对本部族有重大贡献的亡灵,作为自己的保护神、祖先神来崇拜,如"向王天子""八部大神""大二三神""土王神""社巴神"等(游俊、李汉林,2001:116)。然而,八部大神、吴着冲和土王这类神明,甚少见于士大夫的记载,但在一个本地口耳相传的传承体系中,留下了众多传说和一整套与他们的起源、结盟、斗争、土司统治的权威密切相关的祭祀礼仪与传统(谢晓辉,2012)。

潘光旦在研究湘西北地区苗与"土"之间存在的长期隔阂时认为,这主要是由中原统治者造成的。

远自东汉初年起,中原统治者就一贯地利用"土家"祖先的统治阶层来控制当地的一切非汉族人民,其中主要的就是属于苗瑶系统的一群人;从唐末五代起,这种控制更趋向于具体化,有属于汉族统治阶层的人"入主"了这地区,自己先"土家"化了,然后驾驭着"土家"来控制苗族;元、明、清三代实行所谓"土司"制度,一直到清代雍正年间"改土归流"为止,大小"土司"几乎全部由"土家"人承当……（潘光旦，1995：358）。①

据民国22年（1933）王晓初编纂的《龙塔王氏族谱》（永顺）原序云：
"溪州王氏，西关望族，避秦乱奔楚，五代平蛮，先祖开辟永顺王村。"② 从
"避秦"推测王氏祖先大概在战国末期就已经迁居永顺王村，又有永顺弄塔
《王氏族谱》载"其先避秦奔楚之溪州……于蛮驯者抚恤之，冥顽者诛戮
之，然后征八蛮，平九荒，定五溪"。其中，"征八蛮"是指在王氏祖先迁
入之前，这里就有"八蛮"生活在酉水流域，而作为土著居民的"八蛮"
后来被征服，这与民间的叙述相契合。秦汉时期，中央王朝在土家族地区设
置了郡县进行管理，在地方行政中心便开始有一定数量的汉人聚居，故土家
族地区很早便开启了国家化与汉化的过程，而聚居此地的汉人其实在历史上
也逐渐出现了"土家化"的情况，最终多族群融为一体形成早期的"土
家"③ 文化共同体。从贞观年间至开元年间，西南土家族地区设有大小羁縻
州县一百余个。天授二年（691），唐以辰州之大乡（今湖南永顺、龙山、
保靖）、三亭（今保靖、秀山）两县地建溪州。开元二年（714），又分大乡
县一部分建洛浦县（今保靖），以洛浦、招渝（凤凰县）两县隶锦州。元代
彭万潜自立永顺安抚司；明代为永顺宣慰司，是永顺土司最为强盛的时
期④；清雍正改土归流后，土司制度走向终结。

土司时期虽然在"汉不入峒，蛮不出境"的政策影响下，各族群间的
交流互动减少，但这促进了民族共同体的形成。在历代中央王朝不断更替的
影响下，武陵地区土著民族和外来族群出现了大规模的迁徙、流动与融合过
程，形成了"大杂居、小聚居"的和谐共生局面，直到清代中叶，这一地

---

① 出自向达、潘光旦于1957年3月18日在中国人民政治协商会议第二届全国委员会第三次
　会议上的联合发言，原载1957年3月24日《人民日报》，后由潘乃穆、王庆恩编入《潘光
　旦民族研究文集》。
② 始修于清嘉庆年间。
③ 本研究中所谓的"土家"代表的是整个历史以来生活于此的当地人。
④ 明代有一个宣慰司，即永顺宣慰司；三个土州，即南渭州、施溶州、上溪州；六长官司，
　即腊惹峒、麦着黄洞、驴迟洞、施溶溪洞、白岩洞、田家洞。其地理区域相当于今永顺县、
　龙山县、古丈县等地。

区族群格局基本定型，即土家族主要居于北部，苗族主要居于南部，侗族亦主要居于更南部（李绍明，2007）。

对于龙山、永顺县的部分彭姓土家人而言，他们不仅会强调自己是彭氏土司的后代，并拿出《龙山县彭氏谱系》饶有兴致地给笔者讲述"江西吉州彭氏"与"湘西溪州彭氏"本为同源的故事，还会告诉笔者有"真彭"和"假彭"之别，"假彭"最早是老蛮头"吴着冲"的后代，因吴着被彭氏打败后来才改姓为彭的历史故事。[①] 自古以来，土家族地区先后有土著、巴人、濮人、楚人、秦人、汉人聚居并融入土家族群体之中。唐末五代以后，江西彭氏携百工进入湘西，融入土家族群体。宋至明清，虽然土家族地区没有再发生大规模族群互动，但是土司辖区内外土家文化与汉文化的交流一直持续不断。与此同时，摆手舞、舍巴日、敬土王、梯玛跳神、讲土家语、织西兰卡普等一系列土家族文化符号，逐渐沉淀为土家这一族群共同体鲜明、稳定的认同标志。

可见从族群的文化视角来看，"土家"文化是历史上围绕一个不变的文化核逐渐累叠融合而形成的，其文化逻辑千百年来并没有发生改变，土家族本身作为一个文化族群，应该回到原初的"文化论"意义上进行解释，即从土家文化生态和"祖国历史"的视角，探讨土家信仰文化连续的、内在的机制，进一步理解其信仰文化延续千年的文化并接过程。

二　民族文化融合与中华人民的大共同体

潘光旦提出对某一民族的研究不能孤立进行，必须放在多民族的"中华人民的大共同体"如何形成的视野下去理解"祖国历史"过程。

1. 白虎信仰下的巴人与"土家"

潘光旦对"汉"与"土家"的认识，体现在作为共同文化资源的白虎

---

① "真彭"和"假彭"之说还有另一个版本，即土司实行"初夜权"，若改姓为"彭"便可得到豁免。

信仰中。隋代沅水一带有"夏人"（汉人）分布，他们主要居住在交通道路沿线的郡县治所。唐建立后，"以夷制夷"的羁縻制度得到正式推行，并对土家族地区的社会形态产生了决定性的影响，强宗大姓的封建割据是这一时期土家族地区社会形态的根本特点。1955年，潘光旦考察了龙山、永顺及来凤等地土家族历史及族源，其中关于白虎神崇拜，他认为唐中叶以前，这种崇拜盛极一时，后因大量汉人涌入巴人原住地区，将白虎神崇拜变成了"杀白虎的汉将之神"。五代前蜀杜光庭在《录异记》中描述了关于"杀白虎神之神"的神话，潘光旦指出这段资料真假参半，真的是巴人原有的，假的是汉人捏造出来的"翻案"文章，目的是消除巴人的传统信仰对汉人可能产生的影响，同时使当地还存在的巴人改变其原有的传统意识，而趋于汉化（潘光旦，1995：215）。黄柏权（1999）通过对清江流域的土家人"敬白虎"、酉水流域土家人"赶白虎"、乌江流域土家人又敬又赶等的分析，认为土家族民间同时存在的"敬白虎"与"赶白虎"行为从表面上看起来是相悖的，实际上土家族"敬"的是图腾白虎，源于"巴人崇白虎"；"赶"的是汉文化中的"四象"白虎。他认为土家族对图腾白虎神的崇拜是全民性的，并无地域上的差异。

笔者调查的龙山县贾市乡兔吐坪村也有敬白虎的摆手堂，这实际上是一种文化并接的生态现象。隋唐以后，作为廪君蛮后代的清江流域土家族群体崇敬白虎，形成了"向王天子"的崇拜与"敬白虎"习俗，这与"廪君死，魂魄世为白虎"密切相关。而作为板楯蛮后裔的酉水流域土家族群体射杀白虎，形成了"驱白虎"的习俗。《后汉书·列传·南蛮西南夷列传》云："汉中上计程包对曰：'板楯七姓，射杀白虎，立功先世，复为义人……'。"板楯蛮长于狩猎，喜好歌舞，英勇善战。相传秦昭王时，白虎为害，板楯人应募射杀白虎有功，秦官府与板楯人盟誓说："顷田不租，十妻不算，伤人者论，杀人者得以倓钱赎死。"这与民间传说故事和《摆手歌》中的做社巴要杀"白水牛"（暗喻白虎）的"八部大王"崇拜重合，而"八部大王"正是酉水土家族传统祖先信仰的核心。因此，"土家"与"汉"都以白虎为文化资源，有意无意间都在强化白虎的神话。

潘光旦在论述巴人与"土家"人在生活与文化上的贯串时指出:"老虎在巴人与'土家'人的物质生活与精神生活里占有中心的地位。"他从四个方面展开系统论述。

一是"一个多虎的环境"。他指出"祖国西部山区一向是一个多虎的地带",存在丰富的关于虎的故事与神话。"在这一件事上,祖国各民族成分或多或少都有些贡献,但贡献得最多的是巴人与'土家',其次是彝族,'土家'与彝不但在语言方面有接近之处,今在这方面也有几分相似……"(潘光旦,1955:59)他通过列举大量文献资料证实了"鄂西南与川东毗邻的地带也是一个多虎的环境"。

二是"虎与生活的各方面"。他认为从巴人到"板楯一派"都是狩猎技术很高,特别是在猎虎方面。迟至唐代,湖南省巴、瑶相交的地区,还是以"射禽兽"为主,而"不尚农"。到了五代年间,汉人"彭氏"迁到湘西土家族地区之后,命令"百姓每年需向他贡纳老虎,并且一定要活捉的才算数"[1]。到近代时,猎虎被称作"赶仗",是"土家"人时常进行的一项集体活动。而现今湘西州龙山县是土司时代"土家"人最主要的猎虎围场,"'打虎'的传统,从远古的巴人,到今日的'土家',一贯地维持着"。

三是"虎与尚武善战的精神"。除了列举大量地方史志资料,潘光旦还从部分文学作品中探究巴人尚武善战的精神,如宋代赵德麟所著《侯鲭录》(卷第六)中一篇祭文的警句"太乙先锋,蚩尤后殿。苍龙持弓,白虎捧箭"。潘光旦认为:

> 这表面上是说各方面的大星宿都来助战。君威胜镇。实际上却反映着祖国历史里不止一个的尚武善战的族类。其中一个是由蚩尤作为代表的族类,可能就是现在的苗族。……第二个就是巴人了。巴人箭术很精,已见上文关于"板楯蛮"的一些叙述。白虎原是廪君死后所化,成为天上大星宿之一,就是西方的太白金星。苍龙代表着一个后来到了

---

① 详见《湘西苗族自治区土家初步调查材料》,1953年。

东方的族类，有可能是汉人自己（潘光旦，1995：238）。

他认为这些都是汉人在与其他族类接触之后，其中部分趋于融合的时期里，搞的一套形而上的天文，越到后来越与其他族类无关。

四是"人与虎等同了起来"。他认为当虎在巴人生活里的中心地位发展到一定程度时，就能够与巴人合而为一，"巴人就是一种'虎人'"。他进一步强调，这种人与虎合一或等同的看法，后来在生活与思想上，存在三种不同而彼此并不排斥的发展：第一种是"单纯的承认白虎是自己的祖先"；第二种是认为虎的子孙可以变成虎；第三种是白虎神的崇拜，"白虎神是巴人与'土家'宗教信仰的中心对象，是他们前后所共有的，在我们看来，也是贯穿着他们的一根主要的线索"（潘光旦，1995：241）。

2. 多元化的"土家"文化生态

在今日"土家"聚居地区之内，在数千年的历史里，这一地区的民族成分一贯是复杂的。潘光旦认为，"这里有三苗……也有巴人……'獠子'初见于魏晋之间。仡佬、莫徭与左人初见于隋代。'貓'初见于北宋初年，可能比此还早。'猺'初见于唐代中叶以后。'猫'初见于南宋。苗则初见于元明之际"（潘光旦，1995：166）。

凌纯声、芮逸夫合著的《湘西苗族调查报告》记述了法国人拉古伯里（Terrien de Lacouperie）在《汉语形成以前的中国语言》（*The Languages of China before the Chinese*）中的观点："永、保等县的土人语言属于泰掸语系而藏缅语化，或为古代僚族的遗民。"（Lacouperie，1894：149）他认为永保土人"均非苗族"，将"土人"与"苗人"进行了清楚的划分，"到此却又把'土家'与'獠'纠缠在一起了，中南各民族成分的难于识别，于此可见一斑"（潘光旦，1995：180）。

谭其骧（1939）在《史学年报》上指出，土著"实为蛮族之已经归化者，亦非先时从他方迁来之汉族"。综合大量文献资料，潘光旦提出，"土家"的祖先，在汉代属"武陵蛮"、在南北朝属"五溪蛮"、在宋代属"南北江诸蛮"的一种，是可以肯定的。当前的问题是他们究竟是哪一种，在上文所列举的一系列民族成分中，究竟和哪一种在血缘与文化传统上有直接的联系，就是有渊源关系。和谁都没有这种联系是不可能的（潘光旦，1995：167~168）。

南宋朱辅撰写的《溪蛮丛笑》是历史上关于"五溪蛮"的第一部专著，记载了"五溪蛮"这一群体的生活习俗和民俗风情。之后的《五溪蛮图志》作为记录"五溪"族群的一部专著，不仅以苗族为主，以土家族、瑶族、侗族为辅，记录了500多年前的民族风俗事项，还描绘了地理沿革、经济文化和军事政治等诸多内容。① 《五溪蛮图志》有一幅图描绘的是苗民"祭鬼"椎牛时的场面，"蛮众吃牛祭鬼神，歌唱男女自由身。郊原蹈舞欢声起，妍识成婚待客人"。从图中可以看出，主持苗族椎牛仪式的苗老司与主持土家族舍巴日的土老司，身穿的法衣和头戴的法冠样式基本一致，若不是由于他周围有几名手执梭镖枪的枪手，很难看出他是指挥椎杀神牛的苗老司。土家族先民在长期与苗瑶先民杂居的过程中，相互影响、深度互融，如果不深入辨识，很难区分他们之间的异同。

《溪蛮丛笑》叶钱序云："五溪蛮皆槃瓠种也，聚落区分，名亦随异，沅其故壤，环四封而居者今有五：曰猫、曰猺、曰獠、曰㺜、曰犵狫，风俗

---

① 20世纪70年代末，湖南民族史研究的前辈——马少侨先生收藏了一部民国年间有关"五溪"少数民族的著作手抄本，名为《五溪苗族古今生活集》，作者陈心传。"文化大革命"时他"赠送"给邵阳市图书馆（松坡图书馆），因而侥幸得以保存下来。《五溪苗族古今生活集》，原名《五溪蛮图志》，又曾名《五溪苗族风土记》，分"五溪图案""五溪风土""五溪诗文""五溪兵事"四集。《五溪蛮图志》系明成化年间（1465~1487）昆山（今江苏省苏州市地）沈瓒任辰州（治今湖南省怀化市沅陵县）教谕时初撰，然未刊。近300年后，清乾隆十六年（1751），由时官辰州的"沅川"（应为今湖南泸溪县地）李涌重加整理，但仍未刊行。原稿保存了一些早已失传的史籍和文献，如元进士巴川阳尚所撰的元初《平蛮始末》全文等。陈心传，基督教传教士，民国年间长期在湘西沅陵、泸溪、古丈、乾城（今吉首市）、保靖等地传教。民国20年（1931），在泸溪县发现此书稿抄本，为当地一位名文兴庠者作"古书"收藏。这距书稿第二次整理时间，又已180年。此未刊书稿，能再次现世实属难得。据陈心传自述，他征得藏者同意后，将书稿抄录了一套，作了考校重编，以平时在湘西民族地区传教时所作笔记，即以自己实地所见所闻的资料为依据，见所载事迹不足之处"增补之"，见其所记风土与"近年异同处"，则"以案语证明之"，并将增补重编稿初定为《五溪苗族风土记》，后改为《五溪苗族古今生活集》。此书稿在北京尚存有另一手抄本，其成书日期为民国26年（1937），对比湖南保存的抄本所记为民国30年（1941），比其早4年。

习气，大抵相似。"这里提到的诸族今已分属苗瑶和壮侗两个族群，仅因风俗习气"大抵相似"而混淆为槃瓠种。潘光旦（1995：171）认为，"明清两代，又一贯地把'土家'当做苗，部分也得归咎到这个错误，因为苗与瑶在历史上原有密切的联系"。他在论述"'土家'不应与瑶相混"时提出："土家"虽与槃瓠无干，但即便在今日，也还有一些祭狗的礼俗，那我们认为原是瑶人的一些遗留，或者说是从少量遗留下来的瑶人中学来的（潘光旦，1995：170）。可见，"土家"的族群性一直具有动态演变的特点。

在土家人的还愿法事"大赏兵"仪式中，为犒赏在法事中斩妖除邪的阳州总兵堂三十六路槽的阴兵阴将们，会在祭祀供案上摆放供品，这些供品不仅没有像敬土王、敬向老官人、敬"八部大王"时那般丰盛，而且梯玛跳神时唱诵的《梯玛神歌》，也多为土家语名字的兵将，对大耶皮上的"客籍神"三清真人和清清二帝等，在敬神时并没有被提及，只是在大赏兵时与元始天尊、通天教主、四大功曹等神仙和一些邪神野鬼共同分享斋食（李芳，2020：84）。可见，"客籍神"在土家人心中的地位虽与"土籍神"相去甚远，但也总是能同享供奉。笔者从龙山县了解到，这里的梯玛不只给土家族人做法事，也会给苗族人做法事，而梯玛仪式也在文化的交融和建构过程中不断得以延续。从族群的文化视角来看，"土家"文化是围绕一个不变的文化核逐渐累叠融合而形成的，其深层的逻辑千百年来并没有发生变化，而这其实正是湘西北土家族地区的文化生态。

3. 汉人迁入与汉姓土家

土家族的姓氏并非古已有之，远古时期的土家族先民，应是有名无姓的，如《梯玛神歌》记载的"八部大王"的名字，即"拢此也所也冲""熬朝河舍""西梯佬""西呵佬""里都""苏都""那乌米""接也会也拉飞列也"①；土家神话传说中繁衍人类的始祖"雍尼"（姐妹）和"补所"（兄弟）；土家传说故事中的人物，如"科峒毛人""鲁力嘎巴""西兰""匠帅拔普"；等等。两汉以后，史籍中出现了"相单称""覃儿健""潭

---

① 皆为土家语汉字记音。

戎"等土家先民首领的名字（罗维庆，1988）。在潘光旦看来，最晚自西汉以来，武陵山区土家族聚居区出现了一个未曾中断的采用田姓的文化过程。"在贯串着巴人与'土家'的各姓中，尤以向、田、覃三姓为最大，也正唯其大，产生的人多，绵延不绝，这种贯串的形势更表现得清楚。"（潘光旦，1995）

唐代迁入土家族地区的部分汉人，在融入土家族群体后，逐渐演变成当地土家族的大姓，如唐初进入思州地区（黔东北）的田氏。到了宋代，田姓已经覆盖整个武陵山区，形成了一个有内部文化联系的"北江田氏群"。此外，还有在宋代取得渝东南酉阳一带统治权的冉氏等强宗大姓。元朝时，随着国家"选民立屯"①，大批汉人进入土家族地区成了弓弩手。明清时期，中央王朝在武陵地区设立众多卫所及屯军，带来大量官兵，而这些卫所官兵也多为中原地区的汉人，屯戍区内形成土家族和汉族杂居的局面。

　　西汉：武溪夷——田疆（或称田强）、田鲁、田仓（《酉阳杂俎》）

　　东汉：武陵澧中蛮——田山（《后汉书》）

　　南北朝：宜都蛮——田生（《宋书》）；

　　　　　　娄中蛮——田向求（《宋书》）；

　　　　　　酉溪蛮——田头拟（《南齐书》）、田娄候、田都（《南齐书》）；

　　　　　　涪陵"蛮帅"——田思鹤（《元和郡县志》）；

　　　　　　武陵酉溪蛮——田思飘（《南齐书》）②

统治酉水流域的武陵"老蛮头"无论是田氏、向氏、覃氏还是王氏，其实与"冲"王都是同一时期的，只是分布据守不同地区的各蛮酋首领，

---

① 元贞元年（1295），朝廷免除一部分百姓的劳役，让他们专门从事镇压起事的溪峒诸蛮，俗称"寨兵"。

② 参见王承尧、罗午，1991。

而在酉水流域，以吴着冲为代表的冲王早已与当地的田氏、向氏等杂处在一起。

在酉水土家人的观念中，各不同族群和姓氏都有其由来，土家族古歌《摆手歌》曾记载：

> 在远古时代，人类因触怒雷公而被齐天洪水全部淹死，只剩下雍尼和补所两个人躲在葫芦里保全了性命。为使人类不致绝迹，雍尼补所成了亲，成亲后雍尼生了一个大肉球，他们听从依窝阿巴的建议硬起心肠把肉球砍成了一百二十块，合上三斗三升沙子酒出去，从此有了"帕卡"（汉族）；合上三斗三升树苗酒出去，从此有了"白卡"（苗族）；合上三斗三升泥巴酒出去，从此有了"毕兹卡"（土家族）。每一肉块落地就成为一个村落，这个村落就依落地的地方为姓，扔在田里姓田，扔在井里姓井，扔在刺蓬上姓蓬（彭），扔在树叶上姓叶，于是土家人就有了姓。

20世纪60年代初从湖南省古丈县征集的《田家洞谱田氏谱序》①载，清光绪七年（1881）新修倡酉田承俊撰，江夏氏按本誊抄。文中记载了湘西古丈县田家洞田氏的来历及事迹。谱记从汉晋至唐有田千秋从江西发籍以来，其后代迁徙、做官及落籍状况。其中一支迁至湖南沅陵石牌楼，后又迁至溪州，曾任施州知州，其后又迁至永顺、保靖各地，中有一支到古丈田家洞任长官司。文中还写到田氏随彭土司抗倭，与末代土司彭肇槐一同纳土等事迹，同时记录了田氏派序。最后写到田家洞28代子孙姓名及繁衍状况。

笔者在田家洞开展田野调查时发现，古丈县断龙山镇田家洞的"社巴节"被田姓垄断，不允许其他姓氏的参与主办，田氏认为他们是"八部大王"的后代，"八部大王"是田好汉，是田氏的祖先。古丈县断龙山镇田氏

---

① 清光绪七年抄本，今藏于湖南省民族事务委员会民族古籍办公室资料室。

对"八部大王"的称谓与龙山县不同,他们将"八部大王"称为"社菩萨"①,而老一辈人都将"八部大王"(神)称为"拔普大神"或"择土拔普"。断龙山镇很早之前也有拔普庙,但因年代久远,谁也记不清具体在什么位置。现今每年举行"社巴节"的场地,其实是民国时期才开辟出的一块大院坝,叫"社场坪",专门用来跳摆手舞。在社场坪旁有一座供社菩萨的小房子和供"七将军"("七兄弟")的房子。

断龙山镇的社巴活动是土家族地区十分具有特色且非常古老的摆手祭祖活动,早期的社巴活动包括迎"八部大王"、接"八部大王"、安"八部大王"、祭"八部大王"等程序。1990年2月18日,古丈县断龙山镇的"社巴日"在中断几十年后恢复举办,之后改成了"社巴节"(舍巴节)。2005年以后,社巴节被掌坛师程式化,敬奉的对象变成了"七将军"("七兄弟"),这"七大将军"分别是铁打汉②、顺风耳、千里眼、飞山虎、打不死、烧不烂、水里钻。

断龙山镇社巴节的摆手祭祖仪式中有一场特殊的仪式,即"掏猪心,杀奸臣"③仪式:首先要把提前准备好的一头猪抬到社巴场,参加摆手活动的人及围观群众都要用脚踢或踩这头猪,等猪被踢或踩得没有气力的时候,屠夫赶快用利刀剖开猪肚,掏出血淋淋的猪心放在盘子里,这时候猪心往往还在跳动,然后拿到社菩萨面前进行敬奉④。

从古丈县断龙山镇《田家洞谱田氏谱序》及现今的社巴节摆手祭祖仪式可以看出,田氏一脉实际上是自汉以来迁入土家地区的汉人,然而,受到五代时期"江西迁入说"的影响,谱序认为田氏是和彭氏土司一同从江西来到溪州地区的。经历千百年的沉淀之后,田氏早已成为历史悠久的"老土家",并持续到今天还在一直不断地建构着土家核心文化的"八部大王"信仰及其仪式。值得注意的是,在历史长河中诸如田氏的汉族群还有很多,

---

① 断龙山的社菩萨是从别处偷来的,到底是从哪里偷来的,亦不能考。
② 铁打汉姓田,通常坐在正堂上,是社菩萨的首领。
③ 人们认为"掏猪心"象征着"杀奸臣"。
④ 相传最早时候是人祭,后来以猪代之。因这场仪式过于残忍血腥,曾一度被禁。

先后进入酉水流域的汉人在"土家化"过程中早已成为真正的"老土家"。

三　结语

　　在"祖国的历史"长河之中，不同民族之间的文化交流、融合、彼此涵化是一种常态。作为一个"文化体"，任何一个民族都不可能有简单、纯粹、单一的起源和发展。潘光旦一直坚持在"祖国的历史"和"中华民族"演变的视角下思考某一地区的民族形成与演变，而不是简单拘于"族源"的还原论。我们现在的汉族、苗族、土家族，从严格意义上讲都是由不同"民族"的人组成的，这些民族称谓本身也是历史上某一时空的形成，并非恒常的概念。因此，重要的是看不同民族的文化是否具有某种连续性，这才是识别"民族"这一文化群体的首要标准。对某一民族的研究要放在多民族的"中华人民的大共同体"如何形成的视野下，去理解不同族群或民族的迁徙、文化交流以及文化融合。潘光旦既反对"环境决定论"，也批判"以人为中心"的观念。他提出了理解民族生存文化之道的"民族位育"思想，这些观点成为我们今日理解中华民族共同体与多民族和谐共生的宝贵思想资源。

参考文献

黄柏权，1999，《土家族"敬白虎"和"赶白虎"辩证》，《湖北民族学院学报》（哲学社会科学版）第 3 期，第 46~49 页。

李芳，2020，《文化并接：湘西酉水土家族祖先信仰及其仪式研究》，博士学位论文，清华大学。

李绍明，2007，《论武陵民族区与民族走廊研究》，《湖北民族学院学报》（哲学社会科学版）第 3 期，第 1~3 页。

凌纯声、芮逸夫，1947，《湘西苗族调查报告》（上、下集），商务印书馆发行。参见凌纯声、芮逸夫，2003，《湘西苗族调查报告》，民族出版社。

卢美意，1941a，《湘西现代文化对于中国文明之贡献》，《青年之声》。

卢美意，1941b，《湘西历史文化之新发现》，《青年之声》。

罗维庆，1988，《土家族姓氏起源演化考述》，《吉首大学学报》（社会科学版）第 3 期，第 37~42 页。

潘光旦，1955，《湘西北的"土家"与古代的巴人》，《中国民族问题研究集刊》（第四辑），内部刊物，中央民族学院研究部编。

潘光旦，1995，《潘光旦民族研究文集》，潘乃穆、王庆恩选编，民族出版社。

潘光旦，2000，《说乡土教育》（一九四六），载潘乃穆、潘乃和编《潘光旦文集》（第 6 卷），北京大学出版社。

谭其骧，1939，《近代湖南人中之蛮族血统》，《史学年报》第二卷第五期。参见谭其骧，2000，《长水粹编》，河北教育出版社，第 234~270 页。

王承尧、罗午，1991，《土家族土司简史》，中央民族学院出版社。

王忠，1958，《驳向达、潘光旦关于土家族历史的谬说》，《历史研究》第 11 期，第 13~20 页。

谢晓辉，2012，《联姻结盟与谱系传承——明代湘西苗疆土司的变迁》，《中国社会历史评论》第 13 期，第 306~337 页。

叶德书，2007，《古代土家人名训释》，《湖北民族学院学报》（哲学社会科学版）第 3 期，第 16~21 页。

游俊、李汉林，2001，《湖南少数民族史》，民族出版社。

朱辅，1991，《溪蛮丛笑》，中华书局。

《中国少数民族社会历史调查资料丛刊》修订编辑委员会编，2009，《土家族社会历史调查》，民族出版社。

Lacouperie, Terrien de. 1894. *The Languages of China before the Chinese: Researches on the Languages Spoken by the Pre-Chinese Races of China Proper Previously to the Chinese Occupation.* Ithaca, NY: Cornell University Library.

"社会之人"与"人之社会"

——围绕吴景超与潘光旦回应家庭革命的思考

杨宇菲*

摘　要： 本文基于吴景超与潘光旦对家庭革命的回应，发现他们系统引入西方社会科学思想，分别从社会与文化的视角重新界定婚姻家庭的重要性，批评家庭进化论并提出中国家庭问题的不同出路，进而探讨两位中国第一代社会学家对人与社会之间关系的不同理解。吴景超从人的社会属性出发理解家庭的社会结构功能、书写汉代家庭社会史，为家庭问题提出"经济"的出路，体现"社会之人"的立论特点。潘光旦则从人的文化属性出发提倡"新人文史观"，注重以人为本的人伦位育来联结家庭与社会，体现了"人之社会"的立论观点。吴景超关注的社会结构和潘光旦关注的人伦文化是婚姻家庭联结人与社会的硬件和软件，是思考婚姻家庭和社会文化互动如何实现人与社会共生发展不可偏废的两个层面。

关键词： 吴景超　潘光旦　家庭革命

　　近代以来，家庭革命引发了自由恋爱、婚姻自由、妇女解放、儿童公育等一系列社会议题。因家庭而生的痛苦，不仅困扰了新青年及其家人，也在人伦情感与社会思潮的纠葛中向所有人提出了中国的婚姻家庭乃至社会走向何处的基本问题。旧秩序破裂而新秩序难以建立，离开家庭而独立的人如何安顿自身并与他人相处，废除家制而造的"社会"要如何组织？重新定位

---

　　*　杨宇菲，澳门科技大学人文艺术学院助理教授。

家庭、解决婚姻家庭问题,成为中国现代化转型中知识分子探寻文化、社会与国家未来的焦点。吴景超与潘光旦是当时引入西方社会科学的学术思想对话家庭革命引发的一系列社会问题的代表性学者。

家庭在近代中国成为"问题",从社会层面看是家庭革命引发的,但背后动因更多是近代引入西方社会科学中"个人""社会"等概念重新理解生活世界而引发的人与自我、与社会之间关系的认知变化。五四前后,傅斯年认为"中国人有群众无社会",致使个人能力无法发挥、社会无法有序组织,需要青年改造个人,"无中生有的去替中国造有组织的社会"(傅斯年,1919/2003;王汎森,1996)。当时有言论认为阻碍社会组织的是家族观念、家庭组织,"家庭革命"与"社会革命"几成同义词(杨念群,2009)。在社会舆论中,西方小家庭被塑造为人人自由、平等、独立的象征,中国传统家庭被构建为束缚、专制的象征,使青年人对理想社会的憧憬转向对新家庭的向往与对旧家庭的革命(赵妍杰,2019)。已有学者指出,从传统的"家国同构"到"为国破家"的社会关系重构,再到"去国去家"追求人的自由,"家庭"成为一些知识分子为其思想主张而虚构的意象,也开启了人们对于现代化国家与社会基本组织形式的思考(罗志田,2020;赵妍杰,2017)。正是在家庭革命者重新以西方的"个人"与"社会"概念理解自身处境的过程中,"家庭"作为自身与社会之间的联结纽带,被界定为既限制人的自由又妨碍社会发展的"问题"出现在公众讨论与日常生活之中。由此可见,近代家庭革命背后的张力在于如何理解"人"与"社会"以及如何在秩序转型中处理两者之间的关系问题。

实际上,关于"人是什么""社会是什么"这些基本概念的定义与理解,在不同时代都深刻塑造了人们在现实生活中的行动,进而从表征性事实通过日常生活实践变成了客观实在的"社会事实"。自涂尔干到戈夫曼的社会学理论通过赋予个体神圣性来打破社会束缚,重塑自我以及与他人的关系,并以神圣个体作为重建现代社会团结的基础(Durkheim,1969;Goffman,1967/1982、1961/2013;渠敬东,1999;杜月,2022)。鲍曼(Zygmunt Bauman)指出现代社会的特征是"把社会成员铸造成个体",在"个体日复一日对其相互关系进行反复重塑和磋商"的行动中铸造现代社会与个体的人（齐泽蒙特·鲍曼，2011：21）。基于以往社会科学研究聚焦于"社会"，忽略"人"的问题，20世纪80年代以来有学者提出以"人观"作为研究对象，探讨在不同社会文化中如何理解"个体""自我""社会人"及三者的阶序性关系，进而理解不同文化中"人观"如何影响社会组织方式的生成与变迁（Dumont，1986；黄应贵，2002）。

　　舶来"社会"概念带来近代社会组织方式转变的过程中，对"人"与"社会"之间关系的重新定义与理解贯穿于潘光旦和吴景超对婚姻家庭问题的讨论之中。已有学者关注到潘光旦社会思想中的"人观"，即人包含了生物性、社会性和文化性，主张以人的建设推进社会的建设（刘亚秋，2021）。杭苏红（2018）分析潘光旦由性爱言及家庭、由家庭"推爱"民族，指出潘光旦强调家庭的自然性与伦理性之平衡，主张重建家庭在个体与社会之间的中介作用。刘亚秋（2020）从个人主义与集体主义的张力中讨论"折中家制"解决个人与社会之间关系的努力。吕文浩（2009：167~172）亦对潘光旦提出"折中家制"的思想背景与内涵进行了系统梳理。周飞舟（2019）分析潘光旦以"人伦"与"位育"概念来均衡个人与社会关系，是儒家传统的社会学表达。可见，学界大多在社会学实体思维中理解潘光旦的家庭改良，聚焦于如何处理个人与社会的二元对立。但潘光旦在《过渡中的家庭制度》中直言，中西社会思想的根本不同就在于，在西方，"个人与社会是两个对立的本体，在中国，这本体的认识还成问题，说不上对立不对立的问题"，社会生活的重心寄托于家庭之上，"修身齐家治国平天下"体现了以家庭人伦文化而联结的人与社会一体性（潘光旦，1936a/2013：73）。潘光旦融合西方生物学、心理学、社会学与中国儒家思想的方式来理解"囫囵的人"（不是与社会对立的个人），因而他的家庭思想更多体现了由"文化之人"化成"社会"（不是单一个体集聚成社会整体）的思想，他亦主张以家制改良来重建中国本土的人与社会之间的文化联结。潘光旦始终以人作为出发点来思考社会，笔者认为其对家庭问题的思考凸显了以人为本的"人之社会"特点。

　　吴景超比潘光旦晚两年进入清华，他们是共同编辑《清华学报》的好友，吴景超后在明尼苏达大学与芝加哥大学接受系统的社会学训练。相对而言，吴景超以都市社会学、经济建设道路的探索而著称，其婚姻家庭思想较少受到关注。他主张以社会事实说话、抛开道德批评的社会学研究态度（吴景超，1929a）。与潘光旦强调人的文化属性不同，吴景超聚焦于人的社会属性，将家庭视为社会组织之一，将婚姻家庭置于特定时空的社会中考量，在实体化的社会结构层面进行思考。时间上，以两汉时期寡妇再嫁、多妻家庭、人口流动的历史研究打破线性进化论观念；空间上，以世界各国工业化都市中的家庭婚姻状况及措施作比较，为近代中国工业化、都市化过程中出现的家庭问题提出建设性意见。吴景超引入当时西方主流社会学方法研究中国家庭问题，具有很强的结构功能视角，以社会整体为出发点构建社会秩序与人们的生活方式，体现出"社会之人"的特点。

　　因此，本文试图以近代家庭问题作为切入点，回到吴景超与潘光旦这两位中国第一代社会学者的思考脉络中，从家庭的重新定位、对家庭进化论的批评以及家庭问题的出路三个方面进行梳理，透过他们对家庭革命的回应，体会中国社会文化转型过程中对"人"与"社会"之间关系的重新定义与理解过程。吴景超的"社会之人"强调家庭作为人的实体性、结构性的社会联结，潘光旦的"人之社会"强调家庭作为人的伦理性、情感性的文化联结，两者都肯定了婚姻家庭的重要意义，也透过家庭问题阐述了他们各自对"人"与"社会"之间关系的理解，一定程度上参与了中国社会文化秩序的重塑。重读吴景超与潘光旦对婚姻家庭的讨论，一方面尝试"由派分而求汇合"，深化对于婚姻家庭与社会文化之间互动关系的思考，另一方面或许有助于我们今天进一步思考"社会科学如何开启人的研究"（《探索与争鸣》编辑部，2017）。

一　重新定位"家庭"：社会与文化的视角

　　在西方现代社会强势话语的本土化过程中，何为"社会"，人在社会中如何生活，成为当时知识分子亟须回答的问题。接受社会学系统训练的吴景超引入西方社会组织理论，从界定"社会之人"的角度为家庭定位，而受生物学训练的潘光旦则综合人的生物性、心理性与文化性，从文化视角阐述家庭对于"人之社会"的重要意义。

吴景超 1928 年回国在南京金陵大学社会学系任教，因不满外文教材而于 1929 年 5 月整理出版《社会组织》一书。在书的序言中，他引入西方社会学中个人与社会二分的思维方式，将家庭作为个人组织起来的社会团体之一：

> 我们不但是家庭中的一份子，也是国家的一个公民，学校中的一个学生，或商店中的一个伙计，或教会中的一个会员。我们不只属于一个团体，我们属于许多团体。我们在每一团体中，只能作片面的活动，满足我们特种的要求。我们的生活，乃是各种团体生活的总体。一个社会之中，有许多团体的，我们如取许多团体的活动，合而观之，便是社会生活。社会与团体，乃是一件事的两方面：我们如看他的全相，便是社会；我们如看他的分相，便是团体。（吴景超，1929b：3）

可见，吴景超回应家庭革命者将家庭置于国家、社会对立面的言论，同时也通过家庭与团体活动将"社会"概念实体化到日常生活中，将此前充满"主义"论争的家庭问题拉入社会学的学科视角。借由家庭问题的例子，吴景超指出从社会学观点来谈论社会问题的第一要义是"对于所讨论的问题，不加道德的批评"（吴景超，1929a），他认为当时家庭问题之言论的"最大缺点，便是缺少事实。因为没有事实作根据，所以发出来的议论，每犯空洞与肤浅之弊"（吴景超，1929b：42）。他曾在金陵大学任教时向学生征求"家庭历史"材料，嘱咐"写时要多叙述事实，少发挥议论"，征集内容包括：（1）家庭的背景；（2）与大家庭及宗族的关系；（3）家庭组织；（4）家庭仪节；（5）家庭经济；（6）家庭教育；（7）家庭冲突；（8）你将来的家庭；（9）以自己经验与观察论中国家庭之优劣（吴景超，1929b）。

由此可见，吴景超的资料收集是对家庭关系、社会互动、社会功能与结构展开系统性了解。吴景超强调，同学们要在写的过程中"练习观察社会、搜集材料、整理材料的方法"（吴景超，1929b：43~46）。相比起五四时期以家庭革命来"造社会"的激进方式，吴景超在教学中将"社会组织"的一套概念体系引入学生对家庭日常生活的观察与整体性思考中，以社会学的学科视角与实事求是的精神来理解"社会"。

相比于其他开展社会调查的社会学家重资料收集而少评论分析的方式（李景汉，2005：14；王跃生，2022），吴景超在收集事实的基础上主张"以叙述始，以解释终"的治学原则，体现其对社会进行整体性解释的关注（吴景超，1929a）。对社会事实的收集与因果关系解释、结构功能的系统思考是吴景超认为"社会学者谈社会问题与人不同之处"：

> 知道中国有大家庭及大家庭的情形还不够，我们还要研究中国为什么有大家庭。由于地理的原因吗？由于经济的原因吗？由于心理的原因吗？由于文化的原因吗？做这一步功夫需要用比较的方法、归纳的方法。所以知道中国的大家庭情形还不可以为足，应该还要研究罗马的大家庭情形，犹太的大家庭情形、英美在工业革命以前的大家庭情形，以及一切野蛮部落中的大家庭情形。我们把这些材料都研究过了，然后才可以说，在某种情形下，大家庭会出现的。把这个问题解决以后，大家庭问题在科学上便算解决了。（吴景超，1929a）

吴景超以社会组织的视角探索实体化的婚姻家庭制度及其与社会各要素的因果关系，开启实证社会科学的家庭研究路径。由此可见，"人"在纳入社会系统实体化、结构化分析的过程中成为"社会之人"，社会结构与功能运作也成为吴景超为家庭问题寻找出路的基本思路。

相较于吴景超对社会事实的搜集与因果分析的注重，潘光旦则更关注不同人对于家庭问题的理解。他于1927年在《学灯》杂志发放了涵盖婚姻、生育、养老等一百多道题的问卷，征集公众对家庭问题的看法。以此社会舆论调查为基础，潘光旦结合社会学、心理学、生物学、优生学，旁征博引，指出家庭革命为脱离现实的"因噎废食之论"：

> 家庭之所以为社会重心者，因其为自有文化以后人类情感之维系物与归宿地也。初民生活无定局，其情感之推施亦甚散漫，及后，文化渐进，其情感始集中于妻孥，集中于父母，而家庭得以成立，而社会乃有秩序可言。近世家庭组织之日趋涣散与社会问题之日益复杂似不无重要之联带关系，其间变迁之迹似适与初民社会者相反。初民社会之推情，由散漫而集中，今则由集中而复归于散漫。（潘光旦，1927/1993：217）

可见，在潘光旦看来，社会不是一个个碎片的个人拼凑而成的整体，而是由人的情感与文化维系的，由家庭"推情"而形成的"人之社会"。家庭之所以是人类情感的维系物与归宿地，是因为"家庭之中，人人能安所遂生"，实现各个不同性格、年龄、性别的家庭成员的"位育"，实现"老有所终，壮有所用，幼有所长"的大同（潘光旦，1936b/2013：88~89）。而且，社会之中的"做人之道"亦需在家庭生活的阅历中获得：

> 合作、容忍、忠恕、为人谋，间接即所以为己谋，利人，即所以利己，和其他"人我相与"的原则，非从婚姻与生育的经验中体会而来，便不觉得深切。西方有一句俗谚说：好事须从家里起做。中国儒家学说里这一类的话独多，例如："刑于寡妻，至于兄弟，以御于家邦。"儒家是最讲实地经验的，所以，才有这种从阅历里绞出来的议论。（潘光旦，1937/2013：47）

潘光旦从文化的视角出发，借由中国传统思想资源认为家庭是社会建构秩序的文化单元，其背后对人与社会之间关系的理解实际是以家庭中的"人之文"来"化生天下"，以人的文化性联结而生成社会。潘光旦从重视人伦位育的"人之社会"出发，注重人的情感及伦理，在文化层面上定位了家庭的重要性。

　　吴景超将家庭定位为社会将散落的人组织起来的一个实体社会单元，回应家庭革命者"为国破家"的家庭与社会对立的观点，在将家庭进行社会化定位的同时也将人纳入"社会之人"，纳入实体化、整体性及结构功能的社会实体思维框架之中。而潘光旦将家庭作为人伦位育的文化单元，开辟以人为中心的人文研究路径以构建"人之社会"。潘光旦与吴景超对家庭问题的学术思考尽管视角和观点不尽相同，但相互补充，共同指出家庭作为社会单元、文化单元对于社会秩序的重要性，弥合了家庭革命带来的社会失序。

二　批评家庭进化论：社会史观与人文史观

　　19 世纪末 20 世纪初，严复译介《天演论》在西学东渐中产生巨大影响，进化史观下形成视西方文化为"文明"、中国传统为"野蛮"的风气，传统婚姻家庭成为"中西文野之殊"的言说对象，成为破旧立新以救国的论证材料（罗志田，2010：14~22）。在家庭革命的话语建构中，不少学者着力于对中国传统家庭的道德批判，却忽略中国社会中婚姻家庭的实际历史脉络。潘光旦与吴景超以各自的家庭社会史研究切入，与进化史观下的家庭革命论展开对话。由于两人对于人与社会之关系的理解不同，潘光旦关注人的生物性、文化性提出"新人文史观"，吴景超则关注社会结构，以社会史观来搜集历史个案以观察社会整体状况。

　　当时知识分子着力批判儒家礼教、打破三纲五常，作为对中国传统认知负面化的一部分，家庭形象也逐步负面化（周建人，1921；罗志田，2014：159~160；赵妍杰，2018）。其中，贞操观念成为一个持续论战的话题，论者多以科学、女权、社会主义等现代话语来重审"国故"（胡适，1918；章锡琛，1925；李大钊，1919；哈红玉、门忠民，2012；余华林，2020）。受梁启超引入西学方法的"新史学"影响，潘光旦以现实关怀与西学视角进入历史，研究女性的婚姻家庭命运。在《冯小青考》中通过传记、诗文等材料，潘光旦引用弗洛伊德的"影恋"概念分析这位早嫁作妾、为夫守节的女子的心理世界及人生悲剧。他从个体"自我恋"的心理延伸出去，指出中国社会对女性"不谅解"的态度带给女性身心压迫（不是家庭本身的压迫），进而主张改造社会对于性观念的误解，进行性教育，促进适度男女社交与家庭教育（潘光旦，1929/1993：1～67）。正如费孝通（1986）所言，潘光旦的问题意识是探求中国传统社会中是否与西方一样有着心理之共通（费孝通，1986），以人的生理、心理共通性来回应"中西文野之辨"的二分论。

吴景超在《两汉寡妇再嫁之俗》一文中指出，汉代儒家有不同派别，且人们并非全按儒家学说行事，因而明确"研究的对象，并非学说，而是风俗；并非理论，而是行为"，即聚焦于寡妇的行为、他人对于寡妇的态度上。他从众多史料片段中细致地分析当事者与书写者的态度，列举皇家、硕儒、民间不同家庭之寡妇再嫁的案例与纠纷处理，发现当时并无寡妇守节观念限制，反而家人积极为寡妇再找夫家（吴景超，1932b）。吴景超以求实的态度回到具体史料，意识到儒家"寡妇守节"是宋代之后才有社会影响，"假如使宋儒来写列女传，对于这位嫁过三次的妇人（蔡文姬），一定要识他失节，不会把他立传了"。因此，吴景超指出"中国的家庭，在这两千年内，并非没有变动"，贞操观念与婚姻习俗实乃特定时空中的社会产物，并非由学说理论所框定，不能一概而论（吴景超，1932b）。其实，当时历史学家吕思勉亦曾在《中国婚姻制度小史》论及婚姻制度于社会互动中的变化（吕思勉，1929；金方廷，2021）。但长期盛行的家庭进化论放大了儒家理想对现实生活的约束力，直到20世纪90年代的海外妇女史研究进一步论证了父系制、子女之孝等均在宋代开始树立，且随时间、地点与社会阶层而发生变化（伊佩霞，2004）。

进化史观不仅影响了历史认知，还深入到社会生活之中。1930年立法院专门就姓氏、婚姻、家庭的存废问题召集会议讨论，论者多认为婚姻家庭有顺应社会而自然进化的规律：从多元的家庭制度发展到一夫一妻制，再发展到无婚姻无家庭。潘光旦随即批评家庭问题的讨论受到摩尔根的进化论影响，将社会演化看作超出人力范围之外的自动过程，是一种陈腐的"定向或独系演化观"。他认为婚姻与家庭是人类自觉的、有目标的维持社会秩序的文化积累产物，一夫一妻或无婚姻无家庭都是人类社会的选择，需要从种族、社会与文化各方面全面考虑（潘光旦，1930/1994：403～405、414～419）。潘光旦主张"人文史观"始终是"以人为出发点，以人为归宿"，认为社会发展以人才为重，人才又受生物遗传、文化背景、生平遭际三者因缘结合（潘光旦，1931/1994：328）。潘光旦通过对江南宗族的研究论述家庭对上述三者均起着极为重要的作用，提出结合生物学理论与儒家社会文化思想"新人文史观"来理解中国历史上家庭在人与社会之间的人伦位育。

吴景超（1933）也同样反对当时"最流行的"家庭进化阶段论将家庭分为"杂交、团体婚姻、母系、父系、一夫一妻制等时期"，认为其误用民族学的材料，把"空间各民族的文化方式，变为时间的各阶段"追溯文化演进的过程，纯属"变戏法"。那么，否定进化论的解释后，如何解释中国家庭观念的演变呢？在《两汉的人口移动与文化》上下两篇文章中，吴景超从社会流动与文化融合的角度进行分析。他将人口移动分为人口移殖（搬家）与人口流动（离家），认为两汉时期农业社会长期同居使家族成为生存竞争的单位，因而家庭观念、乡土观念发达（吴景超，1931）；而守边军旅、儒生、官员、商贾等流动人口又将中原文化传播到各地，移殖性弱而流动性强，因而带来相对整齐划一的文化。由此引申到"近代的中国，移殖性已渐渐增加，将来这两种观念，也许要完全打破。同时流动性也渐渐增加，所以中国本身的文化，不单是格外朝着划一路上去，同时还呈现着与西方文化融合之象"（吴景超，1932a）。这种文化融合的观点也见于吴景超基于唐人街的调查材料所写的《中美通婚的研究》。中美通婚家庭促使文化趋于融合，但也面临社会偏见、夫妻间文化适应的问题，同时亦有国籍问题、子女的文化认同与社会接受度问题（吴景超，1928、1929/2020：235～242）。可见，吴景超透过家庭社会史研究指出婚姻家庭深刻影响社会文化的发展。正如他的学生回忆他钻研史料时的严谨态度所说："吴先生在最近二三年来，正利用他的严正的科学方法和客观态度，来从头整治这部浩如渊海的中国二十四史。计划着用翻砂捡金的工夫，把有用的材料，自芜杂零乱

的史册中选出来，以便写成一部中国社会史以及中国家庭史。"（佚名，2000：37~39）

为应对家庭革命中进化史观忽视具体时空中社会文化互动的问题，潘光旦与吴景超将家庭重新置于社会历史与社会秩序变迁中进行研究。潘光旦坚持以人为本的"新人文史观"，指出家庭对人的生理与心理秩序的重要性，家庭中的人才养育对社会秩序及其延续影响深远。吴景超则坚持社会史观，在历史动态中探讨具体的社会因素对婚姻家庭的形塑作用，以及婚姻家庭对社会结构的影响。尽管视角不同，但潘光旦与吴景超分别在家庭社会史的书写中重新建立了家庭在人与社会之间的文化性与结构性联系，对当时一味追求西方现代化而废婚毁家的主张进行了有力回应。

三　婚姻家庭的出路："经济"与"推爱"

已有学者指出，"家庭革命"实际包含了两层相互缠绕的含义：一层是"废除家庭"，提倡以公立机构代替家庭；另一层是"家庭革新"，提倡小家庭、恋爱自由、离婚自由等（北京大学人文社会科学研究院，2021）。尽管不如废家激进，但家庭革新也引发了当时未婚生育增多、离婚率高等诸多社会问题。在社会转型中，婚姻家庭往何处去？吴景超与潘光旦都主张家庭改良，但吴景超从"社会之人"的观点出发寻找贴合当下社会结构、最为"经济"的家庭组织方式，而潘光旦则始终坚持人伦位育，注重家庭对"人之社会"的文化生成意义。

在吴景超的文章中，常常出现"经济"一词，除了经济学意义上的"经济"外，往往还有节约、不浪费的含义。例如，1920年吴景超在《清华周刊》上发表了一系列文章，主张取消学生主办的清华学报，认为青年为作好文章而牺牲读书时间，是"不经济"的。在讨论解决家庭问题的具体措施时，他也往往基于变动的社会情况，以某一主张是否"经济"作为衡量标准。

围绕恋爱自由的问题，1933年《生活周刊》上展开了持续4个月的论战（生活书店编译所，1933）。受邹韬奋邀请加入讨论，吴景超（1933/

2020：253～256）首先指出恋爱与婚姻实则是两回事：恋爱是性的结合，但婚姻生活以家庭和经济为基础，顾及当下现实，婚姻的条件就是恋爱的条件，自由的恋爱尚无法实现。当时有人将离婚率增高归咎于婚姻不自由，吴景超则以婚姻自由的美国离婚率同样高为例，指出婚姻受当时当地社会环境与文化的支配，"环境中的现象，如个人主义之发达、工商业之发展、离婚法律之宽泛、离婚手续之渐变、亲长权威之下落、宗教观念之薄弱、浪漫潮流之澎湃、男女结识之便利，等等，都可使社会人士，群趋于离婚一途，以脱离不良婚姻生活之束缚及苦痛"（吴景超，1929b：31）。因此，他认为"慎之于始"才是婚姻生活最可靠的保障。同时建议设立集结社会学家、心理学家、经济学家、医生律师等专家的"婚姻顾问院"和"家庭病院"，预备节制生育、记账治家等婚姻生活常识的册子，为夫妻冲突、家庭矛盾提供诊断与劝解，应用社会科学来减少家庭生活的摩擦消耗（吴景超，1930/2020：248～252）。

受康有为提出"公养""公教"大同社会的影响，以公立机构替代家庭职能便一直是家庭革命中的重要议题。吴景超（1934a/2020：258～266）赞同家庭职务社会化，从结构功能的角度认为家庭的七个职务（传种、生产与消费、教养子女、抵御外辱、供给娱乐、财产继承、供给感情食粮）在工业社会后呈现社会化的变动，经济制度与政治制度逐渐代替家庭制度的重要地位，而社会参与上述职务对大多数人的福利是"经济"的。吴景超倡导家庭职务社会化以解决女子婚姻生活与职业之间的冲突，提升社会生产力，如效仿苏联制定托儿所制度，办"合作厨房"解放主妇（吴景超，1934b/2020：267～273）。而且，他认为社会应代替家庭承担抚养与教育责任，为贫苦家庭发放"家庭津贴"，使每个人平等接受教育，就业按竞争原则而非世袭原则进行（吴景超，1948a/2020：274～282）。可见，吴景超聚焦于家庭作为社会组织的结构功能，尝试从其他社会组织中寻求辅助家庭之组织功能的途径，从客观实在的社会环境和制度出发，为个人与社会共同"经济"地发展寻找出路。

对于家庭职务社会化，潘光旦（1927/1993：212）则持相反意见，他批评"社会主义者之通病，在第知于经济方面着眼，而于比较根本之生理与心理方面，则置之不闻不问"。

今人动讲养老慈幼一类的社会服务事业，试问这种事业为什么不先从亲者近者做起，为什么不先从以前为我费了无数精神心血的人做起。这是有一些伦理常识的人都能够答复的，至于媳或婿和舅姑的关系当然比较要比亲子的子女隔膜，然而难道就不能推爱么？近来青年男女动言爱情结合，这也许是比以前进步之处，但我的情人，我的恋爱的目的物，果从何而来，恐怕想到的人就不多，一经想到，舅姑的侍奉也就不会成什么问题了。（潘光旦，1937/2013：56）

其中提到的"推爱"，是潘光旦认为家庭对于人与社会共生发展而言无可替代的重要部分。他从情感层面指出问题的关键在于：

老弱公养与儿童公育之根本精神——同情心——将从何训练而出，则社会主义者未有以诏我辈。不能老其老，而欲其老人之劳；不能幼其幼，而欲其幼人之幼，天下宁有是理耶？（潘光旦，1927/1993：136）

潘光旦认为家庭的功用有三，"为个人求发展，为社会谋秩序，为种族图久长保大"，三者不可偏废，个人发展、社会秩序与种族延续相互统一且依托于家庭（潘光旦，1927/1993：129~130）。更重要的是，潘光旦意识到了家庭制度与民主政治制度之间的复杂关系。他观察到父权制解体后的不稳定格局潜藏着极权危机，只有做到"道个人而不忌社会，讲法治而不致寡情，重自由独立而不趋于肆放攘夺"，才能真正推动社会健全发展（潘光旦，1947/1993：199）。家庭是"训练同情心与责任心最自然最妥善之组织"，因此潘光旦提出"折中家制"，以三代同堂来培养同情心与责任心，由家庭内部的情感伦理"推爱"到社会（潘光旦，1927/1993：136~137）。正如一些学者指出，潘光旦尝试将家庭视作"中国社会与文化的一个总体性问题",由家庭制度进行"人的培育"奠定社会与民族的发展基础（杭苏红，2018）。可见，潘光旦的家庭研究强调家庭在社会组织中的文化功能，在家庭的"推爱"逻辑中才能以每个具体的人为出发点联结起"人之社会"，从文化层面为人与社会共生发展寻找出路。

吴景超与潘光旦各自对婚姻家庭的理解与治学理念也体现在他们对费孝通《生育制度》的评论中。潘光旦在《派与汇》中指出功能学派成一家之言，但未看到生物性及个体对社会文化的作用，未与生物学、心理学等融汇起来探求综合的"人的科学"，他更青睐的是"把人和社会结成一个辩证的统一体"（费孝通，1993/2019：416）的"新人文思想"（潘光旦，1948/1998：316~322）。吴景超指出费孝通对生育制度的分析是站在经济与社会的观点上进行的，但经济要分具体社会形态而论，生育制度也要考虑不同社会处境中的个人意愿（吴景超，1948b/2020：287~288）。可见，潘光旦与吴景超作为第一代社会学者，在引入西方社会学概念时，既有各自偏重的学术观点，也有融汇人与社会、情感与功能、文化与经济的整体性探求，以贴近本土现实而非贴近理论解释为宗旨。正如潘光旦所总结的："由派分而求汇合，唯有从汇合中求得的知是真知，更从而发生的力是实力。"（潘光旦，1947）

吴景超与潘光旦对于婚姻家庭问题的思考，虽然是在时代背景下与家庭革命的对话，但他们各自的婚姻家庭观点与治学方法也深刻影响了社会学的本土化进程。受他们影响，清华社会学的第二代学者实践了对"汇"的探求。在家庭问题上，全慰天从牛郎织女的故事看中国社会男耕女织的社会分工以及"男女之合、夫妇之分"的婚姻生活，由文化表征看社会生计方式与婚姻家庭相互的交织塑造（全慰天，1948）。胡庆钧指出构成社会团体的两大动力——感情联系与利害关系，中国传统社会由感情到利害，而西方社会由利害而建立感情，消弭人-家庭-社会之间的张力要看感情与利害如何能够配合（胡庆钧，1948）。这些家庭研究开始综合考量"社会之人"的社会经济与结构，同时也逐步观照到"人之社会"的情感文脉与能动性。

四 小结

1923 年吴景超在《清华周刊》上发表了一篇题为《人生蠡测》的文章，批评了追求名誉、物质主义和有神论三种人生观，进而基于人的本能、人与社会的关系、对自然与人为环境的能动性，得出人生的意义在于"尽一己的能力，改造环境，使自己和他人的生活，和谐的在社会中满足"，呼吁同学们确立自己的人生观，因为"假如人生观相同，学工程的和学文学的，尽有携手的机会，因为他们用力的田地虽然不同，却是向着同一的归宿"。（吴景超，1923）

回顾吴景超与潘光旦的婚姻家庭思想，尽管两人的观点主张与研究方法不尽相同，但却"向着同一的归宿"——基于生物性的本能、人与社会互动关系、能动改变自然与人文环境的立场，追溯本国历史文化的脉络，放眼世界各国的经验，探究中国现代化过程中的婚姻家庭问题并提出对未来中国的设想。通过对家庭革命的回应，第一代社会学者以西方社会科学方式系统地审视中国传统及社会现实，以弥合近代以来中西、新旧、人与社会、家庭与社会之间诸多二元对立的张力。吴景超从结构层面强调的"社会之人"与潘光旦从文化层面强调的"人之社会"，让人们意识到人既有社会性亦有文化性，婚姻家庭既是社会组织的方式，也是文化组织的方式，既受经济形态与社会结构影响，也是人类情感与文化的归宿，孕育着共情利他的道德担当与自由健全的人格发展。如何让"社会之人"与"人之社会"实现"由派分而求汇合"，如何在现实的婚姻家庭生活中实现人与社会共生发展，或许仍是值得持续思考的议题。

参考文献

齐泽蒙特·鲍曼，2011，《个体地结合起来》，载乌尔里希·贝克、伊丽莎白·贝克-格恩斯海姆:《个体化》,李荣山等译,北京大学出版社。

北京大学人文社会科学研究院,2021,"重估过渡时代的社会实验——《家庭革命》研读会"会议纪要,http://www.ihss.pku.edu.cn/templates/learning/index.aspx? nodeid=125&page=ContentPage&contentid=4197。

杜月,2022,《神圣个体:从涂尔干到戈夫曼》,《社会学研究》第1期,第90~111页。

费孝通,1986,《重刊潘光旦译注霭理士〈性心理学〉书后》,《读书》第10期,第31~38页。

费孝通,1993/2019,《个人·群体·社会——一生学术历程的自我思考》,载费孝通:《美好社会与美美与共——费孝通对现时代的思考》,生活·读书·新知三联书店。

胡庆钧,1948,《感情、利害、团体》,《新路周刊》第2卷第6期。

黄应贵,2002,《人观、意义与社会》,《广西民族学院学报(哲学社会科学版)》第1期,第52~60页。

杭苏红,2018,《性爱、家庭与民族:潘光旦新家制的内在理路》,《社会学研究》第1期,第194~216页。

金方廷,2021,《吕思勉的历史写作实践及其嬗变——以中国婚姻史的撰著为例》,《华东师范大学学报(哲学社会科学版)》第6期,第23~31页。

李景汉,2005,《定县社会概况调查》,上海人民出版社。

刘亚秋,2020,《在个人主义与集体主义之间:潘光旦的"折中家制"》,《新视野》第4期,第115~121页。

刘亚秋,2021,《文学对于社会学的意义——以潘光旦社会思想中的人观为基础》,《新视野》第2期,第101~108页。

罗志田,2010,《变动时代的文化履迹》,复旦大学出版社。

罗志田,2020,《重访家庭革命:流通中的虚构与破坏中的建设》,《社会科学战线》第1期,第79~88页。

吕文浩,2009,《中国现代思想史上的潘光旦》,福建教育出版社。

吕思勉,1929,《中国婚姻制度小史》,光华大学社会学会编《社会期刊》创刊号。

潘光旦,1927/1993,《中国之家庭问题》,《潘光旦文集》(第1卷),北京大学出版社。

潘光旦,1929/1993,《冯小青:一件影恋之研究》,《潘光旦文集》(第1卷),北京大学出版社。

潘光旦,1930/1994,《姓、婚姻、家庭的存废问题》,《潘光旦文集》(第2卷),北京大学出版社。

潘光旦,1931/1994,《人文史观与"人治""法治"的调和论》,《潘光旦文集》(第2卷),北京大学出版社。

潘光旦,1936a/2013,《过渡中的家庭制度》,载吕文浩编《逆流而上的鱼》,商务印书馆。

潘光旦,1936b/2013,《祖先与老人的地位——过渡中的家庭制度之二》,载吕文浩编《逆流而上的鱼》,商务印书馆。

潘光旦,1937/2013,《谈婚姻的动机——现代婚姻问题讨论之一》,载吕文浩编《逆流而上的鱼》,商务印书馆。

潘光旦，1947/1993，《家制与政体》，《潘光旦文集》（第 1 卷），北京大学出版社。

潘光旦，1947，《派与汇（代序）》，载费孝通：《生育制度》，商务印书馆。

全慰天，1948，《从"牛郎织女"看中国社会》，《新路周刊》第 1 卷第 1 期。

生活书店编译所，1933，《恋爱与贞操》，生活书店。

《探索与争鸣》编辑部，2017，"问题与方法：社会科学如何开启人的研究"的圆桌会
　　议，《探索与争鸣》第 5 期，第 33～59 页。

吴景超，1920，《我对清华出版物的意见》，《清华周刊》10 月 8 日，第 193 期。

吴景超，1923，《人生蠡测》，《清华周刊》2 月 9 日，第 268 期。

吴景超，1928、1929/2020，《中美通婚的研究》，载吕文浩编《都市意识与国家前途》，
　　商务印书馆。

吴景超，1929a，《社会学观点下之社会问题》，《金陵月刊》第 1 卷第 2 期。

吴景超，1929b，《社会组织》，世界书局。

吴景超，1930/2020，《婚姻制度中的新建议》，载吕文浩编《都市意识与国家前途》，商
　　务印书馆。

吴景超，1931，《两汉的人口移动与文化（上）》，《社会学刊》第 2 卷第 4 期。

吴景超，1932a，《两汉的人口移动与文化（下）》，《社会学刊》第 3 卷第 2 期。

吴景超，1932b，《两汉寡妇再嫁之俗》，《清华周刊》第 37 卷第 9、10 期合刊"文史专
　　号"。

吴景超，1933，《民族学材料的利用及误用》，《独立评论》第 78 号。

吴景超，1933/2020，《恋爱与婚姻》，原载《生活周刊》第 8 卷第 31 期，载吕文浩编
　　《都市意识与国家前途》，商务印书馆。

吴景超，1934a/2020，《变动中的家庭》，载吕文浩编《都市意识与国家前途》，商务印
　　书馆。

吴景超，1934b/2020，《家庭职务与妇女解放》，载吕文浩编《都市意识与国家前途》，
　　商务印书馆。

吴景超，1948a/2020，《家庭与个人职业》，载吕文浩编《都市意识与国家前途》，商务
　　印书馆。

吴景超，1948b/2020，《婚姻往何处去？——评费孝通〈生育制度〉》，载吕文浩编《都
　　市意识与国家前途》，商务印书馆。

王汎森，1996，《傅斯年早期的"造社会"论——从两份未刊残稿谈起》，《中国文化》
　　第 14 期，第 203～212 页。

王跃生，2022《民国以来中国家庭、家户和家研究状况回顾与思考》，《史学集刊》第 4
　　期，第 94～106 页。

杨念群，2009，《"社会"是一个关键词："五四解释学"反思》，《开放时代》第 4 期，
　　第 51～65 页。

伊佩霞，2004，《内闱——宋代的婚姻和妇女生活》，胡志宏译，江苏人民出版社。

佚名，2000，《教授印象记·吴景超》，载葛兆光编《走进清华》，四川人民出版社。

余华林，2020，《二十世纪二三十年代知识界对贞操的现代诠释》，《近代史研究》第 3
　　期，第 103～121 页。

赵妍杰，2017，《面向未来：近代中国废婚毁家论述的一个特色》，《探索与争鸣》第 8
    期，第 128~134 页。

赵妍杰，2018，《为国破家：近代中国家庭革命论反思》，《近代史研究》第 3 期，第
    74~86 页。

赵妍杰，2019，《为了人生幸福：五四时期家庭革命的个体诉求》，《华中师范大学学报
    （人文社会科学版）》第 1 期，第 128~141 页。

周飞舟，2019，《人伦与位育——潘光旦先生的社会学思想及其儒学基础》，《社会学评
    论》第 4 期，第 3~18 页。

傅斯年，1919/2003，《社会——群众》，《傅斯年全集》（第一卷），湖南教育出版社，
    第 151~152 页。

哈玉红、门忠民，2012，《传统与现代：五四时期贞操观的现代转型》，《甘肃社会科学》
    第 1 期，第 233~236 页。

胡适，1918，《贞操问题》，《新青年》第 5 卷第 1 号，第 6~11 页。

李大钊，1919，《物质变动与道德变动》，《新潮》第 2 卷第 2 号，第 219 页。

罗志田，2014，《权势转移：近代中国的思想与社会》，北京师范大学出版社。

渠敬东，1999，《涂尔干的遗产：现代社会及其可能性》，《社会学研究》第 1 期。

章锡琛编，1925，《新性道德讨论集》，上海开明书店。

周建人，1921，《中国旧家庭制度的变动》，《妇女杂志》第 7 卷第 6 号。

Durkheim, Émile. 1969. "Individualism and the Intellectuals." Trans. by Steven Lukes. *Political Studies* 17（1）.

Goffman, Erving. 1967/1982. *Interaction Ritual：Essays on Face-to-Face Behavior.* New
    York：Pantheon Books.

Goffman, Erving. 1961/2013. *Encounters：Two Studies in the Sociology of Interaction.* Mansfield Centre, CT：Martino Publishing.

Dumont, Louis. 1986. *Essays on Individualism.* Chicago：The University of Chicago Press.

清华学校的社会调查与社会教育

——以《清华周刊》为中心的考察

赵　娜[*]

摘　要：社会调查作为一种接触社会、认识社会和思考社会的方式，其早期实践和社会教育功能值得探讨。从社会学与教育史相结合的视角出发，利用1914~1925年刊发于《清华周刊》上的"社会调查"相关史料建立个案，对清华学校时期校长极力倡导、西籍教员组织指导和清华学子积极实践的"社会调查"进行描述性研究，有助于探讨中国早期社会调查在高等教育中的社会教育功能，从而补充对民国时期中国社会调查全貌的认识和研究个案。

关键词：清华学校　社会调查　社会教育　《清华周刊》

一般认为，中国的社会调查自西方传入，于清末发轫而兴于民国，因形成和保存了大量珍贵的研究史料，对中国社会学本土化具有重要的学科史意义，而为学术界所普遍关注和讨论。从学术史上看，学界或将社会调查作为知识分子具有鲜明社会改良政治主张的群体行为"社会调查运动"看待，或关注社会学学科成立后的"社会调查"及其代表性学者的理论反思和研究实践（李培林，2020：116~122），而对社会调查传入我国时在校园环境中早期实践的"前学科史"关注不足。但从教育史的角度看，这恰恰十分重要。这些社会调查不强调学科的界限和科学方法的运用，而将调查、访谈

＊　赵娜，社会科学文献出版社编辑。

和数据统计作为一种接触社会、认识社会和思考社会的方式，具有社会教育的功能和意义，因此成为本文关注的焦点。

清华学校是国立清华大学的前身，于 1912 年由清华学堂改称建立，至 1925 年改组设立大学部而终止，仅有短短 14 年的历史。但如果我们翻阅 1914~1925 年的清华校内出版物《清华周刊》①就会发现，清华学校时期的"社会调查"史料相当丰富。无论是简短的校园消息，还是长篇的调查报告，都以极具细节和鲜活的方式，展示着"社会调查"这一事物自西方传入中国后，在大学校园中的发生、发展的历程和早期实践。因此，本文尝试从社会学与教育史相结合的视角出发，集中梳理和使用 1914~1925 年刊发于《清华周刊》上的"社会调查"相关史料建立个案，对清华学校时期校长极力倡导、西籍教员组织指导和清华学子积极实践的"社会调查"进行描述性研究，探讨中国早期社会调查在高等教育中的社会教育功能，从而补充对民国时期中国社会调查全貌的认识和研究个案。

一　周诒春校长对"暑假调查"的极力倡导

1916 年 10 月，《清华周刊》总第 82 期的"校闻"栏目中，刊载了一条名为"奖励调查"的消息，报道了当年暑假散学前，校长曾号召学生利用假期回家机会调查本乡情形回校报告，得到了高、中两科同学的积极响应，开学后汇呈稿件若干。后特邀请中文部职教员杨仲达、吴雨田、吴雨僧三先生及西文部教员周辨明、林玉堂、孟宪承三先生，分别评阅来稿，择其优者，给予奖励，以资鼓励。②一个月后，《清华周刊》第 85 期又刊载了"调查揭晓"的校园消息，公布了校长处对本校同学当年暑假中所做调查稿件的评定结果。其中，英文稿以王祖廉最优，得奖西书《物理探源》一部。

---

① 《清华周刊》为清华校内出版物，创刊于 1914 年 3 月，至 1937 年 5 月共出版 676 期。后抗日战争全面爆发，清华南迁，《清华周刊》被迫停刊。1946 年清华大学返回北京清华园复校，《清华周刊》于次年 2 月复刊，出版 17 期后停刊。

② 参见《奖励调查》，《清华周刊》1916 年总第 82 期，第 19 页。

中文稿以郑步青最优，得奖《汉书》一部；余泽兰次之，得名誉奖。① 上述两则消息提到的这位号召和奖励学生利用暑假回乡机会参与社会调查的校长，就是清华学校的第二任校长周诒春。而"暑假调查"，则是其教育思想的一个创举。

鉴于 1916 年的暑假调查"颇见成效"，使学生"得确实之国情，增吾人之学识，法至善也"②，1917 年 5 月 11 日，一年一度的暑假将至，清华学校科学社和国情考察会便邀请周诒春校长就"暑假调查"一事发表专题演讲。后其演说词被记者择要整理成文，以"暑假调查篇"为题，连续刊发于《清华周刊》总第 110 期及第 111 期的"言论"栏目上，集中体现了周诒春校长倡导"暑假调查"的初衷。

演讲中，周校长首先指出了从事调查的原因，主要有三。一是"本国情形，视为惯例，不加注意，见绌外人"。他指出，"往往一事一物之微，吾人所不知，而外人无不晓。譬如进口货一项，吾人反须求之东西文年鉴，可叹也。外人中尤以日人为最，往往有本国人及欧美人所罕到之区，亦无不有日人踪迹。昔在日本，见有福州地图，一电杆，一路线，现在所在之地点，及将来改良之位置形势，无不详细记载。抑何其不惮烦耶？其所希望于后日者，正未可量耳"③。二是"实情不知，则将来做事不易定方针"。他认为，"治国犹治病，病情之不确知，何能医病？西医重解剖，实根究病情之善法，中医全恃阅历，初次立方，总是轻描淡写之药，将病人作药材试验品，无大害亦无大利。治国尤不宜用此种方剂，必须确知本国风土人情，以及财力营业，而后对症下药"④。三是"身为学生，见闻未广，极应亲历其境，以锻炼身心，增进学识"。他指出，"执工人而告以教育之要义，执旗人而教以谋生之方法，对牛弹琴。如之何其可也，此皆社会中分利之人，欲改良之，必先着手调查。不然者隔靴搔痒，总是肤泛。西语曰：躬行在深

---

① 参见《调查揭晓》，《清华周刊》1916 年总第 85 期，第 18 页。

② 《暑假调查篇》，《清华周刊》1917 年总第 110 期，第 1 页。

③ 《暑假调查篇》，《清华周刊》1917 年总第 110 期，第 1~2 页。

④ 《暑假调查篇》，《清华周刊》1917 年总第 110 期，第 2 页。

知，求知在亲行。可以为师矣"①。关于从事调查可获得的利益，周校长指出，"确知实情，乃能为国家谋公益。既知确情，办事方能省时"。此外，他还提到"美国有所谓职业教育者，半日工作，半日读书，使学生日与社会相接近，法极美也。暑假调查，譬如半日工作，使社会学生间，无丝毫隔膜，岂不善哉？"② 由此可见，周校长正是基于国人对本国情形忽视之现状，治国改良方针制定之将来，学子身心学识之修业，提出了以一年一度的"暑假调查"的方式，促使学生全面接触和认识乡党社会的教育理念。

虽然周校长也指出了"学生程度稍低、调查时间过短、天气太热、社会不帮忙、辅助调查书籍不易得、交通不便、经济非裕"等导致的调查困难③，但从总体上讲，鉴于"调查之原因，如此其重且要也；调查之利益，如此其大且远也"④，他仍旧鼓励学生从以下七个方面入手，选择调查的问题。

第一，教育。周校长指出，"身为学子，吾国教育情形，不可不知。具比较的眼光，细心审查。如教授管理各方面，而经费尤当注意焉"。第二，商业。他指出，"吾国商业范围极广，当择其地之著名者着手。其贸易之方法，营业之盛衰盈亏之原因，以及商会之情形，皆足为调查之良好材料"。第三，工业。周校长认为，"中国工业虽称幼稚，种类亦已甚众。如木工、藤工、刺绣等项，皆可详细考察。如在通商口岸、各大工厂，尤宜详细调查，更应注意生活程度。现在上海，黄炎培先生发起中华民国职业教育社，提倡职业教育，以为中国现在情形，政治上革命可免，而生计日艰，则生计上革命必难解除，恐或牵及政治。现在亟宜从职业教育入手，庶是挽救之方。诸生调查工业时，可试着想，如受教育后，其程度一切，可提高若干，未尝非极有益之问题也"。第四，政治。他指出，"学生不宜问及政治，然而如地方自治机关，以市政乡社族长制度，党派之组织，至于税法之轻重，

---

① 《暑假调查篇》，《清华周刊》1917年总第110期，第2页。
② 《暑假调查篇》，《清华周刊》1917年总第110期，第3页。
③ 参见《暑假调查篇》，《清华周刊》1917年总第110期，第3页。
④ 《暑假调查篇（续）》，《清华周刊》1917年总第111期，第2页。

币制之情形，不妨少加调查焉"。第五，慈善机关。"如贞节堂、育婴堂、济良所、施粥厂、施衣局等机关，其办事情形方法，皆在调查之列"。第六，古迹。他认为，"中国历史最古，与历史有关系之建筑遗迹极多，如园林宫室，廊宇碑坊。有好古者，不妨一调查也"。第七，科学。他指出，"科学之范围广矣，现在可考察者为农业、水利等。至于收集矿产标本、博物标本，尤属有用。本校图书馆落成之后，并设有标本室，深愿诸生乐助也"。①

对于调查之手续步骤，周校长在演讲中亦给予了详细的说明。他指出，"首宜择定方针，否则茫无头绪。二宜择性质所近，否则扞格不入。三宜择能力所及，否则徒劳无功。四在取精用宏，在大处着墨，如汉口之茶，九江之磁，上海之棉纱，杭州之丝，其销场之实在状况，与国家有关系焉。五宜先列调查之问题，否则临时恩促，得一失百。六宜曲折，宜耐心，勿性急，勿惮烦。七既有所得，宜慎取材。八左图右史，古昔前称，加以图绘照相，益形完善矣"。② 最后，他鼓励同学中有志调查者，"如有疑问，可直接请问"，他当详为解说。③

次月，《清华周刊》1917年《第三次临时增刊》又刊发了"调查竞赛"的消息，对学校为鼓励学生参与暑假社会调查特设调查竞赛之举进行了进一步的说明。消息指出，此次"调查所得，作成论文。英文以二千字为限，中文以五千字为限。择题以专精为尚，取材以确当为归，共分名胜古迹、地方情形、风俗、宗教、教育、物产、实业、学术八门。有志调查者，可任选一门，亦可数人共作一门。所有稿件，不得中英互译。缴卷期为今年十一月一日。中英文之最佳者，将由校中各奖给金牌一面"。④

自1916年初创并号召清华学子参与"暑假调查"，到1917年发表演说详述"暑假调查"的原因、利益、困难、选题、手续，极力倡导之，至其

① 《暑假调查篇（续）》，《清华周刊》1917年总第111期，第1~2页。
② 《暑假调查篇（续）》，《清华周刊》1917年总第111期，第3页。
③ 《暑假调查篇（续）》，《清华周刊》1917年总第111期，第4页。
④ 《调查竞赛》，《清华周刊》1917年《第三次临时增刊》，第10页。

1918年离任清华时，周诒春校长已将一种通过"调查"的方式，关注社会、接触社会、投入社会，进而认识社会的社会教育理念，深植于清华学子的心中，对"求真务实"的清华精神之形成，亦产生了深远的影响。而这从1916~1918年《清华周刊》所刊载的丰富的调查消息和调查报告，便可探知一二。

二　西籍教员对"调查方法"的悉心传授

如果说周诒春校长对清华学校社会调查的贡献在于理念的创建、倡导与引领，那么西籍教员在"调查方法"的传授方面功不可没。

周诒春校长在1917年有关暑假调查的演讲中述及从事调查的原因时，曾提到"清华四周有旗营，其困穷人所共知。今岁本校经济班学生，加以详细调查，乃知八营人数几九千，岁人仅八万九千元，每人每年平均只有十元，岂能望旗人之进步哉？徒斥谈旗民生计、贫民教育，鸣呼难矣"的事实[1]，而这次经济班学生的调查，便是由清华学校的西籍教员狄玛（C. G. Dittmer）组织和指导完成的。对此，《清华周刊》1917年总第98期和总第103期分别有所记载。

1917年3月1日，《清华周刊》1917年总第98期"校闻"栏目报道了清华经济班24人，在教员狄玛的指导下，分为三队实地调查，以资练习的消息。其中，第一队10人，主要调查清华校外附近岁入五十元至百五十元人家的房屋卫生等状况；第二队10人，主要调查以上人家的衣食状况；第三队4人，主要调查校内各色夫役的生计状况，以及他们工余的消闲之法。调查以四、五星期为限，完毕后拟用英文写成报告，并附具图说，装订成册，作为经济班之成绩品[2]。4月5日，《清华周刊》又在第103期中，以"调查继续进行"为题，对经济教员狄玛利用近来学校允许学生外出的机

---

① 《暑假调查篇》，《清华周刊》1917年总第110期，第2页。

② 参见《实地调查》，《清华周刊》1917年总第98期，第18~19页。

会，于 3 月 31 日下午率领经济班同学多人出校调查一事，进行了跟踪报道①。

实际上，早在 1914 年，狄玛就已带领学生开始了这项调查。他强调，这项调查是针对特定地区的深度调查，而非针对整个国家的普查。在清华校园附近方圆 5 英里范围内的 18 个村庄中，狄玛指导学生随机选取了家庭户 195 户，对他们的收支情况进行了调查，其中汉族家庭 100 户、满族家庭 95 户，其从事的主要职业涉及农民、技工、商人、临时工、车夫、木匠、理发匠等，另调查清华校内役工 93 名。狄玛使用当时西方流行的"恩格尔系数"研究法，将家庭开销分为食品、服装、住房、燃料、杂费 5 项，通过测算每项费用在总支出中所占的比例，得出调查对象家庭户的生活水平。这一研究成果最终于 1918 年以"中国生活标准的估计"（An Estimate of the Standard of Living in China）为题发表于《经济学季刊》（*The Quarterly Journal of Economics*）上，成为最早运用恩格尔系数研究中国农村家庭生活的经典案例（Dittmer，1918）。值得关注的是，在研究报告中，狄玛除了发现中国人的生活水平非常低，甚至低于恩格尔早在 50 年前所做的研究结果之外，还强调希望通过这项调查，参与调查的、来自全国各省的清华学生们，能够深切意识到中国社会和经济的现实状况及所存在的问题，进而成长为既有能力又富有同情心的优秀调查者。

将西方较为科学的调查方法和统计方法引入和传授给清华学校学生的西籍教员，不止狄玛一人。《清华周刊》1917 年《第三次临时增刊》在刊载"调查竞赛"消息的同时，还为"定于假前请海宴士先生，演讲统计之要义、征集之方术，以助进行云"②进行了预告。这里提到的为学生们讲解调查方法和统计方法的海宴士（A. A. Heinz）先生，便是清华学校高等科的美籍数学教员。而清华学校时期，在校任职最久的美籍历史教师麻伦（C. B. Malone），在为高等科学生讲授欧洲上古史的过程中，则以特别重视

---

① 参见《调查继续进行》，《清华周刊》1917 年总第 103 期，第 23 页。
② 《调查竞赛》，《清华周刊》1917 年《第三次临时增刊》，第 10 页。

参观与考察旅行的教学法，受到了学生的热烈欢迎。在《清华周刊》总第281期中，就有关于他带领学生，参观考察土城，平则门外罗马教堂，利玛窦、汤若望诸人之墓碑等处的记录①。

众所周知，清华学校最初是一所以预备留美为目的创立的学校。为使学生能够直接插入美国大学二、三年级，并迅速适应美国大学的学习生活，其课程设计主要以修习英文及西方人文和现代科学基础知识为主，其西文教师最早也多为外务部经由美国青年会（YMCA）直接聘请的美籍教员。根据相关学者的研究和统计，截至1913年底，清华学校所聘任的美籍教员18人中，有15人拥有学士学位，3人拥有硕士学位；来自人文科学者有10人，自然科学5人，医学2人，工程1人；来清华任职前，他们都有在美国的中学和大学任教的经历，其中4人曾任学院系主任，7人曾任讲师，2人曾任助教，2人曾任高中校长，1人当过医生。他们虽非美国的一流学者，但都接受过正规的大学教育与学术训练，具有相当的教学经验，并且乐于教学和辅导学生（苏云峰，2001：125~126）。因此，作为一种被西方社会普遍接受的、了解和研究社会的科学有效方法，社会调查方法经由西籍教师有意的传授和身体力行的实践，为清华学子所接受。与清华大学成立并设立社会学系之后的课程教授不同，清华学校时期西籍教师所传授的社会调查方法，与其说是一种科学方法的教授过程，不如说是一种潜移默化的影响过程，其意义与价值在于使社会调查的理念在调查实践过程中日益深入人心，而非强调调查方法操作的科学性和准确性。

三　清华学子对"社会调查"的积极实践

周诒春校长对社会调查的极力倡导，以及西籍教员对社会调查方法的悉心传授，使清华学子对社会调查热烈响应和积极实践。1916~1925年发行的《清华周刊》就刊载了清华学子众多调查消息和调查报告。若根据调查者对

---

① 《旅行补志》，《清华周刊》1923年总第281期，第19页。

这些调查进行分类，大致可以分为清华学生个人的社会调查、清华学校会社团体的社会调查，以及无明确调查者或由《清华周刊》进行的社会调查三类，以下按类别择要举例叙述之。

（一）清华学生个人的社会调查

清华学生个人的社会调查，即由某一学生个人进行并撰写调查报告的社会调查。如程树仁的《调查成府贫民小学记》（1916）、《本校警政调查记》（1917），林斯陶（1919）的《首善第九工艺厂调查记》等。这些报告有助于了解清华学子对当时中国普遍存在的贫困、教育等社会现实问题的关注和思考，亦有助于感受到他们为解决这些社会问题，立志发奋学习回报家国社会的一腔热忱。

成府贫民小学由清华教职员于民国 3 年（1914）筹资创办，清华斋务长陈筱田先生任校长。不二载，此校已以成绩之优美，成为西郊外各小学校之冠。1916 年，清华学生程树仁对其进行了调查，并撰写调查报告《调查成府贫民小学记》一份，陈述成府贫民小学各项详情，发表于《清华周刊》总第 80 期中的"纪事"栏目中，以供有志于贫民教育者参考（程树仁，1916）。这份调查报告共分为五个部分，分别为成府贫民小学校图、教员、学生、度支以及功课。通过调查可知，成府贫民小学共有教员 5 人，学生 72 人；学校不收学费，并由校中供给学生书籍笔墨纸张木料等；学校首重木工，欲教学生以实在技艺，足供其养家糊口之用；每月度支以木料一项最巨，故由清华校中教职员先行垫发，待学生制成各种新式桌椅台架后，再以极低的价格卖于清华，以抵先垫木料之款；学校功课以木工课时最多，为每周十点，习字次之，为每周七点，国文再次，为每周五点，经学、珠算、笔算又次，为每周三点，体操、修身及缀句最少，为每周二点（程树仁，1916：7~9）。最后，程树仁还提及，陈校长"鉴于贫民向学者日众"，欲将办学经验予以推广，将学校分作木、织、革、藤四专科。由于木科已取得一定成绩，现正筹划设立织科。待木科学生毕业后，则立即开办木科工厂，随后亦可成立织科、革科、藤科工厂，在发达贫民教育的同时，振兴本地实业（程树仁，1916：9）。

1917 年 12 月 22 日，正值冬至佳节，学生皆放假返家过节，程树仁居留校中，雪夜中偶见校警勤于职守、荷枪夜巡，甚为感慨。次日，遂就本校警政情况，访问校警务员边玥，后撰写《本校警政调查记》报告一份，刊于《清华周刊》1917 年总第 94 期的"纪事"栏目上，以告"同学诸君，其知父母兄弟期我之厚，同学同胞望我之切，而以此激发自己，立志择业，为将来中国尽国民一份（分）子之力，不依赖、不自弃、不盲从、不争权、不夺利，则今日爱我者、教育我者、管理我者、卫护我者之诚，其有所寄矣"（程树仁，1917：11）。此报告的主要内容有五，分别为清华警政的历史、服务办法、守卫驻扎地址图、警务组织，以及各等级警兵人数（程树仁，1917：12~13）。

1919 年，程树仁以优异的成绩从清华学校毕业，获得了官费留美的资格，赴美国威斯康星州劳伦斯大学教育学院留学，获教育学士学位。后考入芝加哥大学攻读硕士，不久弃学考入哥伦比亚大学学习教育及编剧课程，同时自费进入纽约电影专科学校学习。1922 年 5 月，他从哥伦比亚大学毕业，获得教育硕士学位，同年 10 月从纽约电影专科学校毕业，获电影摄影师执照。1923 年，他返回祖国，成为最早归国的电影专业留学生之一。归国后，他先后为好莱坞影片译配中文字幕，摄制电影《孔雀东南飞》，主编并出版中国首部电影年鉴《中华影业年鉴》，摄制电影《红楼梦》等，为中国早期电影事业的发展做出了独特的贡献[①]。可以想见，当年在清华学校通过社会调查树立的"广泛接触社会，切实投入社会，关注中国社会的实际问题，思考改造社会的良方"的理念和实践，对程树仁后来人生道路的选择和相关成就的取得，具有深远的影响和重要的意义。

（二）清华学校会社团体的社会调查

清华学校会社团体的社会调查，即由清华学校中的某一会社团体组织实

---

① 关于程树仁对中国早期电影业做出的独特贡献，参见张伟，2009。

施并撰写调查报告的社会调查。在《清华周刊》中，此类调查报告的记录数量最多，记载也最为翔实丰富。如孔教会调查团的《体育馆开沟两帮工人调查》《高等科厨房调查报告》《清华园洗衣作》，清华青年会服务部调查股的《三旗营调查报告》等。与清华学生个人进行的社会调查相比，清华学校会社团体的社会调查社会改良的目的性和实践意义更为清晰和强烈，调查内容和统计数据也更为翔实丰富。

清华学校孔教会成立于 1916 年，是以"昌明孔教，救济社会"为目的的学生会社组织。《体育馆开沟两帮工人调查》由孔教会调查团团员李珠、张廷玉、唐仰虞、王吉荣四人于 1917 年 1 月调查并撰写，发表于《清华周刊》总第 94 期的"来件"栏目中，是一篇关于清华校内建筑体育馆及开沟工人生计情况的调查报告（孔教会调查团，1917a：17）。报告分为"体育馆工人"和"开沟工人"两部分，每部分又细分为"人数"和"工资"两项。"人数"一项记录了体育馆工人和开沟工人的总人数、手艺人（瓦木匠等）在总人数中的比例、工匠的地域来源、工作及停工时间等情形。"工资"一项则记录了体育馆工人和开沟工人各工种的不同工资、伙食及伙食费、过年回家时间及在京暂居地等情况。

同年 3 月，孔教会调查团对清华学校高等科厨房进行了调查，了解到高等科厨房各工种人员构成及人数，厨房人员的地域来源，厨房人员的工资、花费及福利，厨房人员原职业来源，厨房每日的各种花销及食品来源，校内搭伙者人员构成、人数及伙食费，厨房人员的作息时间等七个方面的情况，并撰写《高等科厨房调查报告》一份，发表于《清华周刊》1917 年总第101 期的"来件"栏目中（孔教会调查团，1917b：12~13）。

次年 5 月，《清华周刊》1918 年总第 143 期的"杂纂"栏目中又刊发了由孔教会调查团撰写的调查报告《清华园洗衣作》，报告主要调查和记录了清华学校西南三旗营内清华园洗衣作的地址、开办时期、人员构成、地域来源及人数、洗衣进款、出款花销、工作情形与步骤等（孔教会调查团，1918：12~13）。

清华青年会成立于 1911 年。与孔教会类似，它也是清华学校中积极进行社会调查的会社团体之一。1921年，清华青年会服务部调查股对位于清华园西南的三旗营乡进行了社会实地调查，之后撰写了颇具分量的《三旗营调查报告》，刊发于《清华周刊》1921年总第206期的"新年杂感"栏目上。报告首先介绍了此次调查的目的有二：一为"知道乡民生活程度，拿来同我们的境遇比较以作反省的地步"；二为"洞悉他们的困苦及缺点以便定帮助及改良的方法"①。报告的主体内容分为三个部分，分别对三旗营乡的"大概情形"、"生活状况"和"卫生情形"进行了描述。"大概情形"部分主要记录了三旗营的地理位置、行政组织、人口构成、性别比例、职业结构，以及历史上和当下的乡民收入来源状况和变迁情况②。"生活状况"部分主要分衣、食、住三个方面，对三旗营乡民的日常食品、菜类及其价值，拥有单夹棉衣的套数，以及所住房屋的间数等情况进行了记录③。"卫生情形"部分则对三旗营乡的澡堂及乡民的洗澡频次、就医情况、环境卫生及营内公共水井卫生状况等进行了记录④。

（三）无明确调查者或由《清华周刊》进行的社会调查

除清华学生个人和校内会社团体进行的社会调查外，《清华周刊》还记录了许多没有明确调查者或由《清华周刊》进行的社会调查。其中，以清华园人口调查最为典型。在清华学校时期，《清华周刊》共刊载有关清华人口的调查消息和调查报告4篇，保留了1917~1925年清华人口变迁的珍贵资料。

对清华学校最早的人口调查记录始于1917年。《清华周刊》1917年总第123期的"校闻"栏目首次报道了由于清华人口日渐增加，童子军司令部派队员分别调查，以期得出确实之报告一事的消息《调查人口》⑤。

1920年，首篇关于清华园内18个部门人口的调查报告《清华园人口调

---

① 《三旗营调查报告》，《清华周刊》1921年总第206期，第11页。
② 参见《三旗营调查报告》，《清华周刊》1921年总第206期，第11~12页。
③ 参见《三旗营调查报告》，《清华周刊》1921年总第206期，第12~13页。
④ 参见《三旗营调查报告》，《清华周刊》1921年总第206期，第13页。
⑤ 参见《调查人口》，《清华周刊》1917年总第123期，第25页。

查》，刊布于《清华周刊》的《第六次增刊》上。报告显示，截至民国 9 年（1920）5 月 30 日，清华园内共有人口 1234 人。其中，教职员及学生共计 763 人，学生分中等科与高等科分别统计人数，教职员分中国人与美国人、教员与职员，以及性别分别统计人数；校役共计 85 人，按其供职地点或职业分别统计人数；电灯厂工人共计 16 人，按其工种分别统计人数；清道夫共计 17 人，按清华园内及园外分别统计人数；守卫处共计 24 人，按职位分别统计人数；厨房共计 97 人，分高等科与中等科，并按其工种分别统计人数；花匠共计 12 人，按其负责花木种类分别统计人数；理发所共计 5 人，分匠人及徒弟分别统计人数；裁缝共计 13 人，分高等科与中等科，并按其职位分别统计人数；售品所共计 12 人，按其工种分别统计人数；公舜记工厂共计 69 人，按其工种分别统计人数；美丰洋行共计 16 人，按其工种分别统计人数；德和木厂共计 13 人，按其工种分别统计人数；裕源木厂共计 5 人，按其工种分别统计人数；致信德鞋铺共计 9 人，按职位分别统计人数；广学书会共计 2 人，均为伙计；教职员眷属及佣人共计 71 人，按家户，并分男丁、女丁、幼童、厨子、男佣、女佣分别统计人数；邮政局共计 5 人，按职位分别统计人数。①

1924 年，《清华周刊》总第 325 期的"新闻·杂闻"栏目再次刊载了清华《人口调查》消息，公布了本校教职员、学生、工役的人口调查统计数据，为教职员 128 人，学生 299 人，听差 110 人，警察 32 人，花匠 17 人，电灯匠 18 人，清道夫 16 人，厨役 66 人，木匠 39 人，裁缝 15 人，售品公社 8 人，鞋匠 12 人，总计 760 人。同时指出，除学生人数较去年有所减少外，其余人数皆较去年有所增加。②

次年，《清华社会人口调查表》发表于《清华周刊》1925 年总第 361 期的"新闻·专载"栏目上。该文首先指出了《清华周刊》此次实施清华人口调查并刊布人口调查表的必要性，"周刊调查清华人口之举，不始于今

---

① 参见《清华园人口调查》，《清华周刊》1920 年《第六次增刊》，第 9~12 页。
② 参见《人口调查》，《清华周刊》1924 年总第 325 期，第 19~20 页。

日。今日之必调查者，学校范围日益扩大，人口益增，事物繁颐，应决问题所在皆是，而多年无正确精密之统计，致论事不免于支衍，枉情实。此本刊之必于此时费旬日之力以成此表者，望阅者能利用之"。①

该人口调查表的主体内容分为六个部分。每部分均先以表格形式列出各类人口统计数据，有的部分还在调查表后列出了民国 13 年（1924）11 月 7 日第 325 期刊布的数据作为"参考"，其具体情况如下②。

第一，教职员。计有教授 42 人，教员 10 人，助教 7 人，职员及书记 90 人，总计 149 人③。参考：教职员共 128 人④。第二，学生。计有研究院学生 32 人，大学部学生 95 人，大一学生 70 人，高三学生 50 人，高二学生 51 人，高一学生 43 人，特别班学生 2 人，总计 353 人⑤。参考：学生共 299 人。第三，教职员家庭。先按照丁口与幼童两类分别统计，计有丁口 89 人（不包括教职员本人），幼童（15 岁以下）141 人（美国国籍者 9 人），共计 230 人；后分南院、北院、西院、成府等地段对统计数据进行整合。第四，雇役。计有校役 113 人（包括校长之汽车夫 2 人及马夫 1 人），校役长工 18 人，电灯厂工人 24 人，工匠 5 人，水夫及清道夫 36 人，园丁 31 人，巡警 37 人，教职员家中雇役 133 人，共计 497 人⑥。参考：听差 110 人，巡警 32 人，电灯工人 18 人，清道夫 16 人，园丁 17 人。第五，校内营业者。截至 11 月 16 日，计有厨房第二院 52 人、第三院 25 人，皆庶务处调查所得，皮鞋铺 10 人，理发室 6 人，伊文思书店 2 人（现只 1 人，另 1 人已至津店），售品公社 10 人（有长工 1 人不住校），木厂第一院固定工人 6 人、第三院固定工人 24 人，成衣铺第一院 9 人、第三院 8 人（掌柜言不久或将减少），牛奶厂 15 人（送奶 10 人、杂役 5 人），农场 31 人（含管理校景花园者），邮政局 7 人（信差 5 人，办事员 2 人，每日 1 人值宿其他均不住校），总计

---

① 《清华社会人口调查表》，《清华周刊》1925 年总第 361 期，第 12 页。
② 参见《清华社会人口调查表》，《清华周刊》1925 年总第 361 期，第 12~15 页。
③ 此处统计数据疑有误，但为展示文献原貌，保留原文不做修改。
④ 参见《清华周刊》1924 年 11 月 7 日第 325 期，以下标有"参考"字样的数据出处同。
⑤ 此处统计数据疑似有误，但为展示文献原貌，保留原文不做修改。
⑥ 此处统计数据疑似有误，但为展示文献原貌，保留原文不做修改。

205人。参考：厨役66人，木厂39人，成衣铺15人，售品社8人，鞋铺12人，余则未调查。第六，校外营业者。有洋车夫53人（53系洋车辆数，有数人同一辆洋车者），驴夫12人，糖果店7人（仅指校前二店而言，外则未计），共计72人。以上六类总计1499人①。

由上述一系列的"人口调查"可以看出，虽然调查者仅运用了简单罗列统计数据的方式撰写调查报告，且统计数据有时并不准确，但是从调查对象来看，他们不仅关注学校中的教职员和学生，还关注教职员的家庭、雇役，以及校内甚至是校外的营业者。从他们调查报告的题名"清华园人口调查""清华社会人口调查表"中，我们可以明确感受到他们对与校园生活交织在一起的地方社会的敏感和关注。而调查人口的目的，也并非为调查而调查，而是为了切实地解决因学校范围日益扩大、人口日益增加而带来的社会问题。实际上，我们看到，以调查的方式解决校内校外实际问题，在这时已成为清华学校校方和学子们的普遍思路和习惯做法，而这从《清华周刊》中刊载的《清华学生生活测量的报告》（1923年）、《清华学生国学调查》（1924年）等调查报告②，以及1925年的《军事学部：调查军制》《农事试验场：调查农事》《大学专门科筹备处：调查学校》《大学专门科：调查本校人才设备》《大学专门科：调查新生志愿》《大学专门科：调查北大设备》等一系列校闻消息中③，可以得到确实的印证。

---

① 此处统计数据疑似有误，但为展示文献原貌，保留原文不做修改。
② 《清华学生生活测量的报告》，《清华周刊》1923年总第275期，第7~16页；《清华学生生活测量的报告（续）》，《清华周刊》1923年总第276期，第9~17页。《清华学生国学调查》，《清华周刊》1924年总第318期，第23~42页。
③ 《军事学部：调查军制》，《清华周刊》1925年第24卷第2期，第38~39页。《农事试验场：调查农事》，《清华周刊》1925年第24卷第2期，第39~40页。《大学专门科筹备处：调查学校》，《清华周刊》1925年第24卷第7期，第29页。《大学专门科：调查本校人才设备》，《清华周刊》1925年第24卷第8期，第18~19页。《大学专门科：调查新生志愿》，《清华周刊》1925年第24卷第8期，第19页。《大学专门科：调查北大设备》，《清华周刊》1925年第24卷第8期，第19页。

四 结语

1914~1925 年，"社会调查"这一发端于西方的科学方法，作为社会教育的一环，经由校长极力倡导、西籍教员组织指导和清华学子积极实践，在清华学校的校园中生根发芽、茁壮成长。应该说，以社会调查的方式，走出留美预科的课程设置和教育藩篱，广泛接触社会，切实投入社会，关注中国社会的实际问题，思考改造社会的良方，对求真务实、科学独立的清华精神之养成，具有深远的影响与意义。而这一时期所进行的社会调查实践，也保存了大量珍贵的社会变迁数据和研究史料，为清华大学时期社会学系的建立和繁荣，以及专业社会学者社会调查思想的形成和实践，提供了前期准备和扎实基础。

参考文献

程树仁，1916，《调查成府贫民小学记》，《清华周刊》总第 80 期。

程树仁，1917，《本校警政调查记》，《清华周刊》总第 94 期。

胡显章主编，2013，《自强不息 厚德载物——清华精神巡礼》，清华大学出版社。

孔教会调查团，1917a，《体育馆开沟两帮工人调查》，《清华周刊》总第 94 期。

孔教会调查团，1917b，《高等科厨房调查报告》，《清华周刊》总第 101 期。

孔教会调查团，1918，《清华园洗衣作》，《清华周刊》总第 143 期。

李培林，2020，《社会学与中国社会巨变》，社会科学文献出版社。

林斯陶，1919，《首善第九工艺厂调查记》，《清华周刊》总第 178 期。

钱颖一、李强主编，2011，《老清华的社会科学》，清华大学出版社。

苏云峰，2001，《从清华学堂到清华大学：1911—1929 近代中国高等教育研究》，生活·读书·新知三联书店。

张伟，2009，《民国影坛的第一代"专业海归"——程树仁其人其事》，《电影艺术》第 3 期。

Dittmer, C. G. 1918. "An Estimate of the Standard of Living in China." *The Quarterly Journal of Economics* 33, 107-128.

"文庙学派"：清华大学国情普查研究所在呈贡县文庙的学术实践[*]

"文庙学派"：清华大学国情普查研究所在呈贡县文庙的学术实践[*]

杨海挺[**]

摘　要： 以西南联大社会学系陈达、李景汉、戴世光及其学生为基础组建的清华大学国情普查研究所，1939~1946年驻扎在呈贡县文庙持续进行了环滇池区域的人口普查、农业普查、户籍登记、人事登记等工作，形成了"文庙学派"。本文以清华大学国情普查研究所的驻扎地呈贡县文庙、社会调查地环滇池区域为地理主线，利用档案、日记等资料，梳理了国情普查研究所的工作环境、工作内容等，讨论了形成"文庙学派"的共同地理基础及情感纽带，在中国社会学发展史及其相关研究中，丰富了对"文庙学派"的整体性研究。对"文庙学派"的评价，需要置于西南联大时期这一特殊的时代背景之下，在社会学作为一个学科整体发展的历史进程之中，具有特殊的时代性特征；围绕呈贡县、环滇池区域等地域展开，具有鲜明的地域特征。"文庙学派"有其显著的历史贡献，通过现代社会学调查和人口统计方法，在具有代表性的环滇池区域完成了人口普查，并在此基础上进行户籍登记和人事登记实验，在社会学调查、人口统计方法诸领域进行了科学示范，并实现了社会学中国化的飞跃。

关键词： 文庙学派　清华大学　国情普查研究所　人口普查　社会调查　社会学中国化

---

* 本文为教育部人文社会科学研究项目"西南联大社会学系的社会调查研究"（项目编号：21XJA840001）阶段性成果、中央高校基本科研业务费激励性资助项目"西南联大社会学系与发展中国特色社会主义社会学"（项目编号：300102502610）阶段性成果。

** 杨海挺，《长安大学学报》（社会科学版）编辑部副编审，编辑部主任。

清华大学社会学系成立于 1926 年，名称有"社会学系""社会学与人类学系"等几次改换。在西南联大初期，社会学系与历史系合称为历史社会学系，1940 年又独立为社会学系，因北京大学和南开大学并未设置社会学系，所以西南联大社会学系就是清华大学社会学系的延续。

西南联大社会学系拥有卓越的人才队伍，代表学者有陈达、李景汉、潘光旦、吴泽霖、李树青、陈序经、陶云逵、周覃被、费孝通、袁方、全慰天等，还有吴文藻、戴世光等兼职教授（北京大学等，1998），学生代表有张之毅、史国衡、刘绪贻、胡庆钧、周荣德、苏汝江等，是社会学中国化的领军集体之一。尤其以清华大学国情普查研究所的人口普查、农业普查、户籍登记、人事登记等工作为基础形成的"文庙学派"（杨海挺，2022），成为早期社会学中国化进程中主要的学术流派之一，对中国社会学及世界社会学界产生了重大影响。

国情普查研究所之所以被称为"文庙学派"，与他们长期驻扎在呈贡县文庙办公、做科研、开展日常生活等密切相关。学术界对国情普查研究所及其在呈贡文庙的活动研究，基本停留在档案文献整理与再出版（陈达，2013）、学科与学术问题研究（阎明，2010）、学术史视野下的讨论（黄兴涛、夏明方，2008；萧泳红，2021），取得了高质量的研究成果，但是将国情普查研究所作为一个学派的系统研究还较为薄弱，尤其是对与"魁阁学派"密切联系的"文庙学派"的地理基础的研究，还有诸多可以拓展的研究领域。基于此，本文以呈贡县文庙为地理主线，讨论清华大学国情普查研究所及其"文庙学派"的学术方向和优长，并讨论其历史贡献和对其进行评价。

一 国情普查研究所及其"文庙学派"

清华大学国情普查研究所是在西南联大社会学系（原清华大学社会学系）的基础上组建的，于 1938 年 8 月成立，由西南联大社会学系主任陈达任所长，李景汉任调查组主任，戴世光任统计组主任。国情普查研究所的工作人员大多来自西南联大社会学系，主要是教员及毕业生倪因心、戴振东、苏汝江、周荣德，助教罗振庵、何其拔、萧学渊、周荦群、廖宝昀、郑尧、李作猷、史国衡、唐盛琳、陈旭人、谷苞、陈珍谅、李舜英、黎宗献、任福善、袁可尚等，还有联大经济系的毕业生沈如瑜、李舜英、李天璞等（清华大学国情普查研究所，1946），他们曾先后在所内参与各项工作。该所的三位负责人陈达、李景汉、戴世光，是"文庙学派"的主要领导者，也是中国社会学界极其重要的人物。

陈达，近代社会学的开拓者之一。1923年获得美国哥伦比亚大学社会学博士学位，博士论文《中国移民之劳工状况》被美国众议院第68次会议采纳编入档案出版，获得了高度评价。1923年回国后，执教于清华学校。1929年负责创办清华大学社会学系，起初只有他一人，既当教授又兼系主任。1932年出版的《人口问题》，是人口学专业的教材，1938年出版的《南洋华侨与闽粤社会》，被翻译为英文、日文本发行于国际学术界，"国外学者凡提及有关中国人口论著，都免不了引申他的著作"（廖宝昀，1981）。陈达创建的清华大学国情普查研究所是当时中国唯一的"专门以人口调查为主的社会调查机构"（卢汉龙、彭希哲，2005）。此外，陈达还是中国首位国际人口学会副会长，他和著名的社会学家陶孟和于1948年当选"中央研究院"第一届社会学院士。

李景汉，著名社会学家和社会调查专家。1926年在燕京大学任教。1928年赴河北定县进行社会调查，完成了中国社会学的经典著作《定县社会概况调查》。抗日战争时期在西南联大社会学系担任教授。1949年以后，先后在辅仁大学、北京财经学院、北京经济学院、中国人民大学等校任教。1979年中国社会学恢复重建后，被聘任为中国社会学研究会顾问，之后又担任中国人民大学社会学研究所顾问（杨榴红，1989），为社会学的复兴和发展做出了应有的贡献。

戴世光，著名社会统计学家。1931年毕业于清华大学经济系后，成为中国"国情普查统计"部门的留美公费生。1936年获得数理统计学硕士学位后，进入哥伦比亚大学研究经济统计学。留学期间系统研习了美国的国情普查和数理统计方法，1938 年 7 月回国前赴欧洲和印度等地，专门对国情普查及统计部门进行了短期的实习或考察（戴世光，2008），是当时中国最具有理论与实践经验的国情普查统计专家。抗日战争时期，戴世光在西南联大任经济商业学系教授。1953 年以后主要在中国人民大学任教。

在呈贡县人口普查、农业普查工作中，西南联大社会学系的教员、助教担任监察员，在环湖户籍示范区的户籍普查工作中，他们担任巡查员，在统计工作中又担任指导员。他们当中有部分人还参与普查的设计和统计工作，但更多的是监察调查员和统计员在调查统计过程中出现的问题，以便直接指导修正。

聘任社会学系的师生参与国情普查研究所的工作，有两个明显的优点。对于研究所来说，这些经过系统化、专业化训练的师生，对人口普查、户籍及人事登记的内容与调查过程较为熟悉，不仅可以为研究所分担工作任务，还可以提高研究所工作的速度和质量；对于这些师生来说，在抗日战争艰苦的日子里，这是难得的理论联系实际的学习和锻炼机会。事实正是如此，参与这些工作的老师以周荣德为代表，学生以史国衡、廖宝昀为代表，他们皆成为具有重要影响力的社会学家、人口学家，是"文庙学派"重要的传承者。

此外，国情普查研究所在调查中一直借用当地优秀的小学教师参与调查过程中的监察指导和后期的统计工作。在这些教师中，有部分直接被聘为国情普查研究所的练习生，成为本所专职工作人员，如杨棻、李绍敏、马兴仁、华立中、毕正祥、戴芝、莫刚、李忠。他们都是呈贡当地人，具有简易师范或中学学历，在呈贡县的人口普查中表现优异，被国情普查研究所发委任状聘任（云南环湖市县户籍示范实施委员会，1944）。上述这些练习生从呈贡县人口普查开始，直至环湖户籍示范区人口户籍普查结束，一直是所内重要的工作人员，主要承担普查过程中的辅导员、监察员职责，负责普查结束后的统计工作等。另外，聘任医生农志俨为顾问，在死亡登记这项工作中监察并指导死亡原因与相关的卫生事宜。

清华大学国情普查研究所由陈达负责人口普查的总体设计，调查工作的设计由李景汉负责，调查数据资料的整理统计工作主要由戴世光负责。他们"在各学术方面都是一时之权威人物，享有盛名"（李树青，2010），成为20世纪三四十年代中国社会学界卓越的学术团队之一。西南联大社会学系为国情普查研究所培养了重要的专业人才，年轻教员和优秀毕业生的加入，既有创新又有传承，使以清华大学国情普查研究所为主体形成的"文庙学派"成为当时中国最具影响力的社会学研究、国情研究的学术共同体。

二　国情普查研究所在呈贡文庙形成的地域与情感纽带

清华大学国情普查研究所成立之初，西南联大刚刚迁至昆明，办学条件艰苦，只能借驻于云南大学旁的青云街169号办公。国情普查研究所建立的目的是"该所拟先在滇省择一区域，作实际之研究"，就是要进行以一县为单位的实地人口国情普查，因此，陈达考虑到工作的性质，认为如果蜗居于昆明城内，不仅房屋狭小，而且不便开展工作，于是在昆明周围选择一县作为人口普查的先行实验区。通过一段时间的调查，其发现昆明附近的呈贡县是当时国情普查研究所工作和生活比较理想的地方。一是交通便利，贡县离昆明市20多公里，有铁路和公路与昆明市区相通，交通便利，国情普查研究所的教授和研究人员大多在西南联大承担教学任务，便利的交通可以使他们有课时进城教学，完成教学任务后回到呈贡文庙驻所进行研究，不影响机构中的学者们在西南联大的教学工作。二是选择呈贡县为主要的调查区，在少数民族众多的云南，呈贡县汉族人口较多，生产、生活方式与中国内地比较相近，在呈贡县进行人口普查实验，探索适合中国国情的人口国情调查方法，战后就能顺利在全国推广。三是方便工作，将国情普查研究所从昆明城区迁至呈贡县，研究人员不仅可亲身体验呈贡风土民情，外出调查也方便快捷，利于工作全面开展（清华大学国情普查研究所，1940）。于是陈达、戴世光等筹备人员在建所之初就先期来到呈贡，借住于呈贡县党部宿舍，设立"呈贡县人口普查工作站"。

1939 年 6 月，因为日军飞机轰炸昆明频繁，为了工作人员及人口普查资料的安全，陈达与时任呈贡县长的李晋笏商议，借得呈贡县城内文庙为研究所的办事处。当时文庙为当地一所学校的校舍，经县长出面，并得到当地开明士绅的支持，才得以租借而来。国情普查研究所全体成员迁入文庙后，呈贡县政府及地方士绅举行了欢迎仪式，县长和士绅们致辞欢迎，至今呈贡县文物管理所依然保留着当年呈贡县长与陈达的多封通信。1939 年 6 月清华大学国情普查研究所全体成员迁入呈贡县文庙，此后 7 年，直至 1946 年 8 月西南联大解散后三所高校陆续北返，清华大学国情普查研究所以呈贡县文庙为工作、研究和生活基地，全面开展工作。

文庙是呈贡县最古老的建筑之一，其规制由北向南呈中轴线布局，建筑群规模壮观，古柏参天、环境清幽，现有崇圣祠、大成殿（含月台）、东西两庑、棂星门、泮池虹桥等建筑，占地 8.34 亩。清华大学国情普查研究所驻文庙时，主体建筑均完好，最北为崇圣祠，前有大成殿，左右两侧为庑屋 14 间，左侧庑屋北端有 3 间膳房，这些房屋和文庙场地宽阔，不仅为研究所工作人员提供了生活居住和科研办公空间，也为开展调查员、管理员等的培训提供了场所。在侧柏的树荫下，文庙内一片恢宏与宁静，也保护了国情普查研究所工作人员和普查资料免受日军飞机的残暴轰炸。国情普查研究所所长陈达（1981）有如此记录："普查工作进行时，外勤工作频受敌机空袭所阻扰。我们处于古老的文庙里，凭着松柏丛林的掩护，虽恬静的空间常为敌机声所侵扰，分析资料未尝稍懈。最近飞机翱翔空际的嘈音更属频繁，真是夜以继日，无时或息；可是这些飞机，已不再使人感到可恶与可怕了，因为飞机是美国的，其队员往往是中美合组的飞行员，这就是显示出敌人濒临于崩溃，胜利即将到来的预兆。即使在如是扰攘不安的环境中，若干近代人口学上的初步实验工作已有所成，亦颇堪自慰。"呈贡县农业普查工作也受到了影响，"在农业普查的统计工作进行时，空袭是有相当的影响的""统计 9 个月之中，我们遇有紧急警报的日数是 23 日，其影响至少是半个月以上的时间"（清华大学国情普查研究所，1944）。幸好文庙内苍松翠柏茂盛，不被敌机注意，至少生命财产得以免受灾难。可具体的调查工作，则因躲避敌机而不得不停止。

除了安全问题，生活条件也颇为艰苦。对于国情普查研究所当时在呈贡的生活，戴世光（1988）在怀念西南联大的时光时写道："在昆明的八年，生活是艰苦的。工资收入少，物价飞涨，只能不断降低生活水平。"陈达（1946）也统计出，"自入滇以来，女工工资每月国币1元增至300元以上""抗战以前，中米八斤价国币4角，目下市价为150元"。对于居住在呈贡文庙崇圣祠的陈达一家来说，生活问题更加严峻。于是，陈达养成了垂钓的习惯，每周末都带其子陈旭到呈贡周边的池塘、水潭乃至滇池去钓鱼，羊落（洛）堡潭子旁边大树多方便躲雨，吸引了陈达经常前往。据陈达日记多次载，老龙潭钓鱼常常会有较多收获，心情会随着垂钓的成果变好，生活也能得以改善。另外，从1944年开始，陈达一家开始在文庙内开辟菜园，种些蔬菜和豆类，也极大缓解了物资匮乏的窘境（陈达，1946）。

国情普查研究所在文庙内工作的顺利开展，得益于他们和当地建立起良好的合作关系。一是与当地的政府机关人员。国情普查研究所在呈贡的8年间，先后有李右侯、李悦立、倪青木等县长，在工作方面，全力支持并为国情普查研究所的调查、普查工作提供多方面便利；在生活方面，经常邀请陈达等参与聚餐，赠送蔬菜种子等，力所能及地帮助他们解决生活中的困境。二是与当地士绅、保甲长、教师。基于各项普查工作的需要，呈贡县的保甲长、教师等都参与了普查工作，士绅们也对普查工作进行了积极宣传，呈贡县各项调查普查工作的顺利进行，离不开士绅、保甲长、教师们的全力支持和辛勤工作。国情普查研究所首先在呈贡县开展人口普查、农业普查和人事登记工作，其中的调查员是由研究所训练当地的小学教员担任的，为了做好后续的监察、统计工作，还招收了16名练习生，并随时根据工作的需要抽调优秀小学教员充任练习生。而这些练习生的工作训练、基本伙食以及大部分的统计工作，都是在文庙完成的（陈达，1946）。三是与呈贡县当地民众。在前期广泛宣传的基础上，国情普查研究所的普查工作得到了当地民众较为普遍的配合，大多数民众都能够理解并积极配合调查员的询问与登记工作，这也是国情普查研究所的人口普查能够取得较低差错率的重要原因。

国情普查研究所先后完成的调查报告是《云南呈贡县人口普查初步报告》（1940年，手稿油印本）、《云南呈贡县农业普查初步报告》（1942年，手稿油印本）、《云南省户籍示范工作报告》（1944年，铅印本）、《云南呈贡县昆阳县户籍及人事登记初步报告》（1946年，手稿油印本）。这些调查报告皆在引言或文末注明"云南呈贡县文庙"，不仅仅表明这些工作皆是在文庙内进行的，更饱含他们在特殊背景下与文庙建立起的地域情感。

1912年以来，云南在中央政府的政令及地方政府的指导下，进行过多次人口调查与户籍登记，其中的调查统计方法代表了传统意义上中国人口登记、户籍管理的基本过程。国情普查研究所在环滇池区域的人口普查、户籍及人事登记，则将国际上先进的人口统计与户籍管理方法首次应用在该区域，尤其是在人口普查基础上建立的户籍及人事登记制度，能够相互参证，是"文庙学派"在科学方法和严谨态度下孜孜追求的现代社会学实践工作，在云南乃至全国均具有推广性。

三　"文庙学派"的贡献与评价

清华大学国情普查研究所作为一个学术团队，被称为"文庙学派""人口统计学派"等已经得到了学术界的基本认同（杨海挺，2022），他们长期居住在呈贡县文庙，几乎所有的学术活动都是围绕文庙展开的。狭义的"文庙学派"，就是国情普查研究所师生团队在环滇池区域开展的人口普查、户口普查、户籍登记、人事登记工作，以及完成的高水平学术成果；广义的"文庙学派"，扩展为清华大学社会学系师生的学术师承，研究方法、内容的延续，学术成果的再拓展，学术精神的新传承等。对"文庙学派"进行深度甄别和科学评价，需要站在社会学学术发展的历史进程中，站在社会学中国化的进程中来进行。因此，需要就"文庙学派"的以下几个方面达成共识。

第一，"文庙学派"是具有时代性的学术派别。清华大学国情普查研究所是清华大学合并成为西南联大之后，在原社会学系的基础上组建的特种研究所，随着清华大学的北返而解散，存在的时间仅 8 年。他们的社会调查工作，是在抗日战争时期特殊的社会和学术环境下开展的，因此"文庙学派"具有鲜明的时代特征，表现的外在就是人口普查方法、统计方法的前沿性，完成了中国第一次以县为单位的现代人口普查实验，推动实现了在人口普查基础上开展户籍和人事登记工作，这确保动态的人口变动数据能建立在全面和准确的人口静态数据基础之上，在当时初步建立起符合中国特殊国情的人口普查方法、人事登记制度。因此，近代以来社会学、人口学、统计学的研究，通过"文庙学派"完成了一次高水平的实验，他们的研究成果能够作为一种历史时期科学方法和标准数据的参照，具有代表性。

"文庙学派"的三位领导者陈达、李景汉、戴世光是我国杰出的人口学家、社会学家、统计学家，陈达和李景汉的学术科研，通过国情普查研究所的工作取得了新的高度和成就，戴世光则通过国情普查研究所的工作开辟了新的研究领域，为后来的学术生涯奠定了基础。他们同时通过教学科研工作，培养了优秀的学术新秀。因此，"文庙学派"的时代性以西南联大时期最为显著，而且时至今日，他们实验的研究方法仍然被沿用（袁卫、任若恩，2000），持续产生着卓越的影响力。

第二，"文庙学派"是具有地域性的学术概念。受制于战时的困难条件，"文庙学派"的学术科研以驻地呈贡县文庙为中心，围绕周边环滇池区域的昆明市、昆明县、呈贡县、昆阳县、晋宁县，运用现代社会学的调查统计方法，进行了人口普查及户籍示范工作，呈贡县、环滇池区域成为和定县、云南三村等相媲美的社会学经典实践地。

中国早期的社会学调查，主要是学者们、团队或者地方政府机构组织的（李章鹏，2020）全国性的社会调查、人口普查活动，都缺乏可靠的统计数字（侯杨方，2010），但是在区域或小范围内的这些调查活动，取得了显著的成就（李文海，2014），表现在人口调查的研究领域，先后有江阴、句容、江宁、定县、邹平、长乐、呈贡、四川选县（双流、彭县、崇宁）等以县（镇）为单位小范围人口、农业的调查和普查（王大任，2008）。陈达比较了这些人口普查后，认为这些普查是"采取直接调查的方法而得的资料，其结果是比较可靠的""在我国广大区域里影响人口学上实至重大"
（陈达，1981）。其中，呈贡县的相关数据是最为科学的，以出生率为例，
"拿呈贡出生率和我国其他部分作比较之前，其他地区的资料必须予以重新
评价"（陈达，1981）。再从以呈贡县为主要研究目的地的环滇池区域来看，
清华大学国情普查研究所根据该地民众的数量，把环滇池区域分为市镇区、
平原区、丘陵区和山区，这4种类型的调查区彼此间都有明确的区别，是全
国土地的主要类型，同时分布着不同的人口类型，如一般的普通住户、市镇
人口、公共住户，还有特殊的如寺庙住户、船户、商户以及少数民族人口等
又是全国主要的人口类型。从表面上来看，环滇池区域的土地与人口具有多
样性和复杂性，事实上其正好表现了这一区域的示范性和代表性。在小范围
内进行多种类型的学术研究，促使国情普查研究所在云南的这些学术研究，
在理论与方法上较为全面，与国内外其他地区的学术研究，可资比较与借鉴
之处更多。"文庙学派"在环滇池区域的学术科研实践，将该区域推向了人
口普查研究的中心区域，这些区域的人口普查和统计数字，是中国社会学、
人口学现代化发展历史进程中的代表性地域。

　　第三，"文庙学派"是中国社会调查方法的前沿探索。在国情普查研究
所成立之前，陈达在成府村的调查是"最早由中国人主持的社会调查活动"
（陈达，1924），陈达主讲的人口问题专题课程，"开创了中国人口课程教学
的先河"（卢汉龙、彭希哲，2005），其《人口问题》就是在授课基础上完
成的。李景汉的《定县社会概况调查》是享誉世界的社会学调查报告，"代
表了中国当时社会调查的最高水平"（卢汉龙、彭希哲，2005），是社会学
界公认的经典著作，在当时就形成了学习定县社会调查方法的热潮（廖泰
初，1935）。可以说，清华大学国情普查研究所人口普查、人事登记等的设
计、调查活动，都能基于当时前沿、科学的理念和技术手段指导。同时，在
具体的人口普查过程中，国情普查研究所还进行了新的探索，如人口普查的
调查员、人事登记的登记员选拔，经过多方论证，以小学教员为优；调查区
的划分需要考量传统的划分、行政效率和人口密度等。这些调查方法的尝试
和总结，为后来大范围、全国性的人口普查或社会调查活动提供了客观遵

循，也为国情普查研究所取得准确的人口统计数据提供了保障。

第四，"文庙学派"是中国人口统计学发展的新开拓。对人口普查、人事登记的材料整理，必须依赖统计方法，但是当时的学术界、政府机关，都没有统一使用的方法。陈达（1946）是最早提倡使用条纸法进行统计的，呈贡县人口普查时，有条纸法、划记法、机器法、边洞法四种，比较结果显示，条纸法最节约经费和时间，错误率更低。后来云南省开展户籍示范工作时延续使用条纸法，条纸法成为当时适合国情实际、正确率最高的统计方法，是 1943 年被《各省市人口普查与户籍登记实施细则》推荐使用的人口资料整理方法（陈达，1981）。

在条纸法基础上，"文庙学派"计量出环滇池区域 4 县 1 市的各项人口统计表格、人事变动登记表格近 300 种。这些统计表、登记表收集的残疾人口信息，开辟了对中国人口品质的初步研究，并且首次尝试了依据人事登记资料来做成生命表（陈达，1981），为中国统计学的相关研究提供了科学的资料。负责统计工作的戴世光，是中国首批统计学博士生的导师，培养了优秀的统计学人才，发扬了"文庙学派"的统计整理精神，为中国统计事业的发展做出了贡献。

第五，"文庙学派"是社会学中国化的代表。社会学中国化或社会学本土化是社会学从西方传入中国以来，学术界长期讨论的核心概念和重要问题（周晓虹，2019），其中，吴文藻、费孝通对社区调查的理论总结与实践运用，发展成"魁阁学派"，为社会学中国化做出了杰出贡献。与呈贡县魁阁毗邻的是呈贡县文庙，驻扎于此的清华大学国情普查研究所形成的"文庙学派"，也是社会学中国化的代表。

"文庙学派"的社会调查、人口普查，除了在方法上的中国化贡献之外，还提供了直接调查的人口数据，改变了中国社会学长期以来缺乏可靠人口数据的学术进程，推动社会调查数据中国化（杨海挺、石敏，2014）。戴世光长期在中国人民大学从事统计学与人口学的教学研究工作，为中国人口统计、社会统计等理论、方法的中国化做出了卓越的贡献，当前他仍然在统计学、人口学等领域发挥着作用。

四　结语

有关国情普查研究所成立的目的，梅贻琦校长在 1940 年 12 月致云南省政府函中明确说："敝校为求对于我国人口及相关问题，获得研究技术及搜集资料，以便对于政治、经济及社会的建设，有所贡献；并期为辅助学术的研究，作试验的调查工作，乃于迁滇之始，设立国情普查研究所。"（梅贻琦，1944）于是该所成立之初便拟订具体的认识国情方法，即"（甲）实验并采用比较科学及比较经济之方法，搜集并整理我国人口及相关问题之材料。（乙）推广上述工作，以期全国可以采用此项方法。（丙）研究及发表甲项所述之工作，以期对于我国政府及我国社会科学，有所贡献"（梅贻琦，1944）。正是在这样一种学术服务国家建设的理念之下，"文庙学派"师生们克服种种困难，基于呈贡文庙，围绕环滇池区域独特的自然地理与人文环境，开展了前沿的学术实践，推动了中国近代学术的飞跃发展。

参考文献

北京大学等，1998，《国立西南联合大学史料·四·教职员卷》，云南教育出版社。

陈达，1924，《社会调查的尝试》，《清华大学学报》（自然科学版）第 2 期，第 305 ~ 338 页。

陈达，1946，《浪迹十年》，商务印书馆。

陈达，1981，《现代中国人口》，廖宝昀译，天津人民出版社。

陈达，2013，《浪迹十年之联大琐记》，商务印书馆。

戴世光，1988，《怀念抗战中的西南联大》，载北京大学校友联络处编《笳吹弦颂情弥切：国立西南联合大学五十周年纪念文集》，中国文史出版社，第 24 ~ 28 页。

戴世光，2008，《戴世光文集》，中国人民大学出版社。

侯杨方，2010，《20 世纪上半期中国的城市人口：定义及估计》，《上海师范大学学报》（哲学社会科学版）第 1 期，第 27 ~ 31 页。

黄兴涛、夏明方，2008，《清末民国社会调查与现代社会科学兴起》，福建教育出版社。

李树青，2010，《悼念业师潘光旦先生》，载冯友兰、吴大猷、杨振宁、汪曾祺等《联大教授》，新星出版社，第 105 ~ 114 页。

李文海主编，2014，《民国时期社会调查丛编》，福建教育出版社。

李章鹏，2020，《现代社会调查在中国的兴起：1897—1937》，西苑出版社。

廖宝昀，1981，《译后话》，载陈达《现代中国人口》，天津人民出版社。

廖泰初，1935，《定县的实验——一个历史发展的研究与评价》，硕士学位论文，燕京大学。

卢汉龙、彭希哲主编，2005，《二十世纪中国社会科学·社会学卷》，上海人民出版社。

梅贻琦，1944，《梅序》，载云南环湖户籍示范实施委员会《云南省户籍示范工作报告》，清华大学国情普查研究所，第6~7页。

清华大学国情普查研究所，1940，《云南呈贡县人口普查初步报告》，清华大学国情普查研究所。

清华大学国情普查研究所，1944，《云南呈贡县农业普查报告》，清华大学国情普查研究所。

清华大学国情普查研究所，1946，《云南呈贡县昆阳县户籍及人事登记初步报告》，清华大学国情普查研究所。

王大任，2008，《近代中国人口调查的现代化过程与方法论演讲》，载黄兴涛、夏明方《清末民国社会调查与现代社会科学兴起》，福建教育出版社，第132~190页。

萧泳红，2021，《费孝通与"清华社会学"》，《清华社会学评论》第1期，第89~96页。

阎明，2010，《中国社会学史：一门学科与一个时代》，清华大学出版社。

杨海挺，2022，《西南联大在云南的地理与人口国情调查实验》，中国社会科学出版社。

杨海挺、石敏，2014，《抗日战争时期云南呈贡县的"魁阁"与"文庙"：社会学中国化进程中的两大学派》，《云南民族大学学报》（哲学社会科学版）第6期，第53~62页。

杨榴红，1989，《社会调查学家——李景汉》，《中国人民大学学报》第1期，第127~128页。

袁卫、任若恩，2000，《师道永存——纪念著名统计学家戴世光教授》，经济科学出版社。

云南环湖市县户籍示范实施委员会，1944，《云南省户籍示范工作报告》，清华大学国情普查研究所。

周晓虹，2019，《社会学的中国化：发轫、延续与重启》，《江苏社会科学》第6期，第73~82页。

吴景超的工业化思想及其本土化实践

——一个工业社会学视角

萧泳红*

摘　要： 本文从工业社会学的视角，理解吴景超的工业化思想及其本土化实践。吴景超积极推动工业化，认为工业化不仅是为了农业，还要面对中国现实的问题，针对农村问题推动工业化，解决农村落后的问题才是核心。20 世纪 30 年代，西方工业化已有一定成绩，相比之下，中国的工业化进程在世界上还比较落后。吴景超提出实业立国，发展工、商、交通运输等多元产业，并提倡以科学方法改进农业生产技术，以及充实本土教育、培养专业人才、提高农业生产率、发展本土工业和节制人口。吴景超堪称工业社会学本土化的第一人，他不仅关注工业本身及其内部的发展，更具有"经济统一论"和"社会整体论"的视野。

关键词： 吴景超　工业化　本土化　工业社会学

　　20 世纪初期，科学管理之父泰勒（F. Taylor）的著作《科学管理原理》（1911）面世，他在经历中深刻感悟到浪费、工作不成熟、生产效率低等，全因缺乏有效的管理手段，于是，他便开始探索科学的管理方法（弗雷德里克·泰勒，2007：11）。心理学家梅奥（G. Mayo）著名的"霍桑实验"在伊利诺伊州霍桑工厂进行，实验涉及改变工作条件和劳动效率的关系、员工情绪与生产率和工作条件的关系，以及员工情感和劳动生产率的关系等方

＊　萧泳红，清华大学社会学系博士生。

面研究（Levitt，2011）。这些研究奠定了早期工业社会学的基础，特点是研究工业发展的内部问题。20 世纪 40 年代起，学者们关注到工业社会学不能只局限在管理者和人类学的立场上作研究，除了企业内部的劳资关系，也应着重研究工业、工会、工人等各方面与社会的关系。摩尔（W. E. Moore）认为，社会因工业化而产生分层，生产组织对经济和人文生态结构具有影响，导致社会系统变迁，这种变迁经由家庭至社区和宗教，再波及教育至科学和流行文化等方面（Moore，1965：45、109）。符号互动论学者布鲁默（H. G. Blumer）也发表了《劳资关系中的社会理论》（1947）、《工业化与传统秩序》（1964）、《工业化与种族关系》（1965）。施耐德（E. V. Schneider）的《工业社会学——工业与社区的社会关系》（1957）也以帕森斯（T. Parsons）的理论为基础，探讨了工业、工会与社会结构，以及工业与社会等问题。

20 世纪 40~50 年代，因为经济迅速发展，时代氛围发生剧变，不少人开始关注从"民主化"到"工业化"的转向；日本社会学在这个时期细分出产业社会学、劳动社会学等新型研究领域，研究重点包括"以家族、村落和都市为中心的实证性研究"、"产业、劳动、犯罪等特殊领域的研究"以及"与历史性展望、历史意识和社会变动有关的理论研究，如现代化理论、产业社会理论、未来社会理论等"（朱伟珏，2007）。日本的工业社会学研究内容包括人际关系到组织理论、组织与个人、企业管理的特点、工作群体的研究、企业领导研究、士气问题研究、企业结构和机能的研究、劳动者意识研究、工会研究、劳资关系的研究、职业与社会的研究、产业和地方社会的研究、产业化和社会变动的研究以及产业社会学的体系研究如产业社会学的系谱、欧美产业社会学的发展、日本产业社会学的发展等（万成博、衫政孝，1986）。

吴景超随美国芝加哥学派派克（R. E. Park）等人从事都市生活研究，吴景超的都市社会学以都市化、社会组织和社会经济制度为核心，以都市中的发展规律、居民生活、社会心理、社会组织与结构、城市的区位等解构中国社会（吴景超，1929a、1929b）。在这个过程中，他提出推动工业化以解决农村落后的问题（吴景超，1933a）。然而，人口问题才是中国农村落后和农民生活水平低的主要原因，因此，吴景超提出要从"质"的方面解决中国人口问题，也应该积极推动工业化、发展多元本土新兴事业、重新规划人口与职业分布，解决农业生产率低、农民生活水平低以及农村人口过剩等问题（吴景超，1931、1935a、1936、1947b）。对吴景超来说，工业化不是因为农业，而是在面对一个中国现实的问题，针对农村推动工业化，解决中国农村落后的问题才是核心。20世纪30年代，西方工业化已有一定成绩，相比之下，中国的工业化进程还比较落后，因此，吴景超提出实业立国，发展工、商、交通运输等多元产业，并提倡以科学方法改进农业生产技术，以及充实本土教育、培养专业人才（吴景超，1933b、1934b、1937a、1938b、1943）。本文从吴景超的工业化思想出发，以工业化的道路、解决农村问题的工业化、实业立国的工业化、以劳工为中心的工业社会学四个主题共13个方面，探讨吴景超工业化思想的本土化实践。它有别于欧美社会工业革命以来局限于工厂或企业运作的视角，以及工业为中心与社会大环境的关系，也有别于日本社会从20世纪40年代初才兴起的由民主社会到工业社会的视角，体现出其工业化思想中"经济统一论"和"中国一家"的"社会整体论"视角。

一　工业化的道路

吴景超的工业化思想主要围绕工业化的资本与人口、提高农业生产率和发展实业，最终目的是提高人民的生活水平。在这部分，他关注资本的供给、人口的质量、重工业与轻工业的比例以及农村工业该如何发展等问题。

1. 工业化与资本

吴景超认为需要发展中国工业的资本，"谁能控制更多的资本，谁的生产力就越大，生活程度就越高"①（吴景超、丁忱、谷春帆，1948）。资本的

———————————

① 吴景超所说的"生活程度"泛指生活水平。

来源主要有几种路径。第一，由现有工业来供给发展工业的资本，有很多资本都是可以由工业本身滋生出来的。第二，由政府取缔投机事业，引导社会上的游资走上生产事业的途径。政府可以用奖励的方法，如保息、减税等鼓励正当投资，获得的资本可用作发展工业。第三，鼓励华侨投资。华侨每年由海外汇回中国的资金庞大，政府或可引导他们把一部分资金注入工业发展。第四，利用外资。过去私人利用外资成功的事业有很多，如商务印书馆初办时，也与日本资本方合作等，但这一方法需让外国人在华设厂，需从利弊中取其利。（吴景超，1937b）人口数量庞大、缺乏资本，是阻碍工业化的两大主要困难，对吴景超来说，推动工业化以促进农村发展、提高人民生活水平，就是如何增加资本，令生产力扩大的问题。在资本供给的问题上，机械是最重要的部分，每个工人能控制的资本，等于他们能控制机械工具的能力，他们能控制的工具越难操作，生产力就越高，反之，生产力便越低。（吴景超，1947c）

2. 工业化与人口

吴景超认为，"我们提出一个一般人不愿讨论，或有意忽略的一个问题，就是中国人口的量的问题。中国人口的量与工业化所需资本的多寡，有密切关系"（吴景超，1948b）。中国工业化的前提是必须有与中国人口数量相配合的资本。工业化的主要条件是机械生产，机械生产所容纳的人数追不上中国的人口，会令剩余人口生活水平降低，而人口庞大也是导致贫穷的主要原因。吴景超强调中国人口应该"重质不重量"，他认为提倡增加人口的派别均未从中国软件问题上详细考虑，中国须从人口"质"的方面改进，有健全的体格、良好的教育、高尚的道德，才负担得起伟大事业。

中国穷人之多以及贫穷问题的严重，在战后引起很多学者关注。吴景超指出，在别的国家，工人用在食品上的费用占生活费的一半以下，而在中国却占三分之二，甚至八成以上，"用费花在食品上面的百分数之高，为贫穷的一种表现，是无可否认的一种事实"（吴景超，1948a）。燕京大学经济系教授戴乐仁（J. B. Taylor）战前曾根据多个家庭的预算和营养专家意见，假设一家五口，其在战前的收入必须达到150元才可生活在贫穷线以上。但根据慈善机构对 240 个农村共 7097 个家庭的调查,华东地区平均收入在 150元以下的家庭有一半以上,华北地区则有五分之四,而华东地区收入在 50元以下的家庭有 17.6%,华北地区则有 62.2%(戴乐仁,1928)。中国贫穷问题的严重程度,可以由以上数据所见,解决贫穷问题,一些学者着重生产和改良生产技术,使全国收益增加,令人民生活水平提高,也有一些学者着重在分配问题上,认为中国贫穷的主要原因是有地主迫害。“我们所以要提倡中国工业化,就是因为这是于中国的劳苦大众有利的,假如工业革命之后,贫者真的越贫了,那么凡是以民众的福利为前提的人,决没有一个人出来提倡工业化的。”(吴景超,1935a)吴景超认为,中国要征服贫穷问题,必须持续推进工业化,欧美的工业化之所以能征服贫穷,是因为他们会利用科学知识,改良生产技术,提高生产力,也会立法保障工人生活,以及设立工人组织,聚集工人力量。

要解决中国的人口问题,另一方法就是调节人口与职业的分配,让人口流动起来。中国的移动人口大致分为农村移到都市的人口、由内地移到边省的人口、由国内移到国外的人口(吴景超,1931)。因此,想提高人们的生活水平,必须克服生活中最大的敌人——庞大的人口数量。

3. 工业化与其他产业

中国工业化初期,除了在大都市中发展的工厂工业,农村仍有不少手工业和家庭工业,这些工业也随工业化而衰落,最主要的原因是工厂的产品较旧式工业的产品便宜,新式工业也集中在都市,吴景超认为工业化持续进行,农村工业便会逐渐式微(吴景超,1933c)。在战后持续推动工业化的道路上,吴景超曾反对费孝通、张荦群、袁方、张子毅所写的一篇评论《人性和机器》,其主张在发展机器工业的过程中,不可放弃手工业的观点。吴景超认为费孝通等人把两个概念混为一谈,他指出:“都市产生了近代机器工业,同时也产生近代文明,以及这种文明赐给人类的各种享受。”(吴景超,1947b)吴景超之所以一直推动工业化,是希望机器工业把近代文明带下乡,把享受带给农村的人民。因此,他不同意费孝通等人的观点,认为费孝通对于“享受”“都市生活”是厌弃和逃避的。机器工业分散到农村之后，一方面符合国防要求，另一方面也可提高农村人民的生活水平，机器生产是效率的生产，因此在中国工业化进程中，手工业无法竞争，最后的结果也就是消亡（吴景超，1933c）。吴景超的分析认为，机器工业并不会产生失业的问题，反而能增加就业机会，因为生产可增加收入，收入可用于消费或投资，这些都可以产生职业。不过，费孝通等人所指的"不可放弃手工业"，有把手工业等手艺视为珍贵的中华文化的一面，希望提醒人们在中国工业化发展的道路上，这种文化不能被简单地抛弃和丢失，因为文化值得一直被传承下去。

二　解决农村问题的工业化

中国农村问题，主要为人口庞大和贫穷，导致生活水平低。因此，吴景超曾提出"发展都市以救济农村"，认为农业生产技术的改良是工业化最迫切的要求之一，它可以提高农业生产率，也可以把过剩的人口转移出去，最终的目的是提高农民的生活水平。

1. 工业化与农村救济

对吴景超来说，针对农村的问题推动工业化，是一个中国现实的问题，解决中国农村落后的问题才是核心。20 世纪 30 年代，中国的工业化进程在国际上比较落后，虽然一直以来都有工业化的呼声，但成绩还没出来，便有人开始反对。有人主张"以农立国"，也有人指出"除农民外没有所谓民"，吴景超一律把这些见解称为"经济上的复古论"，并对这一切复辟运动表示反对，他把这些不愿走上工业化道路的原因分为四类：（1）夸大派。这派人认为所有的中国文化都比外国人强，也认为不必学习别人的方法，因此以农立国是最佳的。（2）禁欲派。这派人认为农业生产虽然不能满足人们衣食住行的欲望，但解决这个问题的方法不是要增加生产，而是要节制欲望。（3）因噎废食派。这一派人对工业化发展的好处是有一定认知的，对英美工业化的文明也有一定鉴赏能力，但随着西方一些走上工业化道路的国家开始发生大规模失业、劳资纠纷等问题，导致社会充满不安，令他们对工业化产生怀疑，认为与其待中国工业化后成为这个模样，不如还是不要踏上这条路。（4）畏难退缩派。这一派人时常埋怨工业化道路行不通，他们认为工业已经被帝国主义包办，市场已经被帝国主义垄断，关税已受帝国主义支配，因此，中国已没有发展工业化的空间，与其万劫不复，不如当个农民。

吴景超强调，"我们没有歧路"（吴景超，1934b）。只有努力走上工业化道路，才可以图存，不能再在歧路上徘徊。他对工业的关注，恰恰来自对自己生活多年的农村的理解。

2. 工业化与生产技术

近代都市化与工业革命和农业革命有密切关系（吴景超，1933a）。都市化的最主要原因可以说是农业革命，而改变生产技术，以及在农业上合理应用科学知识，可以说是最重要的一点。中国古代便开始提倡农业，认为"吃得饱"是最重要的。然而，随着人口迅速增加，以少数人的力量解决粮食问题已不容易，吴景超认为，需要对生产技术进行改良，如使用机器耕种和收割，以及使用化学和生物学知识，改良土壤和适当选择种子，令农业机械化和科学化，一方面可以令农业人力减少、农产品增加，同时可以让农村中过剩的人口流向都市（吴景超，1933d）。

然而，土地的平均面积也一直限制着生产技术的发展，因此，吴景超关注土地改革计划，这不但是生产关系的改革，也是生产力的改革。中国农场平均面积少，以机械进行耕种与收割的效益不大，如果非要机械化，吴景超认为，一定要彻底改革田制问题。然而，中国人的农场有的是祖宗遗产，有的是自己购买，也分散在各处，因此如用英国圈地方式进行田地改革不是一个好方法，但可参考把小农场集合起来的方法（吴景超，1930）。总之，吴景超强调，中国在生产技术和田制这两方面都需要改良，才能发展都市化。

中国农业机械化开始初期，吴景超感到悲观，一方面是机器设备昂贵，另一方面是中国人口太多，解决不了因农业机械化而产生的大量失业问题（吴景超，1946）。工业革命以来，机械化是否会引起失业这个问题，引起了很多人的争论。吴景超引用美国总工会会长顾临（W. Green）的主张指出，机械的进步让每一个工人的生产力比以前增加了许多，也减少了人力，假如不把工人的工作时间缩短，就会引起大批工人失业，并列举多个领域都有类似情况，如纺纱、电灯、制鞋、汽车、雪茄、炼铜、制衣，甚至接线生和音乐家也会失业。同时，吴景超也引用美国机器工业主席洛佛莱（J. Laely）的结论指出，在一些情况下，机器的利用会引起暂时的失业，这是个过渡期，在工业持续发展并生产出价廉物美的商品时，市场的需求便会提升，工厂主便需要更多的工人来生产更多商品以满足市场的需求。他理解工人暂时的失业是痛苦的，但这是进步的代价。这些生产都是大规模的分工合作，从以前集中在一个人身上的工作分散为不同的人一起合作，也从以前集中在一个地方工作分散为在不同的地方工作，虽然一些从前集中的场所减少了人手，但在其他步骤里添加了更多的人手，因此没有一个国家的就业总数因为机械化而减少（吴景超，1947c）。机械生产方法效率高，不管生产方法还是手段，目标都是提高生活水平，一个国家人民的生活水平的高低受到很多因素的影响，但最重要的因素之一，莫过于生产方法，生产方法的优劣决定工人的生产效率，效率的高低也影响工人的生活水平。

3. 工业化与农民生活

吴景超关注社区的底层，他曾问"中国农民何以这么多？"（吴景超，1933c），也为这些农民想方设法提高他们的生活水平。在农村中，佃户也是不能忽略的一个重要群体，他们是农村的最底层，而且长期受压迫，很难靠自身的能力改变身份，因此要为他们谋福利，令他们成为自耕农。中国的佃户占农民的三成，要让佃户变成自耕农，吴景超估计大概需要七年时间（吴景超，1948c），加上佃户本身的生活已很辛苦，若农村生产力没有变革，即使他们成了自耕农，也很难摆脱贫苦的日子。虽然近代文明国家的自耕农已开始使用农业机械，田地也扩充了好几倍，但中国当时依然以人力耕种，收益极小，生活水平也因此不能提高，所以，要提高中国农民的生活水平，必须推动农业机械化。

农民收入一直没有增多的主要原因可能是农场太小、生产方法落伍、交通不便、副业衰落，加上农民四周还有许多剥削他们的人和机关（吴景超，1935a）。吴景超一直推进扩大中国农场及发展其他产业的政策，他比较了中美农民的生活水平，以金陵大学农科、清华社会学李景汉先生的调查与美国东部和南部的数据作分析比较（吴景超，1930），认为导致两国农民生活水平差异大的最重要的原因，就是农场的面积差异。假如能扩大农场、增加生产、发展交通、合作贩卖、提倡以副业吸收过剩的人口，农民的收入便会大大提高。但中国农民负担太重，只有把高额的杂税取消，农民的生活水平才得以提高。同时，政府也可以增加农民的收入、降低地租或向农民提供贷款购地、改良生产技术、推动工业化，以及由政府举办社会事业，使农民不用花费自己的金钱便可以满足生活需要，如教育、娱乐和卫生事业等。

三　实业立国的工业化

实业救国和实业立国是近代以发展资本主义工商业作为救国救民主要途径的一种思潮。它是学习西方工业化道路以发展民族工业和国家工业的重要驱动力。中国工业化初期，吴景超便意识到中国的强大潜力，因此，他一再强调和提倡发展多元的本土工业、充实本国科研教育，也积极为政府、为工业化建言献策。

1. 从以农立国到实业立国

在推动工业化的道路上，一直有反对的声音，有人认为中国应该"以农立国"，也有人认为外货的来袭威胁力强大，国货没有竞争力，吴景超对这些言论一个个进行了反驳。要令国家强大，必须先有强大的生产基础。"如果我们的生产方式改变，由以农立国变成以各种实业立国，以筋肉生产的方式进化至机器生产的方式，人民的负担便会大大减轻。"（吴景超，1937c）吴景超认为，中国农民之所以多，是因为大家都没有其他实体事业，只能在农村种田。因此，在改造经济组织时，需要先改良农业的生产方式，同时发展各项实业，以达至平衡状态。

国家的强大，需要各项实业并行发展。中国工业化初期，比西方国家落后很多，如果大家只关注农业而集中在农村发展农村工业，农村和农业只会朝畸形发展。因此，吴景超的实业立国思想提出，必须创造新兴工业，除了对农业的生产技术进行改良，还需要发展并改良其他实业技术，这样一方面能发展本土工业，另一方面也可以把过剩人口分配到其他实业中去。

在吴景超看来，如果不推动其他实业发展，没有新式的生产方法来增加生产力量，作为一个农业国家，是没有办法和其他已经工业化的国家比较的，资本的供给也会长期缺乏。因此，须除掉以农立国的想法，改变生产方式，以机器提高生产率，各项实业并行发展，建立本土的工业体系，以实业立国才是上策。

2. 实业立国的富与强

富与强，是吴景超提出的工业化的两个目标。"富便是提高人民的生活程度，强便是加增国防的力量。"（吴景超，1938a）但中国在工业化初期，富与强这两个目标必须权衡轻重，抗战的经验，决定了吴景超侧重于后者。战前中国的工业大多数为民生工业，国防工业很少，这样的工业基础并不扎实，吴景超认为，国防工业应该要比民生工业更为重要。中国社会从 19 世纪起便已开设有工厂，但战前的工业大部分都是轻工业，这些商品大多是供应给国民的，如纸烟厂、啤酒厂等，这些轻工业在炮火之下定会毁于一旦，因此，需要有大型的钢铁厂、机械厂。建国所需的工业应该是图强的工业，这些不是致富的工业，但在国家强大起来之前，必须要有军备工业，也要扩充弹药、枪炮、飞机制造等工厂，使国防军能自给自足。

重工业是国防工业的基础。战后，吴景超持续推动中国的工业生产政策，提出分区建立中国工业和发展工业的主张。他指出，过去中国的工业主要为轻工业，且集中在少数口岸，因此，战后应至少建立七个地域面积较大、物资丰富和人口较多的重要工业区，包括东北区、华北区、西北区、华东区、华中区、华南区和西南区；在这些区域内应建设至少十个部分的工业，包括冶金、机械、动力、化学、兵工、食品、衣料、建筑、交通器材和印刷（吴景超，1943）。工业化是必要的，但在工业化过程中，首先要关注的应该是国防工业，其次才是民生工业，国家先强后富，才能在竞争时代中走过来。

3. 实业立国与本土教育

尽管生产工具得以改良，也必须由有经验及劳动技术的人员成就它，因此，在工业化过程中，人才培养是必须的，增加投资也是必须的。旭生于1932~1933年间，在《独立评论》上连续发表了六篇《教育罪言》，批评当时的教育制度，认为需要推行教育农业化（旭生，1933a，1933b）。可是吴景超的观点相反，他认为虽然中国的国民大多是农民，但不能让教育制度去迁就它。吴景超认为，与其在国民学校与师范学校附设农场，不如附设工厂；与其教他们种地，不如教他们织布；与其教他们拿耙，不如教他们开火车；与其教他们割麦，不如教他们打电报；与其教他们研究土壤，不如教他们研究都市交通；与其使法官耕田，不如让他们利用那些时间，去设法降低中国人的死亡率。（吴景超，1933b）总之，中国社会需要的人才，不应只是农业人才，充实本国科研教育需要各式各样的人才，如此才能满足社会需要。

工欲善其事，必先利其器。工业化中的技术问题主要在设备和人才两方面。吴景超认为，技术设备方面中国比其他国家稍逊，一方面是因为工厂所用的机器大部分购自外国，本国制造的不多，另一方面是这些外国机器也非常陈旧。（吴景超，1937b）不过，吴景超在参观工厂时发现，中国技术人才逐渐增多，在这些工厂已经相对少见外国工程师的身影，而技术人员的增加也归功于政府的留学政策和大学政策。当然，从量的方面去看，仍然是不够用的，特别是重工业方面的人才非常稀缺。另外，中、上级人才非常缺乏，一些工厂也只能自己训练工人。（吴景超，1937b）因此，留学是治标的方法，充实本国大学和研究院以及加强职业教育才是治本之道。

四　以劳工为中心的工业社会学

从20世纪20年代初开始，清华社会学系便以主任陈达先生为首开展劳工研究，吴景超在这里担任着重要的角色。一方面，他持续推进工业化的发展；另一方面，他带领学生积极参与科研。在工业社会中，他关注劳工与企业管理的各个部分，尤其关注工人生活的保障及劳工政策。

1. 劳工研究

工业需要都市中大量的人口，因此，在中国工业化推进的过程中，不少社会学家对人口和劳工等方面的问题尤其关注。吴景超多次提出"发展都市以救济农村"，其著作《第四种国家的出路》（1937）中，也根据人口密度和职业两个标准将世界上的国家划分为四种：（一）人口密度颇高，在农业中谋生的人占总人口的百分比较低；（二）人口密度颇低，在农业中谋生的人占总人口的百分比较低；（三）人口密度颇低，在农业中谋生的人占总人口的百分比较高；（四）人口密度颇高，在农业中谋生的人占总人口的百分比较高。中国属于第四种国家，寻找这类国家的出路需要关注的几个方面包括充分利用国内的资源、改良生产技术、实行公平分配、节制人口（吴景超，1937c：1~2）。近代先进国家的工人，生活中最大的危险都能得到保障，他们的生活水平因为有这些保障，较19世纪中叶要提高很多（吴景超，1933d）。中国在工业革命初期，工人生活的艰苦程度与先进国家刚进入工业革命时相若，他们的生活水平也是吴景超非常关注的。

1947年，战后刚复员北平的清华社会学系和人类学系多名师生，共同参与了学校的三个研究室计划，分别是中国近百年史研究室、社区比较研究室和文化比较研究室。吴景超主要负责"工业化"和"北平研究"两项计划。其中，"北平研究"计划与北平市政府及市内有关公私团体合作进行，研究内容包括北平市内各方面之生活及制度，如地方政府、教育、卫生、娱乐、慈善事业、职业团体、贫穷、犯罪等，均将加以调查，在北平市区之内，另当选择一个或数个较小区域，将此区域内居民之各种生活，加以详细之分析，此项分析，当包括经济、教育、家庭、娱乐、宗教各方面（清华大学校史研究室，1994：268-272）。他还指导了三篇学生毕业论文，何炳恒和杨家福的《北平市社会救济事业》探讨社会救济事业的意义与需要，对中国和各国的社会救济事业包括儿童救济、老人救济、残废救济、失业救济、不幸妇女救济、冬舍救济和难民救济深入研究；陈启麟和陈复初的《城府的职业与职业流动》探讨战前敌伪时期与战后职业之变动，以及人口与职业分配，了解商业、手工业与手艺人，以及职业间与职业中的流动人口，包括无技术工人和摊贩的流动；欧阳鸿的《海淀的手工业》（与陈达先生共同指导）探讨手工业的重要性，了解手工业和手艺人及他们的生活方式、手工业的组织、生产和生活程度。

2. 劳工与企业管理

许多工厂的失败都缘于管理不善，因此吴景超认为，工厂在不同方面都需要关注。在厂房与机器管理方面，不少资本家把招股所得的款项用作建造厂房和买机器，能用作流动资金的款项非常少，因此在突然需要用钱时便要抵押自己的厂房和机器向银行借贷。按照吴景超的观察，工厂的流动资本与固定资本，应该为一比三，这样便能降低借贷和倒闭风险（吴景超，1937b）。

在人的管理方面，可分职员和工人两部分。虽说中国受伦理观念影响极深，但在人的管理方面必须采取人才主义，不能用人唯亲，否则必定失败收场。吴景超建议在职员聘用方面采取考试机制，入职后工厂也应有严格的奖惩制度，以确保其工作效率。在管理工人方面，要提高工人的工作效率和预防工潮，前者要保证工人身体健康、进行职业训练及个人品德培养、设置奖励办法，以及为工人提供宿舍；而后者则是多为工人谋福利，如配备基本的冷热水设备、补习教学、运动及医药设备、养老金和团体寿险等福利，都能预防工潮发生（吴景超，1937b）。

物料管理方面，工厂大多是购买原料，加工成成品后出售，但在这个过程中很容易产生弊端，如买卖时的舞弊，即在交易过程中收取佣金，或以次等原料代替上等原料等。也有制造时的舞弊，即故意浪费，或从中偷取材料，以废品名义出售。然而，吴景超认为，没有一种材料是可以当废品看待的，他忆起在美国时，一名屠场员工告诉他："在屠场中，没有一件废品，只有牛羊临死时的一声哀鸣，屠场中不能利用。"（吴景超，1937b）这种经济的物料管理方法，应是工厂培训员工时便需灌输的。

钱的管理方面，吴景超曾见过有大型企业主管挪用公款，也有企业主的亲属挪用工厂款项，因此新式会计的采用，以及会计、出纳等事务的分立，可使职责分明，也可起到互相监督的效用（吴景超，1937b）。

3. 工人生活保障

工人在近代社会谋生的方法都是靠出售他们的劳动力，吴景超关注到，工业化开始以来，很多情况都会让工人感到恐慌。工业革命初期，很多国家都靠慈善事业去应对这些困难，但吴景超认为与其"应付"，不如从"预防"着手，保障工人生活。

首先是失业保障。失业保险能在一个工人失业时，给予其一份过渡收入，保障他和家人的生活，避免其由工人变为穷人。吴景超以比利时的琴特制度（Ghent System）和英国的失业保险法为例，前者是由国家援助、工人自动获保的保险，起初由工人、资本家和经济学者组成的委员会，通过市政府出资补助有失业保险的工会，以及一些未加入工会但因失业而需要用钱的人。但这项措施并未普及，也单纯是工人和政府的合作事业，资本家没有尽他们应尽的义务，在后者的强迫保险制实施之下才得以矫正。英国的做法是适当年龄和达到一定工资水平的人都要参与保险和缴纳保险费，政府和资本家也要为每一个工人缴纳一部分费用。（吴景超，1933e）其次是疾病保险。工人生病了要考虑的问题主要是医药费、生活的维持、家人的生活。吴景超引用了美国汤先生的一个例子，内容大约是说，"汤先生忽然得了重病，他动用了自己工作多年的七百元存款，但钱很快就用光了。他再把自己的人寿保单向银行抵押、向亲友借钱、请妻子去打工，还是逃不过穷人的命运。他到慈善机构请求救济，四年间获得二千元，最后被病折磨死了，遗下的妻子，也要靠慈善机构过活"（吴景超，1933e）。这是在先进国家发生的事，工人生病了，原本生活毫无保障，就与中国的工人一样，更何况中国的工人可能没有七百元存款，没有人寿保单，也没有慈善机构救济。然而，英国的疾病保障法却是强制的，由雇主、工人和政府三方面负担，假如工人生病了，他们可以看医生、吃药，不用花钱，也可以领到一些疾病补助金，不过若是病重的工人，是得不到医院的治疗的。因此，吴景超建议中国制定的疾病保险法可以参考英国，在此基础上，加入德国、波兰、捷克、保加利亚等国家的经验，有入院疗养保障的法律，能让工人不必忧虑疾病对生活的影响（吴景超，1933f）。

另外，工人因工作受伤后，可能面临死亡、残废或工作能力降低三种结果，吴景超总结各国给工人因工作导致死亡后的恤金，发现都是由工厂主给付，表示工厂对工人的安全要负全责（吴景超，1933f）。而对因工导致残废或工作能力降低的工人，各国措施不太一致，有的国家会继续给予工人一段时间的工资，有的国家则认为这些工人可以得到其他训练，恢复到受伤前的经济能力水平，因此，吴景超除了关注灾伤抚恤方面以外，也特别关注受伤工人的康复训练问题（吴景超，1933f）。而老年问题在近代工业社会中较以往严重，最大的原因是近代医疗卫生事业发达，老人的数量增多了。因此，各国对老年恤金也提出了不同的办法，一些国家规定工人要保养老险，也有一些国家的工人达到一定年龄便能获得恤金。无论哪种办法，都是保障工人老年生活的办法，该联合推行，但吴景超关注的是金额问题，对老年人来说，要顾及他们的身体状况，他们可能也没有子女、没有伴侣等，因此，恤金的金额不能太低，应使他们能将生活维持在贫穷线之上（吴景超，1933f）。

4. 政府劳工政策

工业化初期，工潮是政府最关注的问题之一，为此，政府曾在多省实行劳工政策，包括在豫鄂赣皖闽五省实行四项劳工政策，措施包括消灭工潮、禁止工会、增加工时至十小时以提高生产效率，以及禁止工厂主虐待工人（中央社南昌分社，1934）。在政府实施的新政策中，工会向工人征收会费，与工潮兴起似乎有因果关系，而当局提出增加工时，却并没提出增加工资。吴景超认为，如当局者能把禁止工会一项取消，在增加工时一项上，附带增加工资的条件，以增加工资作为消灭工潮的方法，相信会获得很多人的支持（吴景超，1934a）。政府的措施没有增加工人的收入，反而工会没有了，工人没有了工会等于没有了利益的保障，工人的工作时间加长后，剩余的生产得益者也不会是工人，因此这项政策明显是对工人不利的。另外，吴景超批评当局似乎已经知道工会没有立足之地，那么便会发生工厂主虐待工人的事件，他指出，英国1800年便曾实施过相同的政策，最后工人毫无组织，受到虐待也不敢言。历史已告诉人们这样的措施行不通，加上许多中国工人都不识字，假如受了虐待，便再没有人替他们说话。因此，当局必须要在承认工会的前提下设法消灭工潮，不能偏袒资方。（吴景超，1934a）

在保障资方方面，吴景超也通过参观和搜集多间工厂厂长的意见，总结出工业界持续向政府表达的不同期望，包括：希望政府制定相关工业法律前聆听业界意见；取消转口税和地方特税，修改进口税等；多培养技术人才，特别是中级技术人才；多做检验工作，杜绝劣质材料流入；实施统制；发展水陆交通，让商品可以廉价输入内地；集中专家讨论新兴事业的设计；设立试验工厂，减少制造过程中出现的问题；设立产业股票交易所，使工业资本获得更大的来源与流动性；对在海外出售的国际资金汇回国时给予较优的汇率；发放低息贷款；等等（吴景超，1937a）。

结论　本土化的工业社会学

吴景超的工业社会思想非常执着于本土化，他的工业化观点，虽然一部分借鉴了国外在推行工业化过程中的优点，但他的重心还是侧重在我国以农民为主的国情上。在提出实业立国的问题上，他认为中国工业不可"长他人威风，灭自己志气"，反对当时很多的反对中国工业化、认为国货无法与进口货比较的观点，也提出中国不能让教育迁就农业，充实本土教育才是治本之道。另外，吴景超因为卢沟桥事变的发生，认为中国在推进工业化的进程中，必须先有重工业，再有轻工业，农村工业也将没落，从他与费孝通的对话显示出，前者希望推动工业化以救济农村，后者希望保存农村工业以确保社会的完整性。在工业化过程中，农村工业和手工业的发展与存续，引起了学者的讨论和关注。

吴景超认为，要提高农民生活水平必须推动工业化，在土地改革的计划上，他不仅希望"耕者有其田"（吴景超，1935b），还希望改革生产关系和生产力。然而，吴景超从20世纪30年代初便提出工业化，改进农业的生产技术，然而十几年过去，战后的农村情况并未如他理想的那样。他曾经有一个想法去写一篇名为《三管齐下的经济建设》："说明农业机械化、工业化及节制人口，应当同时办理，才可以收提高生活程度之效。"（吴景超，1948c）后来因人口问题牵涉太广，所以便另外写更多的文章讨论相关内容。战后，他继续配合土地改革政策和职业规划，仍坚持人口向"质"的方面发展。

在吴景超推动工业化所关注的问题上，不难看出他对"公平"的执着。他以农村、农民作为工业化的起点，谈论人口，过程中也没有对资本家和地主"锄强扶弱"之意，而是在公平分配和规划的原则上谈论改革。从他不认同马克思所主张的二分法观点上也可以看出来，吴景超认为世界上除了资本家和普罗大众以外，还有中产阶层，他们在社会上也担任着重要的角色，不能忽视。因此，他提出用三分法把所有人都归纳起来，构建完全的社会："这个阶级所包括的人，有小店主、小厂主，中上级的官吏，公司及工厂中的经理及重要职员，大部分在自由职业中谋生的人，如教员、医生、牧师、工程师、音乐家等等。这些人自从工业革命以来，不但没有减少，而且有随实业发展而加增的趋势。"（吴景超，1937：199）

从工业社会学的视角来看，吴景超的工业化思想具有"经济统一论"和"中国一家"的"社会整体论"视角，其对工业问题的分析与中国的城乡关系、人口问题、乡村工业、农业机械化、贫穷问题、本土教育等多方面密切相关，由此形成了一套工业与农业等其他产业并行发展、优先发展工业同时带动农业和其他产业发展、工业发展为重但不简单以工业为中心（其他为边缘）的工业发展理论，客观上促进了中国本土工业社会学的发端，堪称工业社会学本土化的第一人。

参考文献

戴乐仁，1928，《中国农村经济实况》，李锡周编译，农民运动研究会。
弗雷德里克·泰勒，2007，《科学管理原理》，马风才译，机械工业出版社。
万成博、衫政孝，1986，《产业社会学》，杨杜、包政译，浙江人民出版社。
清华大学校史研究室，1994，《清华大学史料选编（第四卷）：解放战争时期的清华大学

（1946~1948）》，清华大学出版社。

吴景超，1929a，《社会组织》，世界书局。

吴景超，1929b，《中国移民之趋势（续）》，《大公报（天津）》1月14日。

吴景超，1930，《中国农民的生活程度与农场》，《新月》第3期，第58~68页。

吴景超，1931，《上编中国之部最近一年之人口（三）中国人口的移动》，《时事年刊》
　　第1期，第485~487页。

吴景超，1933a，《近代都市化的背景》，《清华学报》第2期，第1~30页。

吴景超，1933b，《都市教育与乡村教育：对于旭生先生教育方案的商榷》，《独立评论》
　　第40期，第4~9页。

吴景超，1933c，《讨论"中国农民何以这样多"》，《独立评论》第45期，第18~
　　19页。

吴景超，1933d，《近代工人生活的保障（一）》，《独立评论》第54期，第5~10页。

吴景超，1933e，《近代工人生活的保障（二）》，《独立评论》第56期，第10~14页。

吴景超，1933f，《近代工人生活的保障（三）》，《独立评论》第58期，第13~19页。

吴景超，1934a，《剿匪区中的劳工政策》，《独立评论》第100期，第4~8页。

吴景超，1934b，《我们没有歧路》，《独立评论》第125期，第1~6页。

吴景超，1935a，《农村破产的十种原因》，《兴华》第7期，第10~13页。

吴景超，1935b，《土地分配与人口安排》，《独立评论》第155期，第11~13页。

吴景超，1936，《中国的人口问题》，《独立评论》第225期，第5~9页。

吴景超，1937a，《整理生产事业的途径》，《文摘》第1期，第67~68页。

吴景超，1937b，《中国工业化问题的检讨》，《同舟》第4/5期，第4~18页。

吴景超，1937c，《第四种国家的出路》，商务印书馆。

吴景超，1938a，《建国所需要的工业》，《中国社会》第1期，第16~17页。

吴景超，1938b，《农业建设与农民组织》，《新经济》第2期，第11~14页。

吴景超，1943，《战后经济问题座谈会：（三）战后中国应有的工业政策及其他对内经济
　　政策伍启元吴景超恽震》，《当代评论》第15~16期，第10~21页。

吴景超，1946，《农业机械化的展望》，《鲁青善救旬刊》第26期，第7~8页。

吴景超，1947a，《摊派猛于虎》，《世纪评论》第3期，第5~7页。

吴景超，1947b，《中国手工业的前途》，《经济评论》第20期，第5~8页。

吴景超，1947c，《机械化是否会招引失业》，《世纪评论》第20期，第5~7页。

吴景超，1948a，《二十年来贫穷问题之研究》，《益世报（天津版）》10月16日。

吴景超，1948b，《工业化与人口问题》，《西北经济》第3期，第12、24~27页。

吴景超，1948c，《论耕者有其田及有田之后》，《地政通讯》第7期，第15~16页。

吴景超、丁忱、谷春帆，1948，《中国工业化的资本问题》，《新路周刊》第7期，第2~
　　8页。

旭生，1933a，《教育罪言（五）》，《独立评论》第34期，第11~13页。

旭生，1933b，《教育罪言（六续）》，《独立评论》第38期，第4~11页。

中央社南昌分社，1934，《蒋委员长令减轻工人负担》，《中央日报》4月29日。

朱伟珏，2007，《日本社会学的历史发展及展望》，《社会科学》第12期，第78~84页。

Levitt, Steven D. and John A. List. 2011. "Was There Really a Hawthorne Effect at the Haw-
　thorne Plant? An Analysis of the Original Illumination Experiments. " *American Economic
　Journal: Applied Economics* 3 (1), 224-238.

Moore, Wilbert E. 1965. *The Impact of Industry*. Englewood Cliffs, NJ: Prentice Hall.

可松动的共识：2022年社会学理论研究趋势

孙宇凡[*]

摘　要： 社会学理论研究的共识，往往在于以个别人物思想史为研究对象、运用文本解读方式，并强调对社会的批判诊断。然而，以2022年社会学界的理论研究成果及其近年相关发展趋势来看，这三点共识都有所松动。本文提出以下综述与观点，包括三个方面。一是迈向社会学理论史的量化研究。社会学家开始运用科学计量学的工具，关注社会学人物思想的集体传记，既能回答传统的"经典化"等议题，又开拓了精英传承等新问题视角。二是迈向作为认知实践的社会学理论研究。社会学家开始超越将理论作为文本成果，转向探索理论家如何运用抽象、隐喻等认知工具进行"做理论"及其教学实践，从而打开理论文本如何形成的"黑匣子"。三是迈向规范评估的社会学批判。社会学理论家打破了批判与规范的二分法，不再只满意于问题诊断层面，而是积极参与提供社会变革的规范方案以及总结社会行动者从第一人称视角给出的评估。

关键词： 社会学理论　社会学史　批判社会学　理论化

社会学家在谈到理论研究的时候，常常会涉及以下做法：一是人物思想史研究，如关于韦伯、涂尔干等人物的思想研究（阿隆，2015）；二是运用文本解读的方法，如关注马克思等人的文本考订（万毓泽，2020）；三是强调社会理论家的社会批判取向，如马克思、韦伯与涂尔干等人对现代社会中

＊　孙宇凡，爱丁堡大学社会与政治学院博士研究生。

"异化""理性的困笼"或个人主义的批评（吉登斯，2018）。这三点似乎已经成为社会学理论研究的共识，并且体现在社会学理论教学上。比如，不管是欧洲还是北美的社会理论教学，都往往会以人物与文本为教学框架，使其与文化或经济等社会学分支教学有所区分（Döpking，2016；Guzman and Silver，2018）。[①]

本文指出，这种社会学理论研究共识正在松动。本文将通过 2022 年社会学界的理论研究成果及其近年相关发展趋势，指出该共识松动的三点变化。一是迈向社会学理论史的量化研究。社会学家通过借鉴科学计量学等工具与精英社会学等领域的问题意识，正在从个别个人的思想传记研究转向集体传记与思想变迁的宏观调查，重新探索"经典化"或"去经典化"等方面的议题。二是迈向作为认知实践的社会学理论研究。如果说文本解读蕴含了将理论作为名词与成果，那么社会学家正在转向探索将理论作为动词与过程，理解在"做理论"过程中要涉及的认知技能与实践（如抽象化、隐喻）。三是迈向规范评估的社会学批判。如果说批判取向在于对社会的诊断评估，那么社会学家的评估已经不再止步于从外在观察者或第三人称的角度，提出"社会问题出在哪里"之类的批判性议题，也开始从当事人或第一人称的角度指出"好的社会是什么样、可以怎么做"的规范性议题。

本文将依次展开这三方面的论述。就每个方面来看，我将先总结学界的共识，再指出近年学界如何挑战该共识，进一步综述相关发展趋势的文献，最后给出未来再拓展的展望思考。

一 迈向社会学理论史的量化研究

社会学理论研究常常被视为社会学理论史研究。以法国社会学学会为例，该学会并没有单独设置社会理论分会，却以社会学史为分会聚集了理论

---

① 若以 Abend（2008）关于"理论"一词类型学为参考，则本文所用"理论"一词，首先是关于文本解读、世界观、政治主张的内容，其次才是关于特定时空下现象的经验解释或诠释。

研究学者。同样的，美国社会学学会下属的社会学史分会也和社会学理论分会的方向与成员构成多有交叉。以此为出发点，研究社会学理论的学者常常做"解经式研究"：围绕某一理论人物或其名著、思想命题进行解读，并关注其来源与影响。

这种广为接受的理论工作模式也面临一些问题。一方面，理论学者变成各个人物志研究专家（如韦伯专家、涂尔干专家），所以不易建立理论家之间的对话（Fitzi et al.，2017），也难以建立学界的整体观察分析。另一方面，理论解经依赖语言推理，所以不容易形成更为客观的解读模式，使研究者甚至对理论家的观点与立场争论不清（Adair-Toteff，2022）。

这样的解经式共识及其带来的问题，值得反思。社会理论研究的焦点，能否从个体传记迈向集体传记、从个体思想迈向集体思想、从语言推理迈向更加客观的推理论证？这正是近年的新兴方向——量化的社会学理论史研究。此类研究有两方面效应：一是科学计量学效应，以科学计量学方式，运用共被引分析等方法进行经验评估，证实/反驳关于社会理论文本的解读；二是研究对象转化，从精英社会学等分支专题角度，将社会学理论或社会学理论人物的历史作为研究对象，将理论研究变成经验研究。[①]　为说明第一种效应，我将聚焦于"（去）经典化"的讨论；为说明第二种效应，我将评述奥地利学者 Philipp Korom 近年的研究。在该部分的最后，我也将指出量化的社会学理论史的可能发展方向。

从科学计量学效应来看，将学者与文献的影响力评估作为重要研究内容，恰恰能够和近年社会学关于"经典化"（canonization）的争论结合起来：哪些社会学家值得或不值得作为社会学学科的经典作家？例如，近年关于杜波依斯如何作为社会学经典学者的争论（Burawoy，2021；孙宇凡，2021）。相应的，在近年的争论中被忽略的是其反面"去经典化"。比如历史上著名的社会理论家变得不再重要（如帕累托）。究竟"去经典化"是否发

---

① 早在 20 世纪 70 年代，社会学界就做过类似的量化分析（Bryant，1985：157-173），但是相较来看，如今研究的数据规模和分析方法都已发生很大变化。

生了？又是如何发生的？科学计量学无论是对"经典化"还是"去经典化"，都提供了值得参考的回答。

首先，就特定国家的社会学界的经典化来看，Korom（2022：155-174）最近发表的论文《从卢曼到埃瑟：论德国主流社会学中知识主导性之变迁》（From Luhmann to Esser：On Changing Intellectual Dominance in German Mainstream Sociology），以共被引的计量方法研究了德国的代表性刊物中社会学家的影响力及其变迁，以此回应德国社会学近年兴起的"分裂运动"。2017 年以来，300 多位社会学家从德国社会学学会分裂出来，成立了以经验研究为取向的社会学学院（Akademie für Soziologie）。为什么会产生这种分裂？Korom（2022：158-162）指出，在 20 世纪 70 年代，德国主要社会学刊物文章中分成以卢曼、帕森斯为代表的功能主义者、以 René König 和布莱洛克为代表的经验研究主义者、以哈贝马斯为代表的批判理论者以及以韦伯为主导的古典作者社区。该分析结果反映了社会学界在当时形成了不同的"认知共同体"，所以才会在同一篇文章中仅引用特定范围的作者。然而，到了 21 世纪，这种共被引网络产生了更迭：布迪厄、卢曼、埃瑟、韦伯成为四大中心人物（Korom，2022：164-168）。这不仅意味着功能主义和批判理论的经典作家群体在缩小，也意味着经验与中层取向的研究势力的强化（如布迪厄的引入）。由此，通过量化分析方法揭示的德国社会学界"经典化"与"去经典化"的变化，说明了分裂运动之所以可能的原因。

其次，就特定作品的"经典化"与"去经典化"问题来看，上述功能主义研究又提供了很好的参考。默顿研究专家 Charles Crothers 在和科学计量学者 Lutz Bornmann、Robin Haunschild 合著的文章中，也以"引用概念分析"（Citation Concept Analysis）方法，研究了默顿的名著《社会理论与社会结构》中众多概念是如何被学界引用的（Crothers et al.，2020）。他们指出，这本名著的"经典化"之所以成功，是因为提供了虽然松散但又实用的诸多概念。前一特征意味着该书提出的一些概念逐渐被遗忘，比如"范式"和"世界主义"；后一特征意味着该书提出的"自我实现""角色"等个别有影响力的概念产生了跨学科引用的浪潮，如在心理学、政治学甚至计算机科学等。

再次，就个别期刊引用的经典文献来看，由于 2022 年恰逢《社会力量》（*Social Forces*）创刊 100 周年，社会学家也通过挖掘和分析这本刊物的 6305 篇文献，提供了有力的参考。在这些文献较多引用的文献清单中，排名靠前的文献多对社会学核心概念提供了方法论或理论澄清（Moody，Edelmann，and Light，2022）。同时，在这本以经验研究与量化研究闻名的刊物上，其发表论文引用作家的次数排名中，排名靠前的也和社会学理论教材上的经典作者多有交叉，如韦伯、布迪厄、戈夫曼等，这对理解社会理论"经典化"与经验研究之间的关系开启了思考的空间。

接着，就分支社会学的"经典化"与"去经典化"研究来看，经济社会学、组织社会学和文化社会学都有所发表。已有文献以定量和定性结合的方式探讨了加拿大文化社会学的"经典化"议题（De Laat and Stokes，2022）。该文作者指出，加拿大文化社会学没有"经典作家"但有"经典主题"（如文化生产等），可能是受到了该地特殊的学术/地缘地位影响，例如关于美国、法国和英国社会学风格的混合。较为意外的是，该研究显示"经典化"也可能来自课堂教学情境。作为年轻世代，学生对于什么样议题值得阅读的意见，也会影响教师对授课主题与文献的选择。与此同时，组织社会学的"经典化"研究则揭示了理论多样性衰退趋势，因为组织生态学正在失去与新制度主义、网络理论的三足鼎立之势（Grothe-Hammer and Kohl，2020）。经济社会学的相应研究则通过对百年来 14 多万篇经济社会学文献的分析重估了以格兰诺维特为代表的新经济社会学的学科影响（Kohl，2016）。此外，近年来，历史社会学等领域也有类似的量化探讨，此处不再赘述（Mayrl and Wilson，2020）。

最后，就整体学科视野下社会学家"经典化"的讨论来看，社会理论家也在和量化社会学者合作研究。计算社会科学学者 Pablo Beytía 和社会理论学者 Hans-Peter Müller 合著提议，社会学家值得运用维基百科上社会学家词条建立"集体传记"，并通过网络分析手段形成"数字的反思社会学"（digital reflexive sociology），以理解与超越社会理论教科书式印象（Beytía and Müller，2022）。二人尤其指出，维基百科分析说明了社会学家社群还包括常被忽略的后殖民主义作者群。同时，20 世纪 70 年代以来，女性社会学经典作家比例一直在增长。

从研究对象的角度来看，近年值得关注的是 Philipp Korom 的研究。如果说科学计量学取向的研究，仍然停留在学科史或科学哲学取向的提问——何谓经典？什么样的文献有影响力？学术网络是怎么样的？那么 Korom 的研究则转换焦点，将社会学家作为社会精英或劳动力市场的一分子，从精英社会学等分支领域重新提问。下面两个研究尤其值得参考。

一是如何理解经典社会学家作为声誉精英。Korom（2020a）向近 40 年（1970~2010 年）的社会学界变迁提出了精英研究式问题：谁是精英？家庭背景重要吗？工作机构重要吗？分布会有国家界限吗？通过搭建 49036 页文本语料库，Korom 不仅提供了社会学家作为"声誉精英"的测量方法，还提供了几个重要的精英研究解释。首先是精英周期。大多社会学家的精英声誉无法维持超过 40 年，如伴随着布迪厄等人的兴起，20 世纪 70 年代声名显赫的社会学家（如李普塞特、科尔曼）就此衰落。其次是精英的家庭地位。社会学家的精英界尚未形成封闭的精英生产环境，因此即使到了 21 世纪第二个十年，仍有 20% 左右的精英来自农民或工人家庭。最后是精英的机构地位。社会学家精英维持着"跳槽"的流动习惯，使如今的精英大学难以垄断精英群体的职业地位。

二是如何理解经典作家作为学术劳动力市场的看门人。毕竟，著名学者不仅要扮演研究、教学和行政的角色，还要扮演更新与维持学界的看门人角色——通过正式或非正式的网络，运用推荐信等方式帮助其他人在学界找工作。以默顿一生所写的 1460 封推荐信为例，Korom（2020b）指出在美国的纽约和加州两地，以及在社会学家的内部晋升领域（如从助理教授到副教授），默顿的看门人角色突出，能够帮助学者加入劳动力市场或实现晋升。

总的来说，无论是从科学计量学、精英研究还是从劳动力市场研究角度，抑或是从量化角度研究社会学史，都打开了"经典化"的多重面向：经典作家的身份是多重的，不仅可以是经验学者、理论研究学者，也可以是教学者、声誉精英以及劳动力市场的看门人。同时，科学计量学等量化方式能够超越教科书式的、个人传记取向研究的局限，揭示经典作家的社群网络，以及"经典化"与"去经典化"的趋势。

从未来研究趋势来看，量化的社会理论史研究仍有拓展空间。一是在方法上可以更加充分地借鉴科学计量学方式，如主题挖掘模型等（Giordan，Saint-Blancat, and Sbalchiero, 2018）。二是提供引入更加丰富的经验专题研究取向，理解社会理论家的多重身份和社会理论的历史变迁（如意大利社会学家社群的意识形态分析，见 Riviera, 2015）。三是理解经典化中多种场景的作用，如教学环境（Silver et al., 2022）以及出版界的影响（Volkmann, Schimank, and Rost, 2014）。四是探讨跨学科主题下的社会理论量化研究，如信息社会研究（Tsay, Shen, and Liang, 2016），或者布迪厄等社会学人物的跨学科影响（Korom, 2019；Maares and Hanusch, 2022）。

二　迈向作为认知实践的社会学理论研究

走出以人物思想解读为共识的社会学理论研究，不仅有量化社会理论史研究转向，也可以有另一种可能：由斯威德伯格（Swedberg, 2012，2022a）自 2012 年推动的研究，致力于将作为名词的理论（theory）变成作为动词的"理论化"（theorizing）。这一转变蕴含着将"理论研究作为实践活动"而非"理论研究作为文本解读"。

关于这一区分，尽管斯威德伯格在 2012 年刚提出类似观点时还有些含糊，但是历经十年发展与学界的共同推进，当他在 2022 年于瑞典社会学会年会上发表演讲时，已将此二者的区别讨论得颇为清楚。下面，我将先总结三个方面的区分性特点，再详述他在近十年的发展，最后总结社会学、管理学和教育学领域的接受与再发展。

理论研究作为实践活动具有以下三个方面的区分性特点。一是知识类型。借用赖尔（Gilbert Ryle）对知识类型的经典区分，当认知者把理论研究作为文本时，只是将其作为命题型或陈述性知识；而当其把理论研究作为活动时，认知者会将其作为手艺功夫的实践知识（Swedberg，2022a：5-6）。同样用赖尔关于望远镜的例子来说，陈述性知识如同掌握望远镜的原理，而实践知识则是知道如何使用这个工具（Swedberg，2017a）。二是分析单位。从理论研究作为活动的角度来看，学习和研究理论是贯穿于整个研究过程的，因此分析单位是整个研究过程，其中各个环节不仅可以更改调整，也和研究方法密不可分；而文本视角则把理论当作成果或研究的结局，对研究方法也不够重视。打个比方，当一个人说"理论是文本"时，这里"文本"意味着印刷品的成果，体现出不可再更改的特点（Swedberg，2022a：9，21-22）。三是教学关系。当社会学理论学习者只从文本上学习理论时，其常见困惑在于：为什么我在课堂上学习了很多理论但仍然不会使用？相较于此，当学习者把理论作为实践活动时，他更能感受到"做理论"作为一个研究过程，需要运用各种推理能力，如视觉化、类比、类型化（Swedberg，2022a：12）。由此，教学过程不再只是书本与眼睛之间的关系，而是师生之间的传授过程，也包括关于这些认知技能的练习。

那么，究竟"理论研究作为实践活动"或者动词意象的"理论化"有哪些做法？我认为，斯威德伯格（Swedberg，2012，2015：34-56，2017a，2017b：1-13）提出了以五步法为核心、多个认知技能为辅助的格局。他的"理论化"五步法相当泛化，包括以下内容：观察现象—命名现象—概念化—类比/隐喻等认知探索—提出溯因解释。如果前两步是找到感兴趣对象的聚焦过程，那么从第三步开始是专业化理解。接着，在认知操作与解释过程中，研究者都应该将赋予感兴趣现象以合理的意义秩序，从疑惑的理解转换为融贯的理解。

诚然，斯威德伯格的五步法较为泛化，甚至和皮尔士（C. S. Peirce）在百年前提出的溯因解释（abductive explanation）① 也差别不大，但是他较为有创新的一点在于强调类比、隐喻等方面的认知技能环节。因此，近年来他将重点放在这一块，不仅梳理社会学史上关于这些认知技能的使用，也借助

---

① 可参考 Douven（2022）的总结。

认知科学等相关学科知识为社会学理论助力。例如，斯威德伯格研究了"抽象化"（Swedberg，2020a）、"隐喻"（Swedberg，2020b）、"理想类型"（Swedberg，2018）、"思想实验"（Betta and Swedberg，2021：143-164）、可视化（Swedberg，2016）和"猜想"（Swedberg，2021a）等对"做理论"的认知作用。

下面以抽象化研究为例说明斯威德伯格在这方面的研究特点。抽象化和其他几个认知技能一样，是理论活动中常见的操作，但是在社会学界缺乏系统的研究。为此，斯威德伯格（Swedberg，2020a：262-263）将社会学史上零散的讨论加以系统化。一是纵向的抽象化，以阿瑟·斯廷奇克姆（Arthur Stinchcombe）的观点为代表，社会理论研究往往在形而上学和观察对象之间建立更加抽象和更加不抽象的相对关系，然后实行逐级爬升或下降的抽象化操作。二是横向的抽象化，以韦伯的观点为代表，在不改变抽象层级的前提下，通过"隔离化"（isolation）和"概括化"（generalization）的方式，将研究对象从众多影响因素的环境之间分离出来，然后再通过省略细节的方式提炼出普遍一致的特点。同时，斯威德伯格（Swedberg，2020a：265）也会引入认识论和科学哲学的资源，并和社会学建立联结。比如，他指出，在杜威等人看来，抽象化和跳出习以为常的推理模式有关，因为不同的抽象会挑选出不同的隔离与概括，所以会将熟悉的社会现象变得陌生化，看到不一样的特征。三是斯威德伯格（Swedberg，2020a：267）将认识论与社会学史上的认知技能理论结合起来，用社会学案例加以说明，如韦伯的《新教伦理与资本主义精神》如何体现了从资本主义到工作态度的多层级抽象化。

诚如抽象化研究所揭示的，这些认知技能体现了理论作为实践活动的特点：贯穿于研究过程的一种实践知识。斯威德伯格（Swedberg，2017a：191）的贡献，正如他在自述中所说的那样：以往如逻辑实证论者也会强调社会学家要建构理论，但是那些论述更偏重形式化/正式化层面，却忽视了理论建构中的"非形式化/非正式化"的面向。无论是抽象化、隐喻还是思想实验，都确实没有固定的套路或模板，而是在理论活动中的启发性活动。

如上所述，理论化作为实践活动，除了有认知技能面向，也有教学面向。因此，为了说明教学与理论化的结合，斯威德伯格（Swedberg，2019，2022b）专注研究了默顿。他不仅挖掘了默顿的档案资料，复原其作为社会理论教师的场景，还访谈了当年参与默顿课堂的学生，如科学社会学家斯蒂芬·科尔（Stephen Cole）和哈丽特·扎克曼（Harriet Zuckerman），以了解学生一方的感受与评估。

一方面，斯威德伯格（Swedberg，2019）认为默顿的教学思路符合他的"理论化"主张，因为默顿在教社会学理论时，想要传授的不是思想家的主张与结论，而是他们的"理论化"过程，如涂尔干等大师如何选择研究问题、使用了什么方法和数据、如何提出假设等。默顿在教学时也提出了"战略性研究选点"（strategic research site）概念，以说明这些大师如何为了验证和增强自己的理论强度，选择那些既有挑战性又在材料上可得的案例，比如涂尔干通过研究看似属于个体行为的自杀说明社会规范的力量。另一方面，斯威德伯格（Swedberg，2021b，2022c）也指出，默顿为了让学生能够将作为文本的理论转化为作为自身实践的知识，使用了"重述"（restatement）的方法。以默顿讲授齐美尔的课堂教学为例，默顿会向学生朗读文献，然后和学生一起用自己的话或当代社会学的表达"改写"一遍。在此样的"改写"过程中，师生一起帮助齐美尔澄清定义、提供具体的案例和说明适用范围。通过这样的教学活动，社会理论家文本中抽象和形式化的表述被默顿及其学生转化为具体的、可实践的表述。

斯威德伯格推动的"理论研究作为实践活动"，在认知技能和教学实践两个方面引发了同行的关注和讨论。就认知技能的研究拓展来看，有些学者引进了新的理论资源。教育学者 Hammond（2018）引入了迈克尔·波兰尼的"隐性知识"概念以深化斯威德伯格对理论作为实践知识的构想；Hermansen（2017）也加入了这场讨论，认为晚期维特根斯坦通过增加比原先设想更为复杂的案例，可以打破以往的概念定义。也有一些学者完善现有的认知技能清单。比如，Savransky（2018）推进了斯威德伯格的"理论化作为艺术"的认知隐喻，强调"做理论"像艺术活动，会通过模糊化而非清晰化的方式进行思维探索。管理学家 Styhre（2022）也赞同谈理论化要重视想象力、直觉之类的认知探索。Ossandón（2020）提议按斯威德伯格的溯因推理思路，应将阅读犯罪推理小说作为重要的认知训练来源。Brett、Silver 和 Beelen（2020）则接续斯威德伯格的努力，系统地反思了可视化作为理论化的方式，认为这种认知技能依赖于空间推理、路径隐喻等认知技能。

就教学方面的影响来看，美国社会学学会下的期刊《社会学教学》（*Teaching Sociology*）常常无法和该会旗下其他期刊齐名，如《美国社会学评论》，这方面研究更是难以吸引顶级学者发表文章，说明教学活动往往不被重视。也因此，社会学理论研究被想象成一种英雄主义和个人主义的叙事，似乎多是来自如韦伯一样的理论天才所为（Swedberg，2014）。当人们难以知道理论是如何学的，也自然不知道怎么教。进一步，当教与学在社会学理论研究中缺乏讨论时，它就无法成为一种可交流的实践活动。

不过，斯威德伯格教学视角下的理论化研究也引起了一些社会科学学者的兴趣。比如社会工作理论学者 Lee（2022）将斯威德伯格的理论化思路运用到自己对研究生的指导过程中，提出自己既鼓励学生要像记"田野笔记"一样记"理论笔记"，关注田野现象中普遍的话语（如对战争幸存者的"英雄化"叙事）并对其提出分析和质疑，同时也要进行跨学科的文献阅读，从而在不同学科里调用新的隐喻与概念进行思想实验，例如，如果我用某某概念的话，是否能加深对我眼前现象的理解？丹尼尔·西尔（Daniel Silver）也赞同斯威德伯格的教学取向，提出"正因为理论化是实践，所以你可以教它"，进一步批评社会学界对这方面缺乏反思（Silver，2019）。为此，西尔也开发了理论练习模式：鼓励学生用自己熟悉的而非生疏的理论文本，但要瞄准文本中概念的歧义现象，探索歧义生成的原因及消除方式，从而形成解释性命题，提出新的融贯性定义。

综合来看，从斯威德伯格 2012 年发表"理论化"研究文献到他在 2022 年于瑞典社会学学会发表"理论研究作为研究活动"的演讲，其主要发展在于认知技能与教学实践上的双方面发展。同时，他的贡献主要在于学科史挖掘与系统化。读者在阅读他的文章时，可能会惊讶于原来韦伯、默顿还对"做理论"有过丰富的讨论，甚至在教学场景下有所应用，而不仅仅是给出关于权力、角色之类的理论定义。

从未来展望的角度来看，斯威德伯格的"理论化"取向仍有拓展的空间。一是如何将"理论研究作为实践活动"与科学哲学深度结合起来。例如，虽然斯威德伯格（Swedberg，2012）也引用了 Nancy J. Nersessian 等人的科学哲学作品，但仍然缺乏深入的对话。科学哲学的实践转向与认知转向，已经在如何概念化、如何使用模型等方面拓展了丰富的成果，甚至提出"认知民族志"的方式，以社会学式质性方法追踪科学家的"做理论"过程（Nersessian，2008；Nersessian and MacLeod，2022）。二是如何将该研究取向与社会学史研究结合起来。人们常常将社会学史理解成"理论文本"更迭的历史，那么从斯威德伯格的角度来看，社会学史能否作为认知技能与方式的变迁史（已有尝试见 Lizardo，2021）？三是如何思考"非认知面向"对"做理论"的意义？科学哲学研究已经不只关注认知活动，也强调如情感、美学等非认知活动的作用，因此也许社会学家可以从这方面吸收资源，建立和斯威德伯格的理论化运动的新沟通（O'Loughlin and McCallum，2019）。

三　迈向规范评估的社会学批判

这一部分关于规范社会学的发展，有利于反思并弥补前面两部分所涉及内容的盲点。一方面，理论化运动虽然重视认知与实践转向下的"做理论"，但也是以实证研究为范围，致力于解释社会现象，将批判社会研究划出去并不予讨论。然而，批判理论也一直是社会学理论的重要传统之一（Abend，2008）。此种忽视难以让学界理解究竟批判研究的理论化是什么样的。另一方面，量化的社会学理论史研究虽然有利于把握社会学理论经典化的复杂性，但是该运动所采取的是现成的数据材料，又重视量化数据的显著特征统计分析，使边缘位置甚至被历史忽视的面向难以得到彰显。这意味着该量化研究可能倾向于重述既有趋势，而不易从学科史的边缘或盲点之处发展新的方向。因此，这一部分关于社会学的规范转向，致力于从批判的社会学理论研究入手，展现这方面的研究趋势。

提到批判研究，社会学界习惯将其与经验实证研究并列比较（Sayer，2011：41-43）。确实，粗略来讲，经验实证重视现象描述、意义诠释与因果解释，而社会学界也习惯于关注其内部分化，如诠释与解释的关系（Goldman，2014）。相较来看，用布迪厄的话来说，批判研究"解释那些从理论上看起来是真的，但其实是错的"（Bourdieu，2005：215）。也就是说，批判研究致力于揭示社会的"幻象"（illusion），反对把学界或人们接受的幻象和社会本身的运作等同起来。这方面颇有代表性的研究，如福柯（2019）关于规训与生命政治的研究。但是，做批判研究的学者，难免遇到这样的批评，即"只揭示社会的不平等但没有看到社会的美好一面"或者"只批判但不建设"。

如何回应这种批评？近年来，批判研究有了新发展：批判社会研究开始关注规范性议题，形成"规范性取向"（Chernilo and Raza，2022），致力于回答"什么样的社会是更加值得追求的社会"。之所以从批判迈向规范性，正如 2022 年总结该转向的 Chernilo 和 Raza（2022：2）所说："从表面上看，如果社会学是对社会结构、权力关系、身份建构和宗教信仰的研究，那么这些问题之所以会在社会学里反复出现，可能恰恰与这样一个事实有关——从终极上讲或者用安德鲁·塞耶（Andrew Sayer）的话来说，那就是它们是一种理解'为什么一些事情对人们是重要的'的尝试。"

因此，在这一转向下，社会学家就出版多部作品探索规范性问题。例如，克格·卡尔霍恩（Craig Calhoun）出版了如何深化民主以及能源转型问题的著作，并反驳此前社会学界关于不宜过度关注批判的观点，认为社会学可以更积极地参与社会变革（Calhoun, Gaonkar, and Taylor, 2022；Calhoun, 2022；Calhoun and Fong, 2022）。卡尔霍恩参与了"社会进步国际论坛"（International Panel on Social Progress）的工作，参与发表过相关宣言，提出："准确地讲，社会科学之所以存在，难道不正因为通过分析行动、制度、社会关系、结构，有助于建设一个更美好的世界吗？"（Calhoun and Wieviorka，2019：248）Fitzi（2022）也在出版的专著中援引这份宣言，提出现在社会面临的气候、移民等危机，类似于 20 世纪上半叶第一次、第二次世界大战带来的社会危机感。但是，当时的社会危机带来了相应的改革（如福利国家），因此社会学家也要抓住这种危机变革的机会，并从理论批判转向实践上的规范性方案建设。Thorpe（2022）在最近出版的专著中指出社会学参与这种规范性方案建设迫在眉睫。当然，提及这种迈向"更好的社会"的建设方案，不能不提已故的马克思主义社会学家赖特（Wright，2010）多年推动的"真实的乌托邦"（real utopia）计划。该计划致力于分析来自拉丁美洲等全球各地的民主实验方案，探索有利于促进社会群众参与的方式制约市场经济权力与国家政治权力（Baiocchi，Heller，and Silva，2011）。在这些努力中，较为常见的是针对具体的社会问题与症结进行实验性分析，较少就社会学理论或者批判研究本身提供新的理论方案。因此，相较来看，英国社会学家塞耶的努力值得关注。通过参与和拓展批判实在论（critical realism）的思潮，塞耶在 20 世纪 90 年代开始反思批判社会学"只谈社会批判、不谈规范方案"的问题，并在 2005 年的《阶级的道德意义》（*The Moral Significance of Class*）一书中，以阶级为专题分析与讨论了社会学理论如何研究规范性议题，进而在 2011 年出版了《为什么一些事物对人们是重要的：科学、价值和伦理生活》（*Why Things Matter to People：Science，Values and Ethical Life*）一书，将前期探索与专题研究深化为理论纲领（Sanghera and Calder，2022；Sayer，1999，2005，2011；Sayer and Morgan，2022）。在这个理论纲领发展过程中，塞耶向社会学引进了陌生的理论资源，包括亚当·斯密的道德情感理论、努斯鲍姆（Martha Nussbaum）的能力取向、女性主义的关怀伦理学（the feminist ethic of care）等。2022 年，一些英美学者也通过《伦理、经济与社会科学：与安德鲁·塞耶对话》（*Ethics，Economy and Social Science：Dialogues with Andrew Sayer*）文集共同探讨塞耶的社会学成就（Sanghera and Calder，2022）。

下面，我首先展现塞耶将社会学从批判转向规范的四步论证，再综述这一取向如何反映与推动了近年来的规范性社会学研究。这四步论证包括：一是前提反思，探讨批判社会学为何不谈规范但又离不开规范；二是框架重构，将规范性重新理解为评估性，建立规范性研究与实证经验研究的结合；三是重点概念，从评估性出发，将人与社会的关系理解为繁荣与受苦的关系；四是专题案例，以阶级的道德意义为主题，理解人们如何生活在一个既可繁荣又可受苦的、规范性评估的社会世界。接着，我将总结近年的相关发展，主要包括：第一，促进社会学发展新颖的规范性概念，如"幸福"等；第二，形成新的理论衔接，如社会学与正义理论的对话；第三，探索新的方法论，如规范性案例研究。

第一，从前提上讲，批判社会学避而不谈规范与当今时代背景有关，但是这种回避蕴含了一种"加密的规范性"。在塞耶（Sayer，1999：173-188，2011：103，240）看来，近40年来，社会学在后结构主义和后现代主义思潮的影响下，拥护像福柯等人关于权力与真理关系的分析，因而既不愿接受规范性方案的研究，也担心规范性研究和宏大叙事联系起来（如现代化叙事）。然而，这种态度可能只是一种"加密的规范性"。塞耶（Sayer，2012）以福柯的研究为例，指出即使福柯反对知识分子塑造他人的政治意志，但也认为学术研究可以质疑社会中不证自明的假设，从而有助于让当事人形成反思思维，重新理解自己的行事逻辑。在塞耶（Sayer，2011：223-225）看来，福柯的这种做法作为"去自然化"（de-naturalization），是批判社会学的主旨，能够促进社会成员对社会的规范性评估：如果当下社会规范不再是正当的，甚至是一种约束，那么去除它或者探索另一种可能性会怎么样？经由"去自然化"，批判研究与规范性变得密不可分。

第二，为了将规范带入社会学，塞耶重构了规范的定义，从而打消了社会学家的担忧与怀疑。在他看来，社会学界倾向于拒绝规范性，是因为建立了主观与客观、情感与理性的二分法，并站在客观与理性一方，致力于客观分析与描述解释社会现象，但是这些二分法需要被解构（Sayer，2011：43-58）。首先，伦理学揭示了日常生活与社会研究中常常用的概念都是"厚概念"（thick concept），如不平等、种族主义、性别歧视，这些词本身就是既有描述又有评估，与自然科学的词汇有所不同（Sayer，2011：233）。其次，客观性不在于有唯一正确的目的或真理，而在于可错性（fallibility）。也就是说，社会世界会通过其现实基础与演变过程，让认知活动暴露其局限性，所以研究者不得不修正其概念（Sayer，2012）。最后，规范性并不是无条件的或绝对的律令，而是伦理评估。如果认为规范性是无条件的，那么会忽视评估的条件性；如果认为规范性是绝对的，那么在社会学家掌握一切规范知识之前，便只能对此保持沉默了（Sayer，2014）。塞耶（Sayer，2011：61-97）认为规范是评估，是人们生活在社会世界中的一种实践理性（practical reason）。这种实践理性蕴含了对社会事务中伦理与道德意义的推理过程，以及对相关事务的组成、原因与影响的认知与感受。因此，规范并不完全是主观与情感的，也蕴含了在社会中的可错性。

第三，为了展开叙述规范作为评估的观点，塞耶提议社会学家将繁荣（flourishing）与受苦（suffering）作为重点概念，思考什么样的条件与约束使得人们受苦，以及如何移除这些受苦条件可能使得人们走向繁荣。尽管在日常生活中，这一对概念和善恶的道德之分联系在一起，但是塞耶常常提醒读者，繁荣与受苦有多种道德情感形式，比如，在工作场所与日常生活中使人们受苦的耻辱感、对不公的怨恨、希望被尊重的感觉，以及繁荣的尊严、平等、耐心和同情等。这一观点颇有影响力，因此正如最近一篇关于"人类繁荣"概念的跨学科综述所示，他的著作已经成为人文学科里最常被引用的作品之一（Cebral-Loureda et al.，2022）。

第四，在探讨关于繁荣与受苦的规范评估时，塞耶引领了阶级研究的道德转向。塞耶通过借鉴黛安娜·雷伊（Diane Reay）等人的民族志研究，指出阶级区分的格局是道德情感的游戏。比如，英国工人阶级女性希望得到作为中产阶级的男性医生的尊重，而这些医生也可能会屈尊行事，体现出跨阶级的同情；反过来，如果她们得不到相应的尊重，则会感到耻辱（Sayer，2005：178-180）。由此，在充分评估的世界中，塞耶（Sayer，2005：94-196）指出，平等作为人类繁荣的应有之义，并不在于将人人齐平化，而是在人与人之间互动评估时能够剥离掉性别、阶级等使人受苦的外面约束因素，形成对当事人本身所作所为的恰当评估。

下面，本文综述塞耶的作品参与规范评估取向社会学带来的三个发展趋势。

第一，规范评估取向把社会学以往忽视但重要的伦理生活加以概念化。比如，在研究阶级流动与教育投资议题时，已有学者受到塞耶作品的影响，关注的不再只是资本竞争与向上流动，而是看到中产阶级如何遵循"内在益品"（internal goods），将孩子送到自然主义主题学校受教育，避免过度商品化的问题，希望孩子按其天性与个性需求发展（Lan，2018）。Cieslik（2015）批判了社会学家长期忽视幸福主题及幸福科学的研究，他们只是将其视为主观感受或异化的意识，提出像塞耶论证的那样，生活中的幸福感形成同样具有推理与评估过程。除了幸福，也有学者开始探讨"善意"（kindness），认为城市社会研究者习惯关注城市作为冷漠与疏离的场所，忽视了日常善意的意义——人们常常在没有责任义务的情况下，于日常点滴中表现对他人的友善（Brownlie and Anderson，2017）。Hartman 等（2020）也通过社会调查的方式，指出人们不信任当下社会的互联网数据使用方式，提出了"良好数据管理"（good data management）概念，总结人们关于改善数据存储、共享与监管等方式评估路径。这种取向也得到了认可，使得 Helen Kennedy 在 2022 年获得 400 万英镑的科研资助，用于开发"数据向善指数"（Digital Good Index），用于评估数据创新如何产生良善的社会后果（见 https://digitalgood.net/）。除了相对正面的评估，也有学者受到塞耶作品的启发，尝试将脆弱性、勉强之类受苦现象加以概括（Bottero，2022；Creed et al.，2022），此处不再赘述。

第二，规范评估取向社会学促进了新的理论衔接与对话。例如，在正义理论领域，凯瑟琳·林奇（Kathleen Lynch）的一系列关于"情感平等"（affective equality）与照料研究，既与塞耶的作品平行发展又对其有所借鉴（Lynch，2021；Lynch et al.，2009；Lynch et al.，2021）。林奇等（Lynch et al.，2021）尤其指出，情感主题的照料关系研究反映出人与人之间的伦理评估与相互依赖，说明人的定义不再是"经济人"、"政治人"与"文化人"，而是"关怀人"（homo curans）。"关怀人"意味着人不仅需要照顾，也会照顾别人，这使情感维度的正义与平等变得重要起来。从这个角度来看，社会学将能够发展南希·弗雷泽的三维正义理论——经济分配、政治代表权与认同正义，形成第四维度的理论潜力。除了与社科理论对话，规范评估取向也可以促进社会学与自然科学理论对话。塞耶（Sayer，2019）近年的研究也关注安东尼奥·达马西奥（Antonio Damasio）的神经科学理论对社会学的启发，如人的评估意识受到身体作为生物体的稳态系统影响。这种对话转向在 2022 年关于塞耶研究的文集里得到其他几位学者的响应。除此之外，塞耶的研究还引发了关于乌托邦研究（Elder-Vass，2022a）、道德经济学（Ash，2022）、自由主义哲学（O'Neil，2022）等方面的理论对话，此外不再赘述。

第三，规范评估取向也对社会学研究方法论提出了挑战。塞耶的理论作品依赖于现有的民族志作品再分析，所以如何将规范评估发展为一般性的方法论也成为近年探索的问题，尤其是关于"厚概念"议题。阿本德（Abend，2019）也在探索道德社会学的过程中发展了"厚概念"的方法论，指出研究者要借助当事人的某些"厚概念"（如"不平等"），从第三人称视角转到第一人称视角，理解当事人对社会世界的评估意义。van der Weele（2021，2022）最近关于"厚概念"的方法论，则指出该方面伦理学有利于社会研究者提升自我反思性，因为他们关于社会世界的描述也往往基于自己所接受的伦理概念。不过，规范社会学也使社会学家产生新的方法论担忧：如何让研究者得出的规范评估研究不是作为绝对律令。正如 Cruickshank（2022：34-47）提醒的，社会行动者要由自己来解放自己，而不是由社会学家等人来解放。所以，规范评估取向社会学要想避免成为独白与灌输，则需要思考如何在方法论方面建立社会学家与社会行动者之间的平等对话。

展望规范评估取向的社会学，有三个方面值得继续关注与反思。第一，在跨领域合作方法，塞耶等学者关注社会生活的评估面向，而这一领域也是法国的实用社会学（French Pragmatic Sociology）、经济社会学、马克思主义社会学等领域重要议题。例如，塞耶（Sayer，2011：252）与 Elder-Vass

（2022b）都注意到这种取向与赖特的"真实的乌托邦"项目有相似之处。因此，除了关注日常生活与阶级研究，规范评估取向社会学仍需要与各相关领域学者展开在制度分析等方面的比较与对话。第二，在方法论方面，如何发展"规范案例方法"（normative case study）（Thacher，2006），形成细致与可操作的方法论尚不明确，也有待进一步发展。第三，在社会学史方面，规范评估取向可能引导社会学家重建自己的社会学史：如果社会学史不是以高校和学科建制为中心的叙事，那么是不是可以包括从事社会建设与改革的非高校从业人员，尤其是在历史上无法参与学术研究的女性社会改革家。正如著名社会理论家特纳（Turner，2022）最近出版的自传所示，如今社会学的规范关怀与 20 世纪初的社会改革颇为相似，而奥克利（Oakley，2000，2011，2021）撰写的多本性别史、社会改革史与社会学史的交叉作品也同样值得规范评估取向社会学家关注。

　　总体来看，参考 2022 年的社会学理论成果及近年相关发展趋势，社会学理论研究的三个共识都有所松动。首先，相较于以个别人物思想史研究为内容，社会学理论家已经开始和科学计量学家合作，挖掘和建立社会理论人物的集体传记，量化方法研究既回应了"经典化"或"去经典化"等传统问题，也借鉴了精英社会学等领域的问题意识从而实现了突破。其次，相较于以文本解读为理论研究方法，社会学理论家也开始重视"做理论"的认知实践方法，不仅包括抽象化、隐喻等方面，也涉及教学实践中的互动。最后，相较于"只指出问题、不给出方案"的社会学批判，如今社会学家也开始将批判与规范理解为一种评估方式，将以往容易被忽视的幸福、善意与正义等方面的伦理意义带进来。

参考文献

福柯，2019，《规训与惩罚：监狱的诞生》，刘北成、杨远婴译，生活·读书·新知三联书店。

吉登斯，2018，《资本主义与现代社会理论：对马克思、涂尔干和韦伯著作的分析》，郭忠华、潘华凌译，上海译文出版社。

雷蒙·阿隆，2015，《社会学主要思潮》，葛秉宁译，上海译文出版社。

孙宇凡，2021，《经典重建与时代诊断：2021 年社会理论研究趋势》，《信睿周报》第 64 期，第 7~12 页。

万毓泽，2020，《〈资本论〉完全使用手册：版本、争议与当代价值》，联经出版公司。

Abend, Gabriel. 2008. "The Meaning of 'Theory'." *Sociological Theory* 26 (2), 173-199.

Abend, Gabriel. 2019. "Thick Concepts and Sociological Research." *Sociological Theory* 37 (3), 209-233.

Adair-Toteff, Christopher. 2022. "Why Rickert? Regarding the Dogma about Heinrich Rickert's Influence on Max Weber." *Journal for the Theory of Social Behaviour*, https://doi.org/10.1111/jtsb.12344.

Ash, Steve. 2022. *Explaining Morality: Critical Realism and Moral Questions.* London: Routledge.

Baiocchi, Gianpaolo, Patrick Heller, and Marcelo Kunrath Silva. 2011. *Bootstrapping Democracy: Transforming Local Governance and Civil Society in Brazil.* Stanford, CA: Stanford University Press.

Betta, Michela and Richard Swedberg. 2021. "On Thought Experiments in Sociology and the Power of Thinking." Pp. 143-164 in Håkon Leiulfsrud and Peter Sohlberg (eds.). *Constructing Social Research Objects.* London: Brill.

Beytía, Pablo and Hans-Peter Müller. 2022. "Towards a Digital Reflexive Sociology: Using Wikipedia's Biographical Repository as a Reflexive Tool." *Poetics* 95, 101732.

Bottero, Wendy. 2022. "Grudging Acts." *Sociology*, https://doi.org/ 10.1177/00380385 221104017.

Bourdieu, Pierre. 2005. *The Social Structures of the Economy.* Cambridge, UK: Polity.

Brett, Gordon, Daniel Silver, and Kaspar Beelen. 2020. "The Right Tool for the Job: Problems and Solutions in Visualizing Sociological Theory." *Journal for the Theory of Social Behaviour* 50 (2), 223-248.

Brownlie, Julie and Simon Anderson. 2017. "Thinking Sociologically About Kindness: Puncturing the Blasé in the Ordinary City." *Sociology* 51 (6), 1222-1238.

Bryant, Christopher. 1985. *Positivism in Social Theory and Research.* London: Palgrave Macmillan.

Burawoy, Michael. 2021. "Decolonizing Sociology: The Significance of W. E. B. Du Bois." *Critical Sociology* 47 (4-5), 545-554.

Calhoun, Craig. 2022. "For Sociology: May Our Arguments Unite Us." *Critical Sociology* 48 (2), 197-203.

Calhoun, Craig and Benjamin Fong, eds. 2022. *The Green New Deal and the Future of Work.* New York: Columbia University Press.

Calhoun, Craig, Dilip Parameshwar Gaonkar, and Charles Taylor. 2022. *Degenerations of*

Democracy. Cambridge, MA: Harvard University Press.

Calhoun, Craig and Michel Wieviorka. 2019. "Manifesto for the Social Sciences." Pp. 248-76 in S. Randeria and B. Wittrock (eds.). *Social Science at the Crossroads*. Leiden: Brill.

Cebral-Loureda, Manuel, Enrique Tamés-Muñoz, and Alberto Hernández-Baqueiro. 2022. "The Fertility of a Concept: A Bibliometric Review of Human Flourishing." *International Journal of Environmental Research and Public Health* 19 (5), 2586.

Chernilo, Daniel and Sebastian Raza. 2022. "The 'Normative Turn' in Sociological Theory: Sociology's Garden of the Forking Paths." *Civic Sociology* 3 (1), https://doi.org/10.1525/cs.2022.55639.

Cieslik, Mark. 2015. "'Not Smiling but Frowning': Sociology and the 'Problem of Happiness'." *Sociology* 49 (3), 422-437.

Creed, W. E. Douglas, Bryant A. Hudson, Gerardo A. Okhuysen, and Kristin Smith-Crowe. 2022. "A Place in the World: Vulnerability, Well-Being, and the Ubiquitous Evaluation That Animates Participation in Institutional Processes." *Academy of Management Review* 47 (3), 358-381.

Crothers, Charles, Lutz Bornmann, and Robin Haunschild. 2020. "Citation Concept Analysis (CCA) of Robert K. Merton's Book Social Theory and Social Structure: How Often Are Certain Concepts from the Book Cited in Subsequent Publications?" *Quantitative Science Studies* 1 (2), 675-690.

Cruickshank, Justin. 2022. "Objectivity and Normativity." Pp. 34-47 in B. Sanghera and G. Calder (eds.). *Ethics, Economy and Social Science: Dialogues with Andrew Sayer*. London: Routledge.

De Laat, Kim and Allyson Stokes. 2022. "Cultural Sociology and the Politics of Canonization: An Anglo-Canadian Perspective." *Cultural Sociology* 16 (2), 274-298.

Döpking, Lars. 2016. "How Sociological Theory Is Taught in Germany." *Theory: The Newsletter of the Research Committee on Sociological Theory, International Sociological Association* (Summer), 4-11.

Douven, Igor, "Abduction" in Edward N. Zalta (ed.). 2022. *The Stanford Encyclopaedia of Philosophy* (Summer 2021 Edition), https://plato.stanford.edu/archives/sum2021/entries/abduction.

Elder-Vass, Dave. 2022a. "Moral Economy: A Framework and a Manifesto." Pp. 97-105 in B. Sanghera and G. Calder (eds.). *Ethics, Economy and Social Science: Dialogues with Andrew Sayer*. London: Routledge.

Elder-Vass, Dave. 2022b. "Ethics and Emancipation in Action: Concrete Utopias." *Journal of Critical Realism* 21 (5), 539-51.

Fitzi, Gregor, Hans Joas, and Nicola Marcucci. 2017. "Interview by Gregor Fitzi and Nicola Marcucci with Hans Joas on the Reception of Émile Durkheim in Germany. Berlin: Humboldt University of Berlin, 6 October 2014." *Journal of Classical Sociology* 17 (4), 382-398.

Fitzi, Gregor. 2022. *Normative Intermittency: A Sociology of Failing Social Structuration.* Cham, Switzerland: Springer.

Giordan, Giuseppe, Chantal Saint‑Blancat, and Stefano Sbalchiero. 2018. "Exploring the History of American Sociology Through Topic Modelling." Pp. 45‑64 in A. Tuzzi (ed.). *Tracing the Life Cycle of Ideas in the Humanities and Social Sciences, Quantitative Methods in the Humanities and Social Sciences.* Cham, Switzerland: Springer.

Goldman, Harvey. 2014. "Interpretation and Explanation in Cultural Sociology." *History and Theory* 53 (1), 119‑129.

Grothe‑Hammer, Michael and Sebastian Kohl. 2020. "The Decline of Organizational Sociology? An Empirical Analysis of Research Trends in Leading Journals across Half a Century." *Current Sociology* 68 (4), 419‑442.

Guzman, Cinthya and Daniel Silver. 2018. "The Institution of Sociological Theory in Canada." *Canadian Review of Sociology/Revue Canadienne de Sociologie* 55 (1), 9‑39.

Hammond, Michael. 2018. " 'An Interesting Paper but Not Sufficiently Theoretical': What Does Theorising in Social Research Look Like?" *Methodological Innovations* 11 (2), https://doi.org/10.1177/2059799118787775.

Hermansen, Jens Christian. 2017. "Social Theory and the Everyday: Some Methodological Insights from Wittgenstein." *Distinktion: Journal of Social Theory* 18 (1), 41‑58.

Hartman, Todd, Helen Kennedy, Robin Steedman, and Rhianne Jones. 2020. "Public Perceptions of Good Data Management: Findings from a UK‑Based Survey." *Big Data & Society* 7 (1), https://doi.org/10.1177/2053951720935616.

Kohl, Sebastian. 2016. "How Much Do Sociologists Write About Economic Topics? Using Big Data to Test Some Conventional Views in Economic Sociology, 1890 to 2014." *MPIfG Discussion Paper* 16.

Korom, Philipp. 2019. "The Political Sociologist Seymour M. Lipset: Remembered in Political Science, Neglected in Sociology." *European Journal of Cultural and Political Sociology* 6 (4), 448‑473.

Korom, Philipp. 2020a. "The Prestige Elite in Sociology: Toward a Collective Biography of the Most Cited Scholars (1970‑2010)." *The Sociological Quarterly* 61 (1), 128‑163.

Korom, Philipp. 2020b. "The Talented Writer Robert K. Merton as a Powerful Gate‑Opener: An Analysis of 1, 460 Recommendation Letters." *Zeitschrift Für Soziologie* 49 (4), 249‑264.

Korom, Philipp. 2022. "From Luhmann to Esser: On Changing Intellectual Dominance in German Mainstream Sociology." Pp. 155‑174, in R. Leroux, T. Martin and S. Turner (eds.). *The Future of Sociology.* London: Routledge.

Lan, Pei‑Chia. 2018. *Raising Global Families: Parenting, Immigration, and Class in Taiwan and the US.* Stanford, CA: Stanford University Press.

Lee, Eunjung. 2022. "Resisting Dogmatism in Social Work Knowledge Generation: Theorising, Social Justice and Implications for Social Work Doctoral Education. " The *British Journal of Social Work* 53 (2), 1142-1160.

Lizardo, Omar. 2021. "The Cognitive – historical Origins of Conceptual Ambiguity in Social Theory. " Pp. 607-630 in S. Abrutyn and O. Lizardo (eds.) *Handbook of Classical Sociological Theory*. Cham, Switzerland: Springer.

Lynch, Kathleen, John Baker, Maureen Lyons, Sara Cantillon, Judy Walsh, Maggie Feeley, Niall Hanlon, and Maeve O'Brien. 2009. *Affective Equality*. London: Palgrave Macmillan.

Lynch, Kathleen, Manolis Kalaitzake, and Margaret Crean. 2021. "Care and Affective Relations: Social Justice and Sociology. " *The Sociological Review* 69 (1), 53-71.

Lynch, Kathleen. 2021. *Care and Capitalism: Why Affective Equality Matters for Social Justice*. Cambridge, UK: Polity.

Maares, Phoebe and Folker Hanusch. 2022. "Interpretations of the Journalistic Field: A Systematic Analysis of How Journalism Scholarship Appropriates Bourdieusian Thought. " *Journalism* 23 (4), 736-754.

Mayrl, Damon and Nicholas Hoover Wilson. 2020. "What Do Historical Sociologists Do All Day? Analytic Architectures in Historical Sociology. " *American Journal of Sociology* 125 (5), 1345-1394.

Moody, James, Achim Edelmann, and Ryan Light. 2022. "100 Years of Social Forces as Seen through Bibliometric Publication Patterns. " *Social Forces* 101 (1), 38-75.

Nersessian, Nancy J. 2008. *Creating Scientific Concepts*. Cambridge, MA: Bradford Book.

Nersessian, Nancy J. and Miles MacLeod. 2022. "Rethinking Ethnography for Philosophy of Science. " *Philosophy of Science* 89 (4), 721-741.

Oakley, Ann. 2000. *Experiments in Knowing: Gender and Method in the Social Sciences*. New York: New Press.

Oakley, Ann. 2011. *A Critical Woman: Barbara Wootton, Social Science and Public Policy in the Twentieth Century*. London: Bloomsbury Academic.

Oakley, Ann. 2021. *Forgotten Wives: How Women Get Written Out of History*. London: Policy Press.

O'Loughlin, Ian and Kate McCallum. 2019. "The Aesthetics of Theory Selection and the Logics of Art. " *Philosophy of Science* 86 (2), 325-343.

O'Neill, John. 2022. "Varieties of Unfreedom. " Pp. 153 – 174 in B. Sanghera, G. Calder (eds.) . *Ethics, Economy and Social Science: Dialogues with Andrew Sayer*. London: Routledge.

Ossandón, José. 2020. "Reading as Theorizing. A Conjecture Based on the Savage Detectives" Mode of Inquiry. " Pp. 45 – 61 in C. De Cock, D. O'Doherty, C. Huber, and S. N. Just (eds.) . *Organization 2666: Literary Troubling, Undoing and Refusal*. Wiesbaden, Germany: Springer.

Riviera, Emanuela. 2015. "Testing the Strength of the Normative Approach in Citation Theory through Relational Bibliometrics: The Case of Italian Sociology. " *Journal of the Association for Information Science and Technology* 66 (6), 1178-1188.

Sanghera, Balihar and Gideon Calder, eds. 2022. *Ethics, Economy and Social Science: Dialogues with Andrew Sayer.* New York: Routledge.

Savransky, Martin. 2018. "How It Feels to Think: Experiencing Intellectual Invention. " *Qualitative Inquiry* 24 (9), 609-616.

Sayer, Andrew. 1999. *Realism and Social Science.* London: SAGE.

Sayer, Andrew. 2005. *The Moral Significance of Class.* Cambridge, UK: Cambridge University Press.

Sayer, Andrew. 2011. *Why Things Matter to People: Social Science, Values and Ethical Life.* Cambridge, UK: Cambridge University Press.

Sayer, Andrew. 2012. "Power, Causality and Normativity: A Critical Realist Critique of Foucault. " *Journal of Political Power* 5 (2), 179-194.

Sayer, Andrew. 2014. "Kritik Und Naturalismus (Critique and Naturalism) . " Pp. 315-337 in U. Lindner and D. Mader (eds.) . *Critical Realism Meets Kritische - Theorie.* Bielefeld, Germany: Transcript Verlag.

Sayer, Andrew. 2019. "Normativity and Naturalism as If Nature Mattered. " *Journal of Critical Realism* 18 (3), 258-273.

Sayer, Andrew and Jamie Morgan. 2022. "A Realist Journey through Social Theory and Political Economy: An Interview with Andrew Sayer. " *Journal of Critical Realism* 21 (4), 434-470.

Silver, Daniel. 2019. "Theorizing Is a Practice, You Can Teach It. " *Canadian Review of Sociology/Revue Canadienne de Sociologie* 56 (1), 130-133.

Silver, Daniel, Cinthya Guzman, Sébastien Parker, and Lars Döpking. 2022. "The Rhetoric of the Canon: Functional, Historicist, and Humanist Justifications. " *The American Sociologist* 53 (3), 287-313.

Styhre, Alexander. 2022. "Theorizing as Scholarly Meaning-Making Practice: The Value of a Pragmatist Theory of Theorizing. " *Scandinavian Journal of Management* 38 (3), 101215.

Swedberg, Richard. 2012. "Theorizing in Sociology and Social Science: Turning to the Context of Discovery. " *Theory and Society* 41 (1), 1-40.

Swedberg, Richard. 2014. *The Art of Social Theory.* Princeton, NY: Princeton University Press.

Swedberg, Richard. 2015. "Theorizing in Economic Sociology. " Pp. 34-56 in P. Aspers and N. Dodd (eds.) . *Re-imagining Economic Sociology.* Oxford: Oxford University Press.

Swedberg, Richard. 2016. "Can You Visualize Theory? On the Use of Visual Thinking in Theory Pictures, Theorizing Diagrams, and Visual Sketches. " *Sociological Theory* 2016 34 (3), 250-275.

Swedberg, Richard. 2017a. "Theorizing in Sociological Research: A New Perspective, a New Departure?" *Annual Review of Sociology* 43 (1), 189-206.

Swedberg, Richard. 2017b. "Social Theory and Theorizing." In B. Turner et al. (eds.). *The Wiley-Blackwell Encyclopaedia of Social Theory*. West Sussex, UK: Wiley-Blackwell, https://doi.org/10.1002/9781118430873.est0860.

Swedberg, Richard. 2018. "How to Use Max Weber's Ideal Type in Sociological Analysis." *Journal of Classical Sociology* 18 (3), 181-196.

Swedberg, Richard. 2019. "How Do You Make Sociology out of Data? Robert K. Merton's Course in Theorizing (Soc 213-214)." *The American Sociologist* 50 (1), 85-120.

Swedberg, Richard. 2020a. "On the Use of Abstractions in Sociology: The Classics and Beyond." *Journal of Classical Sociology* 20 (4), 257-280.

Swedberg, Richard. 2020b. "Using Metaphors in Sociology: Pitfalls and Potentials." *The American Sociologist* 51 (2), 240-257.

Swedberg, Richard. 2021a. "Does Speculation Belong in Social Science Research?" *Sociological Methods & Research* 50 (1), 45-74.

Swedberg, Richard. 2021b. "Theorizing with the Help of the Classics." *Journal of Classical Sociology* 21 (3-4), 296-306.

Swedberg, Richard. 2022a. "Theory as Text or Theory as Activities?" *Sociologisk Forskning* 59 (1-2), 5-30.

Swedberg, Richard. 2022b. "Robert K. Merton's Approach to Teaching the Classics in Sociology." *The American Sociologist* 53 (1), 107-128.

Swedberg, Richard. 2022c. "Taking a Seminar with Merton." Pp. 69-87 in C. Crothers, L. Sabetta, and L. Stern (eds.). *The Anthem Companion to Robert K. Merton*. New York: Anthem Press.

Thacher, David. 2006. "The Normative Case Study." *American Journal of Sociology*, 111 (6), 1631-1676.

Thorpe, Charles. 2022. *Sociology in Post-Normal Times*. New York: Rowman & Littlefield.

Tsay, Ming-yueh, Tung-mei Shen, and Ming-hsin Liang. 2016. "A Comparison of Citation Distributions of Journals and Books on the Topic 'Information Society'." *Scientometrics* 106 (2), 475-508.

Turner, Stephen. 2022. *Mad Hazard: A Life in Social Theory*. Bingley, UK: Emerald Group Publishing.

van der Weele, Simon. 2021. "Thick Concepts in Social Research: What, Why, and How?" *International Journal of Qualitative Methods* 20, https://doi.org/10.1177/16094069211066165.

van der Weele, Simon. 2022. " 'Doing' Normativity in Disability Studies: Soft Suggestions towards an Empirical Ethics of Disability." *Disability & Society* 1-23.

Volkmann, Ute, Uwe Schimank, and Markus Rost. 2014. "Two Worlds of Academic Publishing: Chemistry and German Sociology in Comparison." *Minerva* 52 (2), 187-212.

Wright, Erik Olin. 2010. *Envisioning Real Utopias*. London: Verso.

重建信任：疫情危机下"合作抗疫"活动的个案研究

何江穗　　郭于华*

摘　要： 在 2020 年初的新冠肺炎疫情危机状况下，"合作抗疫"捐助活动在短时间内募集捐款并将防疫物资送达一线。这个通过互联网建立的自组织汇聚了积极助人的善念和自主参与的理念与行动。整个捐助过程体现了公益模式、企管模式和协商模式规范运作的特征，构成了重建信任的基础。"事本主义"的立场，在化解群内冲突、达成价值共识上发挥了重要作用。这种自组织行动也蕴含了社会信任重建和自发秩序形成的可能。

关键词： 合作抗疫　重建信任　价值共识

信任对任何社会而言都至关重要。社会科学对信任的研究已表明，当前我国社会信任结构中存在种种问题。一方面，"杀熟"甚至"互害"现象破坏了基于传统关系的人际信任；另一方面，因公权力及制度规则的失效，系统信任也频陷困境（孙立平，2003）。2020 年初以来，在抗击新冠肺炎疫情的过程中，相关的信任结构问题不仅造成多次舆情沸腾，而且影响了抗疫中的资源调配和协力合作。

2020 年初，由民营企业家和各方人士发起的以微信群为载体的"合作抗疫"捐助行动为我们探讨信任重建和社会自救提供了一个典型案例：在2020 年 1 月底至 3 月初的 36 天中，群友们以"合作抗疫·直达现场"为口

---

* 何江穗，中国政法大学社会学系讲师；郭于华，清华大学社会学系教授。

号，共同捐款、商议决策，解决防疫物资购买、运输、送达等过程中的各种困难，募集了超过 360 位捐助人的 396 笔捐款，总额近 36 万元，购买多种防疫物资，由群友志愿者直接送达武汉及周边的 60 多个医院、隔离点和社区。

对此次自组织捐助活动过程进行梳理分析，可为探讨当前社会信任重建的条件及路径提供有益的参考：危机来临时社会自救的动力来自何处？捐助模式与特点对重建社会信任关系的作用如何？活动网络的内在结构如何，冲突如何化解，进而这个临时性的以事为本的网络在完成捐助的过程中如何推进了社会信任的建立并推动捐助活动顺利进行？对这些问题的讨论，将有助于探讨从社会自组织层面出发重建社会信任的可能性。

一　缘起与动力机制：社会危机和参与意愿

1. 社会危机与自组织契机

新冠肺炎疫情发生初期的社会危机状况，为社会自组织的抗疫自救行动提供了契机。"合作抗疫"捐助的缘起是武汉医疗系统在疫情发生初期出现了防护物资短缺的状况。2020 年 1 月 23 日，武汉市宣布封城。就在这一天，武汉多家医院发出公告，公开向社会各界征集口罩、防护服等物资，一线医护人员和社区工作人员的困境与市民的惶恐状态由此进入了公众视野。危机也是契机，常态下屡遭诟病的冷漠麻木心态有所改变，民间善念与参与意愿被激发出来。"合作抗疫"捐助行动参与者的参与意愿，是以社会个体在面对危机时积极助人的善念为基础的。

此次捐助行动的参与者对当时的疫情危机都非常关注，虽然他们中的大多数都不在武汉及周边地区。多位群友在访谈中提到，在看到同事或朋友在微信群里转发的捐助行动的相关信息时，自己正因为疫情处于紧张、焦虑、无所适从的状态。而他们加入捐助微信群，是希望自己能为抗击疫情尽一份力。对这些捐助行动的参与者而言，加入此次捐助行动，既是自救，也是助人。积极地自救与助人，这种善意是他们参与抗疫捐助的重要动力，也是社会的希望所在。正如有学者指出，社会危机状况挑战了人们对系统的信任，但也是个体参与社会自组织的契机（朱建刚，2020）。

这些参与者不但相信社会力量可以自己组织起来应对危机，而且他们还意识到：与行政主导的捐助相比，自组织的抗疫捐助行动能够使他们以更直接的方式参与到疫情抗击之中。也就是说，自组织捐助行动的这些参与者的参与意愿，结合了积极助人的善念与自主参与的理念。这种善念和自主性也是此次捐助行动中信任得以建立的重要基础。

2. 人际信任与"陌生人"微信群

"合作抗疫"捐助的初始发起人是北京的民营企业家 K 先生。因为与武汉高校有合作项目，K 此前就从武汉高校学者的朋友圈里了解到当地医院防护物资缺乏的状况。于是 K 联络了自己熟悉的数位企业家以及与其有过交往的一些高校学者，快速组建了捐助微信群，并商定召集更多参与者共同捐款、购买防护物资直接运送到抗疫一线。根据参与商议的法律界人士的建议，为规避可能的风险，此次活动被定位为私人捐助，几位发起人只将捐助信息转发到自己的微信群中。发起人在自己的工作群及朋友群的转发很快给捐助群带来了新成员。在大约一周内（截至 2020 年 1 月 31 日），此次捐助不但在微信群里集合了一百多位群友，而且完成了第一期资金募集，共收到 137 笔捐款，合计 12 万余元。从这些数字可以看出：在较短的时间内，这次捐助行动的内部快速建立起了较强的信任关系。不难看到，"熟人"之间的人际信任对于在临时组建的自组织中建立起信任有一定的帮助。

然而，此次活动的多数参与者彼此之间其实是"陌生人"。捐助行动的几位发起人来自不同的职业界别，也就是说，直接通过发起人加入的参与者虽然与发起人之间有强弱不同的"熟人"关系，但由于这些发起人本身的异质性，来自他们各自"熟人圈"的群友呈现多样性，因而每位群友与其他多数群友可谓素不相识。此外，由于捐助信息还会被发起人的"熟人"再次转发，网络以滚雪球方式扩张，多数群友彼此之间并不存在关系链条，他们与多数群友之间完全是陌生人。K 坦言：尽管捐助群里有不少他认识的企业家和学者，但多数群友他完全不知道是什么人，而且不大可能对此进行了解。

与其他社会自组织研究（郭于华、颜青琪，2020）发现的情况相比，此次捐助是一次临时行动，延续时间短。参与者中的大多数并没有在此次行动中进行直接互动，可以说仍然是"陌生人"，遑论建立起人际信任。那么，信任是如何在活动过程中建立起来的呢？

3. 社会参与和超越人际信任的价值共识

从"合作抗疫"活动参与者关于自身参与意愿的表述中可以看到：此次捐助不但没有局限于人际信任，而且在一定程度上超越了人际信任。接受访谈的参与者在论及自己的参与行动时，更多地强调积极助人的善念/善举以及自主参与的理念，而不是仅仅基于人际关系来帮助"熟人"完成他们的某项工作。对活动参与者来说，加入此次捐助，既是助人，也是自救。积极助人并自救的价值共识构成了他们参加捐助行动的动力。

此外，此次捐助行动的参与者不但相信个体及各种社会力量可以自己组织起来自救以应对社会危机，而且意识到以"合作抗疫·直达现场"方式强调参与者共同捐款、共同协商、共同行动的公共性，可以使他们通过更直接的方式参与到疫情抗击之中，为抗疫出一份力，同时意识到自己不再是孤独无助的个体，他们感知到了自身作为参与者的主体性和力量——社会的力量。

概括而言，"合作抗疫"活动在招募捐助者时，虽然在一定程度上借助了人际信任，但即便就参与者的个人意愿而言，此次行动的信任基础也已经超越了人际信任。虽然由于大多数参与者对其他参与者来说主要是非组织关系约束的陌生人，此次捐助活动初期也出现过较严重的信任危机（详见本文第三部分），但活动过程及其结果都增强了参与者对此次行动的信任。信任的确立及增长，需要在行动中建立。

二　捐助过程及运作模式：规范化与信任增长

针对疫情的"合作抗疫"捐助显然是一次公益慈善活动，自然具备一般公益活动的特点，如交流协商、民主决策、公开透明等，但在其组织架构和实际运作中，企业管理方式也发挥了重要作用。关于企管模式还是公益模式及其相互关系的讨论，不仅对我们认识此次活动成功的意义是必要的，而且对理解更大范围的现代公益活动范式也不无裨益。

1. 作为公益行动的自主捐助

在"合作抗疫"捐助刚开始时，发起人为了规避可能的法律风险，将此次捐助定位为私人捐助，但此次捐助始终都是符合《慈善法》的救助"疫情灾害所造成损害"的公益慈善行动。此次行动由参与者自愿捐款，群友志愿者推进捐助行动的具体事宜，即捐助行动是明确按照公益模式来运作的。

"合作抗疫"捐助遵循公益模式，首先体现在参与者的自愿捐款行为。从 2020 年 1 月底开始，此次捐助一共进行了三期捐款：第一期（1 月 30~31 日）根据所确定捐赠物资的款项预算，募集捐款 12 万余元；第二期（2 月 8~9 日）希望募集捐款 5.1 万元，实际募集 5.7 万余元；第三期（2 月 14~15 日）原本募集了 19.2 万余元捐款，后因医院定向捐赠受阻，向三位捐款人全额或部分退回捐款，最终的募款总额为 17.7 万余元。从这些数据可以看到：每一期行动都在较短时间内募集了数目不小的款项。这一方面是由于捐助是以微信群为载体的，信息传达、捐款、收款等手续十分便捷；另一方面是由于参与者都非常积极，踊跃认捐，捐款就相对迅速。第三期捐款的三位参与者在行动计划改变之后要求退回自己的捐款，也是认捐自愿的一种体现。此外，值得注意的是，三次募款共收到 396 笔捐款，其中有 56 笔捐款来自使用化名或匿名的捐款人。一位不具实名的捐款人在访谈中表示："这是公益捐赠，大家帮忙，没有必要留实名。"可见，捐款人认可此次行动的公益属性，甚至愿意以匿名捐赠的方式参与其中。

"合作抗疫"捐助的公益模式还体现在整个过程的公开、透明、主动接受捐赠者监督方面。捐款的收支状况，一线机构需求信息的收集和确认，防疫物资的采买、运输和最终送达，以及捐助微信群的日常组织工作、行动进展、相互协调等，都是由群友自发参加并进行每日公示的。尤其是负责在武汉地区将物资送达现场的志愿者给人们留下了深刻的印象。这不仅是因为工作的最后一环是效果的展现，而且是因为这是最为艰难的环节："这个送到哪儿了，拍个照，送到这个医院那个医院这些……（他们）有时会有交通管制，会说路途上的一些东西。感觉确实比较辛苦。"这段群友描述中的志愿者是武汉的一位民营企业家 C。C 通过其他民营企业家得知此次捐助行动需要配送物资的志愿者，便加入了捐助微信群，并报名负责捐助物资进入武汉城区后的配送。没有一线志愿者这样的公益精神和行动能力，"合作抗疫·直达现场"是无法想象的。此外，还有不少群友志愿者参与了不太为人所关注的日常工作，比如协助不同职责的志愿者相互联络、收集整理捐助过程中的各种凭证、准备每日公示的文案等。据 2020 年 3 月 8 日在捐助微信群中公示的《"合作抗疫·直达现场"第 1~3 期活动总结》统计："不少于 22 名志愿者参与到活动中，贡献了超过 500 小时的志愿时长。"这些数字也许并不引人瞩目，但正是志愿者们的合力行动成功实现了捐助的公益成效。

与正规公益组织的直接合作也是此次活动值得关注的特点。发起人 K 从行动之初就联络了一位在公益组织担任法人的朋友 H 作为此次捐助的共同发起人。H 所在的公益组织 XI 是在某省注册的一家民非企业，其章程明确了该组织的性质是"从事非营利性社会服务活动的社会组织"。在确认该组织可以接受私人捐赠并将其用于捐助防护物资之后，H 及公益组织 XI 就正式成为此次捐助行动的发起人。在第一期捐款开始时，捐款人是通过微信转账给负责收款的群友志愿者；在 H 及其所在的公益组织 XI 正式加入此次捐助行动之后，所有的捐款收支都由 H 经手，通过公益组织 XI 的对公账户办理。H 相当于担任了此次捐助行动的出纳，而原来负责收款的群友志愿者则继续参与记账，履行会计职责。从向防护物资生产企业转账的银行回单以及抗疫一线机构出具的物资接收证明中可以看到：公益组织 XI 在第二期捐款开始时（2 月 8 日）取代了捐助微信群，成为物资采买及捐助在名义上的主体。更准确地说，此次捐助行动，在某种意义上具有了"正式的"组织身份，在各种凭证上的署名为"公益组织 XI 的合作抗疫行动组"。

"合作抗疫"作为明确的公益行动，具有一般公益模式的特点：共同参与、分工合作、民主协商、公开透明、接受监督等。这种公益模式一方面有助于增强参与者自主参与的价值理念，另一方面也使得自组织行为更为规范化并赢得了更多的信任。

2. 社会自组织与规范化的企管模式

"合作抗疫"虽然是公益行动，但就整个过程的具体运作而言，明显具有规范化企业管理的特点。捐助行动的发起人 K 是一位成熟的民营企业家。他在筹备活动时，就和一些熟识的企业家讨论过行动的可行性。企业家的加入给此次捐助行动带来了一些不同于一般公益活动的色彩，使其实际运行同时具有比较规范的企业管理特点。

企管模式首先体现在整个行动有明确的组织架构和分工。自 2020 年 2 月初的第二期捐助开始，就有正式的公益组织加入，还邀请了法律从业人员担任法律顾问。由志愿者组成的运行团队也有细致的分工。从 2020 年 1 月底的第一期捐助开始，财务、协调、物资采买、信息公示和后勤外援等工作都有专门的志愿者负责。在 2 月中旬第三期捐助时，捐助行动的运行团队更明确地分成了财务组、联络组、需求组、采买组、配送组和筹款组六个团组，分别负责捐助过程的不同环节。

尽管"合作抗疫"活动的筹备及实际运行的时间都不长，但企管模式使捐助过程的各个环节有了比较规范的管理方式。尤其是严格的财务制度，例如，财务组既有出纳也有会计，所有捐助物资的购买都要保留转账凭证及供货商的收据。为了确保捐助物资"直达现场"，配送组也被要求在配送过程中拍照留证，还要从接收物资的一线机构取得"收捐证明"。而且上述凭证都要交给联络组保存，并由筹款组负责在微信群里发布每日公示，向捐款的群友汇报捐助活动的进展。可以看到，各个环节实际上都是按照相对严格的企管模式来运作的。

由于捐赠给抗疫一线的不是钱款而是物资，寻找货源、选择适合的供货商、谈妥价格、交货、验货和运输等过程都属于商业活动，而与当地工商、监察、交通、防疫等有关部门打交道并应对政策、管控方面的时时变化等都不是易事，熟悉地方性和商业模式的企业家无疑是最合适的志愿者人选。

"合作抗疫"活动由企业家发起和运作，将企管模式与公益模式进行了较好的融合，活动的成功进行对参与并见证了整个过程的群友来说也是一次学习过程，同时规范化的企/商业模式也有助于提升人们对这类自组织社会活动的信任。

其实，无论是公益模式还是企管模式，合作协商、民主决策、公开透明都是经由规范化带来活动成功的必不可少的要素。

3. 充分协商、民主决策、共同监督形成的合力与互信

活动甫一开始，发起人即明确表示，捐助微信群的每一位群友都是行动决策的参与者。"捐款入群"（不愿入群者除外）即可看到每一个环节的进展和细节，并可在群里发表意见、参与讨论。发起人 K 在访谈中说明了分期组建微信群的考虑：每一期捐款的使用都可以由相应的捐款人直接监督；虽然不可能每位群友都会仔细查看群里公示的各种凭证，但只要有人查看，有疑问就会在微信群里提出，那么就相当于群友共同监督了。这种群友共同监督的安排强调了所有捐款人共同参与捐助的全过程。实际上，在每一期捐助行动中，购买哪些物资、送往哪些机构、如何将物资从厂家运送至武汉及周边地区，这些决策不仅是群友"共同"做出的，而且遇到的各种问题也是由群友群策群力协调解决的。

例如，从第二期捐助物资的购买开始，群友通过协商共同解决问题的方式就有了更明确的体现。在 2020 年 1 月底开始的第一期捐助物资如防护服、隔离衣和口罩等逐步送达一线医院的过程中，因武汉一位眼科医生感染新冠肺炎的相关报道影响较大，2 月 8 日开始的第二期捐助即准备购买一批护目镜。运行团队联系好了厂家，所需款项也征募齐备，但供货方所在地的政府于 2 月中旬对防疫物资进行管控，厂家无法交货，第二期捐助难以按计划进行。鉴于这种情况，运行团队在第二期捐助微信群中进行了说明，同时征求群友意见：是退回捐款？还是与第三期捐助合并，改买其他防疫物资？最后第二期的所有捐款人都没有退出，第二期的捐款与第三期合并，第二期微信群的所有群友都加入了第三期捐助微信群。

未久，2 月 14 日开始的第三期捐助购买防护服和隔离衣的计划，很快

也受到了地方政府管控的影响。在当地疫情防控指挥部发布的公告中，不仅明令禁止"私自交易"防疫物资，而且关闭了原有的交易站，禁止快递收寄相关物品。因此，整个捐助行动陷入停滞。运行团队在微信群中通报了地方管制政策，向群友征求解决方案。与此同时，运行团队也针对抗疫一线机构的需求进行了再度沟通，并在捐助微信群中提议可将一部分捐款用于购买不属于管控物资的酒精。这些信息引起了群友的热烈讨论。一方面，群友就购买哪些物资进行了商讨甚至争论，诸如酒精是不是一线抗疫机构的急需物资。另一方面，群友也就在管控之下如何完成运送而献计献策。据志愿者 Y 描述："群里这次讨论的热烈程度仅次于对武汉某眼科医生去世的讨论。"而捐助行动最终得以推进完成，也得益于群友在线上的讨论以及之后在线下给予的帮助。

在第二期和第三期捐助遭遇困境后，志愿者运行团队不但及时在微信群里说明情况，调解争论，而且还在群友意见和建议的基础上，提出解决方案：除了购买一位群友帮助联系到的防护服外，余款都购买酒精；捐助物资配送到武汉一线抗疫机构，不再进行定点定项捐助；有异议的群友，可以要求退回捐款。这个新方案得到了参与第二期和第三期捐款的绝大多数群友的认可。最终，运行团队用第二期、第三期捐款购买了 2914 套防护服和 1200 桶（5800 升）酒精，并经由几位群友接力传递，得以从厂家送达武汉及周边城市的 40 多个医院、隔离点和社区。

不难看到，比较充分的信息公开、交流讨论和共同决策有效地解决了捐助过程中遇到的问题，在便于捐款人共同监督的同时，发挥了民主决策的作用。从实际效果来看，协商模式也有助于加强群友对自组织捐助的信任，他们不但认可了这种运作模式，也用实际行动实践了这一过程，从而真正体现了"合作抗疫"的精神和理念。

"合作抗疫"活动在面临各种制约的条件下，能够有序且有效地推进，显然离不开参与者之间的相互信任。这种信任超越了建立在自主性基础上的自信，也超越了单纯的人际信任，其背后有着通过公共参与来实现助人与自救的价值理念和社会认同感。

信任增长具体表现在两个方面：有捐款人参与了多期捐款，还有群友承担了相当数量的代捐。在捐助行动收到的 396 笔捐款中，有近 40 位捐款人多次认捐。这表明：随着捐助的推进，捐款人对此次活动的认可及信任是持续增加的。另外，捐款中还有 90 笔代捐，即实际具名的捐款人并未加入微信群，而是由群友代为捐款。请人代捐且要求匿名的捐款人 P 在访谈中表示：看到朋友转发的捐助信息后，希望能出一份力，但因事务繁忙，就没有加入捐助微信群，而是请朋友转交捐款。对实际捐款人而言，请人代捐一方面是基于对代捐人和发起者的信任，另一方面也有参与抗疫行动的意愿在其中。就此而言，实际捐款人对代捐人的信任之中当然也包含了对捐助行动价值理念的认可。这种信任，既含有人际信任，也超越了既有的人际信任。从代捐人来看，除了部分群友为亲朋好友代交一两笔捐款之外，有 6 位代捐人的代捐数量超过 6 笔，其中最多的一位代捐人代捐了 24 笔。这 6 位代捐人实际上相当于本次捐助行动的募款人，他们不仅向自己的熟人传达此次捐助行动的信息，而且愿意协助不便直接参与或具名的捐款人完成捐助。值得注意的是，无论代捐数量多少，代捐人多是在自己捐款之后进行的代捐，其代捐多发生在第二期和第三期捐款中。正如代捐人 F 所言，在参加了此次捐助行动后，特别是加入微信群后，看到了捐助过程中的规范化公示，见证了微信群中的协商决策，因而也更愿意向其他人推送捐助的相关信息。

由此可见，尽管在此次临时自组织的行动中既有的人际信任起了一定的作用，但众多参与者的加入显然是出于对自主参与公益活动和相应管理程序及其背后价值理念的认同，已然超越了人际信任。而比较规范的公益模式、企管模式和协商决策机制也使一种新的信任得以建立和增长。

三　冲突与合作：在行动中建立信任

与所有公益救助活动和商业活动一样，"合作抗疫"捐助活动的过程并非平滑顺畅，除了如前所述活动过程中遇到的各种困难阻碍，捐助微信群内部由结构特点、认知差异、观念冲突等引发的矛盾也在所难免。

1. 非组织关系与初始信任危机

"合作抗疫"本是因疫情危机而起的一次临时行动，又是凭借互联网组织起来的，既无建立正式组织的意图，也不存在实体的组织架构。除了几位骨干发起人，其余参与者多是通过"熟人"介绍加入，相互之间的陌生状态一直持续到活动结束。故捐助微信群的组织性质大体是依靠共同行动目标而临时结合在一起的松散社会网。有学者（张静，1997）指出，人际关系约束、单位组织约束和制度约束是我国维持信任的主要机制。如前所述，人际关系约束在此次活动中作用有限，而后两种机制则基本不存在。可想而知，这种网络型活动中的信任自然较为薄弱。特别是活动初期，有些参与者会对捐助活动的动机和背景采取观望甚至质疑的态度。此次活动的第一次信任危机，就是在这样的情况下出现的。

在捐助筹备过程中，有意愿捐款的群友加入了筹备微信群，发起人也在这个群中说明了一些初步打算：群友共同捐款，购买防疫物质后直接送达因物资缺乏向社会求助的武汉地区的医院。此时，第一期募捐尚未开始，捐助行动的具体操作方式也还在商讨之中，而一位群友却发声质疑发起人有"诈捐"之嫌。据发起人 K 后来描述：这位群友可能是向社会征集物资的武汉某医院的实习医生，"他说我们是利用他们学院、他们医院的名义募捐……而他们并没有（向社会征集物资）这个事"。于是 K 在微信群中再次说明了自己通过在武汉的合作者所了解到的情况，并重申此次行动是"合作抗疫"，每一位参与者都可以直接对捐款使用及物资送达进行监督。几位与 K 比较熟悉的群友也在微信群里表明了对 K 的信任。与 K 有过合作的高校学者 F 就是其中一位："K 是什么样的人，大家都知道。我主张'捐者不疑，疑者不捐'。"怀疑发起人"诈捐"的那位年轻人当时与几位群友发生了比较激烈的争吵。有群友建议：愿意相信的就留下，不相信的可以退群，不存在任何强迫性。

微信群里关于"诈捐"的争论暂时平息了。不料，当晚几位捐助发起人分别接到驻地派出所的电话，说有人报案称他们涉嫌诈捐。K 在电话中回复警方：相关信息来自他在武汉高校的合作者——一位武汉市政协委员，以此佐证信息的真实性和并不存在"诈捐"。而另一位发起人则被要求去派出所说明情况，至凌晨才回家。几位发起人都及时在微信群里说明了与警方的沟通状况。从微信群得知这些情况的 F 说："大半夜的，大家都着急，不知道怎么回事。等（发起人从派出所）出来了，一看没事了，才放心。"因警方并未明令禁止此次捐助，举报"诈捐"风波才算彻底平息。

从"诈捐"风波来看，临时自组织行动中的信任在初期并不牢固，并没有出现有些组织理论学者（迈耶森、韦克、克雷默，2003）所说的在工作取向的临时群体中的"快速信任"（swift trust）。在几经辗转的信息传递和滚雪球式网络形成的过程中，人际信任的作用有限，而群友之间松散的合作关系也不存在组织化约束。这些与临时工作群体有相似之处，但"合作抗疫"是捐助行动，与前述组织理论关注的通过合作工作来获得报酬的临时群体有根本差别。因此，哪怕有共同的行动目标，参与者在活动之初仍难免出现信任危机。而此次信任危机的解决过程，实际上巩固了临时自组织行动中的信任关系。一方面，当有人质疑发起人"诈捐"时，与发起人熟识的群友发声支持发起人；另一方面，与这些发声群友熟识的群友，即便之前与发起人完全陌生，在看到自己"熟人"的担保之后，也会增强对发起人的信任。另外，质疑"诈捐"者与支持捐助的群友在争论过程中的各自陈词，显示出各自的想法和理念，这也有助于其他群友了解双方立场，选择自己信任的一方，选择去留。经过这样的自然筛选，绝大多数留下的参与者对此次活动的信任实际上也增强了。经历了多少令人紧张的波折——争吵、举报、报警、半夜询问等不信任历程，活动反而以消极的方式获得了合法性，同时也增强了参与者的自信和对捐助网络的信任。正如研究者（郑也夫，2001：104）指出的：经历不信任，也能强化参与者的信任。

2. 群内冲突：观念差异

需要注意的是，"合作抗疫"捐助行动过程中的冲突主要是观念差异带来的冲突，即对同一议题的不同看法而导致的冲突。日常社会生活中的冲突通常是由不同社会位置的利益关系导致的，简而言之，常见的冲突通常与利益有关（Dahrendorf，1955）；观念差异造成的冲突，经常会让位于利益关系。然而，在类似此次捐助的自组织公益活动中，人们之间几乎不存在实质性利益关系，加之又不存在相应的组织关系和规则来制约彼此，因此，人们通常无须容忍彼此的观念差异，由此带来的冲突也就不足为怪。

前述"诈捐"风波，实际上就是观念的冲突。正如发起人 K 的解释："那个医院没物资，最早向社会募集。而一旦社会物资到了，上头压力也下来了，医院（官方）于是又否认。这样的话，他就感觉社会声援是不是另有目的。"发起人和相当一部分参与者将捐助理解为：在防护物资不足的状况下，社会力量通过向医院捐助物资来"合作抗疫"。而对质疑者来说，他不认为自己工作的医院需要社会力量来共同抗疫，所以他断定发起人组织此次行动有其他目的，甚至是为了个人私利，比如诈骗捐款。由此可见，质疑者对"合作抗疫"即社会力量参与抗疫的必要性及重要性持有与发起人和多数参与者完全不同的看法，其背后当然有着观念上的巨大鸿沟。

实际上，对社会自组织参与抗疫的不同看法，也是捐助微信群日常冲突的主要论题。在志愿者 Y 的印象中，捐助微信群经常出现各种争吵："（在微信群里）看到转发外媒（报道疫情）的文章，甚至北京青年报征集（参与抗疫的）采访对象的公告，一些人都会说这是不是不怀好意？不能递刀子啊。"显然，有些群友认为，社会自组织参与抗疫，很容易陷入批评政府行动不力的意识形态陷阱，而这就属于"负面信息"，有给抗疫甚至给国家"抹黑"之嫌。而对另一些群友来说，指出抗疫工作的不足并出钱出力弥补充实绝不是什么"负能量"，恰恰是以积极参与的方式为解决实际问题助力。对前一类群友而言，参加社会自组织的抗疫行动，与参加政府组织的抗疫工作的意义是相同的，是"对祖国，尽了一片心"（引自一位参与者的朋友圈），只是另一个选项而已。而对后一类群友来说，他们更相信社会力量参与抗疫的意义在于面对政府主导的抗疫工作中的不足，通过公众参与来解决这些问题。公众参与的抗疫行动，与政府主导的抗疫工作是有所不同的。民众群策群力，不仅有可能补齐行政力量在调配物资方面的短板，而且也是公共参与和社会自身的成长。总体而言，由于这两类群友在民众参与这个议题上立场不同，他们在政府的疫情处置、媒体的抗疫报道等方面就会有不同甚至是对立的看法。面对这些难以回避的议题，微信群里的争论是正常现象。

观念冲突的化解与利益冲突的解决不同。就此次活动而言，"合作抗疫·直达现场"本身就是明确的目标——把事做成。行动发起人、群友志愿者、运行团队和多数捐助者都采取了这种事本主义的态度，在把事做好的过程中化解冲突，建立信任。

3. 行动中建立信任：事本主义与"共识"

"合作抗疫·直达现场"的基本目标就是通过参与者共同捐款、共同商议，将购买的物资送达一线，这是所有参与者的底线共识。尽管工作过程中的争议实际上是对公众参与社会事务的作用有不同的看法，但是，上述目标是所有参与者认可的共同"事业"。因而每当微信群里出现争端时，发起人和运行团队通常会出面强调群里所有人都是为了共同的目标做事，不必对"合作抗疫"之外的议题进行讨论。这是在调解群友冲突时采取的"事本主义"立场：只讨论与捐助行动直接相关的事务，对于其他议题，建议尽量不争论，相互容忍，集中精力，以确保捐助这件事的完成。

捐助微信群中比较激烈的一次争论发生在 2022 年 2 月 19 日，当时正处于第二期和第三期捐赠遇到问题的解决过程中。有国外媒体通过参与捐助的高校学者了解到此次捐助的一些情况，发表了一篇专题文章。发起人 K 将这篇文章转发到捐助微信群后，有一名群友表达了强烈不满。根据志愿者 Y 描述："有一位群友表示不要发这样的文章，他就直接说是境外势力。然后其他群友出来调解，……就息事宁人，说我们是来做事的，不必争论。就平息了。"对外媒报道持异议的群友，显然是担心捐助被描绘为对政府抗疫工作不满。因此，他不希望在微信群中出现外媒的报道。而发起人 K 将这则报道转发到微信群中，主要还是将其作为对群友共同行动的肯定。可见，出现异议时，"事本主义"就成为化解争议的共识：大家可以有各自的看法，但更重要的是共同的目标；把捐助工作做成做好，大家尽量相互容忍彼此的观念差异。

将共同的"事业"作为组织凝聚的核心方式，是许多志愿组织的行动策略（郭于华等，1999）。然而，"事本主义"是依托于"事"的。要获得参与者的信任，冲突双方愿意各退一步，都依赖于有大家要共同做的事情。也就是说，临时自组织公益行动的根基，还在于行动本身的进展和成效。如果行动得以推进，且有望实现共同行动的目标，那么，在此过程中出现的各种观念冲突就容易被化解。"合作抗疫"捐助行动在疫情初期的危急关头，在遭遇各种困境的情况下，一直努力推进工作。也正是在捐助行动的逐步推进中，人们的观念有可能改变，进一步的共识得以形成，社会信任也得以重建。这也是超越"事本"的可能性所在。

诚然，这种"事本"的临时公益组织在"事本"的目标完成之后，通常就会散去。一方面，自组织因事而起，事情结束了，组织也就没必要存在了；另一方面，虽然行动过程中参与者会在某些方面形成一定的共识，但很多观念差异并不会因共同参与了一次捐助行动而消失。就"合作抗疫"而言，微信群中的交流互动在第二期及第三期的物资送达后就不那么活跃了。此时，疫情危机开始缓解，捐助行动不再继续，而观念差异引发的各种争论还是会不时出现，而且不再有"事本"的要求，各方容忍退让的意愿也就减弱了。

在第三期抗疫物资送达后，捐助工作告一段落。一部分群友渐次退出了捐助微信群。虽然微信群并未解散，但逐渐不再有群友发言了，这意味着临时的公益自组织实际上解散了。无论如何，在此次活动中，参与者协力完成了防护物资的捐助，见证了公众参与的意义，也建立了新的信任：既包括通过互联网联系起来的人际信任，也包括超越人际的对社会自组织力量的信任。观念差异仍然存在，但至少价值方面的某些"共识"曾经在行动中达成。

四 结论与讨论：社会信任重建与自发社会秩序的可能

重大灾难来临时，社会自发、自组、自主的互助合作活动在任何形态的社会中都不难见到，而这类看似平常的事件背后的意义对不同社会却各不相同。尤其对社会自身相对羸弱的地方，其功效可能有限，但其发展的力量却意义非凡。灾难降临时，散落在社会中的善念善举如何通过非组织化的救助过程重建社会信任，进而形成社会的自发秩序即自治的可能？上述"合作抗疫"活动的过程正是在此意义上进入我们的研究视野的。

1. 事本主义取向，以民间善念形成的救助动力

新冠肺炎疫情突降武汉，一时间如瘴气笼罩、乌云压顶，使民众手足无措、人心惶惶；危机之下来自本地和异地的救助基本上属于临时起意，即并不是有组织、有专业经验并有所准备的救助行为。值得注意的是，作为事件背景的整个社会氛围，并非一种有利于社会团结的状态：长久以来由于一些社会事件的负面影响，人们越发不敢在有人需要救助时伸出援手、见义勇为，多是自顾不暇、人心麻木。在社会信任缺失的背景下，此次"合作抗疫"捐助行动的完成显现了些许亮色。

在 2020 年 1 月底至 3 月初的 36 天内，几位民营企业家和高校学者借助微信群组织了超过 360 位参与者，经三期捐助获得捐款约 36 万元，共同商议解决防护物资购买和运送中的各种问题，最终将防疫物资直接送达武汉及周边城市的 60 多个医院、隔离点和社区。

行动来自理念。尽管困难重重，内部和外部压力都存在，但却显示出人还在、心未死：通过善事义举意识到自身的主体性存在、个人参与的权利和能力存在与扩展的可能，是个人做出选择的根本。虽然以事为由，事毕群散，但毕竟事成信立。而这种以事为本、看似微薄弱小的力量是可以生长的，这也是社会信任增长和社会自身的希望所在。因而这种善举和善念尤其值得社会学研究者予以关注。

2. 非组织化存在，基于理念/价值共识形成的凝聚

与上述事本主义特点相关，"合作抗疫"活动的另一个显著特点是非组织化的组织，即实际上并无实体性组织存在，参与者只是在有关事件上、在有限时间内，以团结互助的行动完成了捐助工作，其后即各自散开，各回各家。大多数参与者素不相识且事后仍是互不相识，而这种因事携手、事毕撒手的松散连接却并非一事无成，而是比较高效地完成了任务。这一特点会给组织社会学和管理学留下分析思考的空间：新时期社会自组织及其自主运作

有哪些新的特点，它们又会给社会的发育成长带来哪些特点和新意？

此次“合作抗疫”捐助行动的发起人和部分参与者来自民企和高校，因而公益模式、企管模式以及不可或缺的协商过程在救助活动中相得益彰。分工合作、规范且灵活的企管模式确保了活动的有序推进。特别值得一提的是，捐助采取的充分协商、民主决策和公开透明策略，在应对各种约束条件、群策群力解决困难、最终完成任务的过程中起到了非常重要的作用。公益模式、企管模式以及协商模式的共同作用，也提升了参与者的自信及其对自组织行动的信任。

捐助行动的网络化凝聚特点突显了互联网的组织化作用，形成了非组织化的组织，即人际的网络型连接。首先可以表述为“自联”——自发性、个人性、主体性、主动地联结；进而形成“互联”——自主自觉的个体之间形成具有公共性的交流、互动和集体行动，并通过民主协商、协力合作，有效完成捐助任务。在此，互联慈善与互联经济有类似之处，其对新媒体技术的使用则是建立信任的全新途径。这一过程让我们进一步思考：重大危机下社会信任和基于信任的合作行动何以可能？人们为何对未曾谋面或了解有限的组织者和其他参与者抱以信任？理念认同与价值共识在信任重建过程中起到了何种作用？组织者和不同参与者的互动扮演了什么角色？不难发现，作为虚拟社区的互联网在现实社区的形成和演变中发挥了极其重要的作用。

3. 新社会信任的形成和自发社会秩序的可能

事本主义、非组织化方式运作在捐助过程结束后，似乎已复归平常、了无痕迹，让人感到似乎什么也没留下，而这是一个需要持续和延展思考的问题。

首先，一次公共性捐助活动结束后实际的效果和实体性留存可能非常有限，甚至并不存在，但其意义和观念层面的影响却不应被忽视。“合作抗疫”活动向我们展示了一种可能性，即某种信任重建的逻辑：此个案在一定程度上说明，价值认同、理念共识是产生信任的重要条件。从一开始的分散状态、互不信任、意见分歧甚至矛盾冲突，到捐助艰难进行、逐渐展开、最终完成，人们之间的社会团结也呈现逐渐形成和增进的趋势。不难想象，下一次捐助，抑或这些人在线下的持续性互联，都是这次活动的积极后果。

　　其次，捐助活动的运作和管理体现出企业管理和商业模式的一些特点，这与组织者和参与者的职业身份有关，也是在紧急情势下必须选择快速有效的救助方式所致。而这一点恰可说明，公益活动中的企业/商业模式与社会本位并不矛盾，它们都是慈善公益事业的运行方式，也是通过自发秩序的形成重建社会信任的重要机制。

　　在讨论有关信任的问题时，福山曾引用社会学家詹姆斯·科尔曼的"社会资本"概念，即群体或组织内部的人们为了某些共同目标而合作的能力。这类结社的能力取决于共同体内规范和价值共享的程度，并且它能让个人利益服从全体利益，进而价值共享缔造信任，而信任则具有巨大的且可衡量的经济价值（福山，2016：10~11）。如若"社会资本"匮乏，将导致相反的过程：信任关系难以建立，经济运作成本上升，市场活力严重不足。在一个健康的市场经济中，应该有足够的社会资本支撑整个社会，使企业、公司、网络组织等能够自行组织起来。这种自我组织习性也正是民主体制顺利运转的必要条件。只有建立在民众自治之上的法律，才能将自由制度转化为有序的自由（福山，2016：334）。

　　长久以来，中国社会对商业文明和企业家（精神）有着深刻的误解，唯利是图、坑蒙拐骗、缺少社会责任几乎是其定制标签。其实，商业本身就是最大的慈善，这一观点在亚当·斯密的名著《道德情操论》（1759年出版）和《国富论》（1776年出版）中已经提出。哈耶克（2000）一贯主张的自发秩序的形成与扩展也表明，"市场是唯一已知的方法，它能够提供信息，使个人可以对他们直接有所了解的资源的不同用途的相对利益加以权衡，并且不管他们是否有此意图，他们能够通过利用这些资源，为相距遥远素不相识的个人需求提供服务"。哈耶克所阐明的商业与公益的关系，强调的正是基于表面利己的商业，我们才能做到更好地服务于他人，服务于全社会的共同利益。

　　人们时常困惑于为什么行善的效率往往不如商业？经济学家薛兆丰（2018）认为"商业才是最大的慈善"。另一位经济学家张维迎也曾指出："对于市场与慈善的关系，好多人到现在仍有误解。其实，市场也是促进人类道德的一种制度。市场经济制度符合人性，使所有人实现合作，使我们变得越来越相互依赖。每个人都在追求自己的幸福，但是你要自己幸福，首先要使他人幸福，比如任何一个企业要赚钱，都要先给消费者创造价值，任何一个工人找到工作，拿到工资，都要在企业本身的生产过程当中创造价值这个我称之为市场的逻辑。慈善本身遵循的也应该是这样一个大的市场逻辑。""如果没有私有财产，慈善是不存在的，而这个观点是亚里士多德在2000多年前的古希腊时期就提出的。"（王振耀、张维迎，2014）

理解商业是最好的慈善，除了上述相关理论的分析还有现实的层面。首先，慈善救助的基础和源头是必须有创造出来的财富，进而还需要合理、有效地配置这些财富资源。配置的方式可能是商业/企业运作模式，也可能是权力分配模式。然而，在现实中，权力运作模式常常会出现寻租、腐败、低效等弊端。自发秩序下的商业运作不仅使捐助更为有效，而且有利于社会公正的实现和社会信任的建立。前提是参与者有着明晰的个人权利意识，有着作为公民对自身责任和义务的认知。可见，公益慈善活动是由权力主导还是由权利主导是一个根本性的问题。

另一个有待深入讨论的问题是，社会与市场在信任建立过程中是什么关系？哪个维度的作用更为重要？二者固然不是非此即彼、有我没你的单极关系，但社会学更多强调社会至上不免有时会忽略市场维度。

人的经济活动嵌入于社会关系，是社会科学中经久不衰的重要命题。经济人类学家卡尔·波兰尼在对19世纪英国史的考察中就提出了"能动社会"（Active Society）的概念。他认为，人类的经济生活原是嵌入于非经济的制度和社会关系之中的。而当市场逻辑全面渗透于人类生活时，与市场扩张相抗衡则是社会的自我保护运动：面对市场的侵蚀，社会本身展开动员，产生各种社会规范和制度安排来抵御和规制市场。基于对"市场社会"的批判，波兰尼（2007）站在社会本位立场主张对市场采取防范和规制（regulation）态度，这种对市场过程做出积极回应的社会就是"能动社会"。

我们可以进一步探讨市场与社会的关系及其在信任重建过程中的作用。我们所理解的"能动社会"的概念并不是要否定市场经济，而是反对市场

化/商品化渗透到社会的方方面面，成为人类生活唯一的组织原则。有关嵌
入性的问题，与其强调人类的经济活动是嵌入于非经济的制度和社会关系中
的，不如将其理解为市场与社会的相互嵌入（inter-embedding）。

一次危机时刻的社会捐助活动或许是微不足道的，但其显现的自发秩序
的形成和社会自治，对于中国社会转型暨社会自身的良性发展有着更为重要
的作用和意义。

参考文献

卡尔·波兰尼，2007，《大转型：我们时代的政治与经济起源》，刘阳、冯钢译，浙江人
民出版社。

弗朗西斯·福山，2016，《信任：社会美德与创造经济繁荣》，郭华译，广西师范大学出
版社。

郭于华、颜青琪，2020，《安全食品的生产与社会信任的重建：CSA 社会企业的探索之
路》，《学海》第 3 期，第 11~20 页。

郭于华、杨宜音、应星，1999，《事业共同体——第三部门激励机制个案探索》，浙江人
民出版社。

哈耶克，2000，《致命的自负》，冯克利、胡晋华、冯隆灏译，中国社会科学出版社。

迈耶森、韦克、克雷默，2003，《快速信任与临时群体》，载罗德里克·M. 克雷默等编
《组织中的信任》，中国城市出版社。

孙立平，2003，《信任危机与社会秩序》，载《断裂：20 世纪 90 年代以来的中国社会》，
社会科学文献出版社，第 124~146 页。

王振耀、张维迎，2014，《王振耀对话张维迎：市场是促进慈善的一种制度》，http://
finance. people. com. cn/n/2014/0508/c1004-24989109. html。

薛兆丰，2018，《第 1 章 稀缺 为何商业是最大的慈善》，载《薛兆丰经济学讲义》，中信
出版社，第 1~46 页。

张静，1997，《信任问题》，《社会学研究》第 3 期，第 84~87 页。

郑也夫，2001，《信任论》，中国广播电视出版社。

朱建刚，2020，《疫情催生韧性的社会治理共同体》，《探索与争鸣》第 4 期，第 216~
223、291 页。

Dahrendorf, Ralf. 1995. *Class and Class Conflict in Industrial Society*. Stanford, CA:
Stanford University Press.

哀痛与娱乐:"慎终"规范变迁下的"葬礼麻将"研究*

张　岳　安丽哲**

摘　要: 哀痛与娱乐是葬礼的两面,即借助社会认可的规范表达哀痛,以娱乐活动款接和团结人群。重庆"葬礼麻将"是娱乐活动在现代城市葬礼中的新发展,其流行是多因素复合的结果:"慎终"规范中禁欲的消散;城镇葬礼中的"国家在场"以及国家对葬礼关注的焦点从"符合礼制"到"符合文明"的转变;城镇葬礼市场化与市场化主体在国家监管下的盈利压力;麻将自身的现代性和国粹化以及它在重庆地区的流行。"葬礼麻将"透露出现代城市葬礼"哀痛隐匿、娱乐彰显"的发展趋向。"葬礼麻将"无助于人们恰当地表达哀痛,由于是多中心的互动形式,也无益于在整体上增进超出"五服"之外的人群团结,但在形式上确实可以维持葬礼的人气和体面。这在注重哀痛表达的传统"慎终"规范日益衰落的情况下,打破了葬礼中哀痛与娱乐的平衡,由此需要寻找一种恰当的哀痛表达仪式以平衡"葬礼麻将",构建一种在哀痛与娱乐之间平衡的新葬礼。

关键词: 葬礼　麻将　禁欲　互动仪式链　死亡社会学

* 本文得到重庆市社会科学规划项目"老龄化背景下重庆市传统殡葬习俗的治理与创造性发展研究"(2022NDYB91)和西南大学中央高校基本科研业务费项目"老龄化背景下死亡模式变迁及其社会应对"(项目编号:SWU2009424)的支持。
** 张岳,西南大学国家治理学院副教授;安丽哲,中国艺术研究院副研究员。

一　引言

在讲求"养生送死""慎终追远"的中国社会里,葬礼是人们日常生活中的重要仪礼活动,参加者在葬礼情境中互动,例行化地实践和再生产着有关死亡的规则和规范。因此,就学术意义而言,葬礼属于死亡社会学研究的范畴,因为死亡社会学的主要议题之一就是研究关于临终和死亡的意义与社会规范(Riley,1983)。就现实而言,对现代城市社会中的葬礼进行研究也颇有必要。一方面,相对于传统葬礼,现代城市社会中的葬礼发生了较大变化,出现了一些新的具有习俗性质的行为,如烛光公共悼念、"葬礼麻将"等,它们背后的原因和内在的社会意义需要得到解释。另一方面,在现代社会中,特别是在逐渐进入"慢死亡"时代的当下,如何恰当地表达哀痛、温暖而有情感地送别死者成为一个问题(爱里亚斯,2008),这也要求我们关注和研究城市社会中的葬礼,以从中获得启示或发现不足。

令人遗憾的是,对于城市社会葬礼的研究,成果尚不丰富。总的来说,相关研究可分三类。第一类是将葬礼所有仪式看作一个整体的整体性研究,根据研究资料的差异,又可分为基于一个或多个个案的个案研究,以及一般性研究。第二类是对葬礼过程中某个特定环节或仪式的研究。第三类是关于葬礼仪式变迁的研究。

对于葬礼的整体性研究,无论是个案研究还是一般性研究,常常聚焦于葬礼仪式的象征意义及其对于社会结构和个体的功能问题。对于汉族葬礼仪式的象征意义,学者们通常认为,葬礼仪式是社会结构和人们观念、认知的表征,如体现了人们对于人鬼演化的信念(林耀华,2000),蕴含着一种相通互易的二元观念和认知结构,包括生—死、人—鬼、阴—阳等(郭于华,1992),是对"死是生的开始"的完整诠释,沟通了"阳"和"阴"两个世界(戴聪,2009)。对于汉族葬礼在社会结构上的功能,学者们通常的共识是:其主要具有维持或再生产社会秩序或社会结构、展示和保持社会地位、传导道德观念等方面的功能。如林耀华（2000）认为其具有纪念先人、维持父权社会结构、展示丧家富厚等功能。郭于华（1992）认为，葬礼的社会功能包括：社会聚合，沟通家庭、宗族、邻里以及其他社会关系；协调家族、社区关系，处理和解决矛盾，增加内聚力；显示家族实力和势力，维持家族地位，提高家族外抗力；重新确认、强化和巩固人伦关系；传导和灌输孝敬等道德观念。李汝宾（2015）认为，葬礼有助于增进人际关系。赵旭东、张洁（2019）认为，葬礼具有社会差序秩序再生产的功能。对于汉族葬礼在个体层面的功能，学者们通常的共识是：其具有情感慰藉和认知建构等功能。如李汝宾（2015）认为，葬礼在个体层面有助于抚慰死者亲属。黄健、郑进（2012）认为，葬礼在情感上可以告慰丧亲之痛，在认知上可以让生者逐渐认识到死者之死的真实性，体验、认识并认同彼岸死亡世界的真实存在，从而减少对死亡的恐惧。

对于葬礼某个特定环节或仪式的研究也通常采用功能和象征分析。郭于华（1992：59~103）考察了鄂西清江流域的跳丧仪式，认为跳丧仪式具有“消夜娱乐”“人情交流”“和谐人际关系”“凝聚集体”等功能，同时也表达了人们对于生命的执着追求。肖坤冰、彭兆荣（2009）研究了四川资阳葬礼的“找中线”仪式，认为“找中线”是为了让死者不分厚薄地保佑每一房子孙，为其带来好运，体现了汉族的“命运观”“祖先亡灵庇护子孙”“祖先具有神和鬼两义性”等方面的思想观念，并认为这一对“运”的平均处理原则是民间鬼神观念、宇宙观与传统的人伦关系、宗法观念等诸多因素综合作用的结果。

对于葬礼仪式变迁的研究主要讨论变迁的内容和原因，张大维等（2012）以“非常规行动”“例行化”为解释框架，讨论了三峡库区GZ镇葬礼仪式出现外包现象的变迁机制，认为这一现象是结构原因（移民搬迁、农村空心化）和个体行动（非常规行动以及非常规行动的常规化和理性化）复合的结果。陈柏峰（2012）研究了江西安远县火化政策推行顺利的原因以及由此带来的丧葬仪式的变迁：丧葬过程时间缩短、仪式简化、妇女不能送葬上山等传统禁忌被打破、丧葬市场化等，认为火化政策的推行、村庄人员的流动加剧以及市场逻辑的侵入，推动已经"意义内核空虚"的丧葬仪式发生了变迁。齐月娜（2008）研究了天津市内的葬礼仪式，根据"仪式情境"的差异将其分为"正式葬礼仪式"和"非正式葬礼仪式"，考察了两者在组织形式、仪式内容、生死观、功能等方面的差异，同时也说明了"正式葬礼仪式"的变迁性来源。"正式葬礼仪式"在殡仪馆中举行，由家庭外的行业人员承办，以遗体告别仪式或追悼会等国家法律法规认可的形式为主要内容，其背后的生死观念"建立在现代科学和历史唯物主义的基础上"，其变迁来源是国家意志以及国家意志推行过程中城市居民对其的内化。"非正式葬礼仪式"在家庭空间举行，由殡葬系统服务站点的职工、亲朋中有葬礼经验的人、专门从事白事主持工作的"大了"等主持，主要内容是传统丧葬礼仪，其背后的观念"主要来自以'孝'为核心的儒家思想，同时辅以对人死后世界的各种想象"。

可以看出，社会学界对于汉族葬礼的研究呈现以下特点。就研究对象而言，常常是对乡村区域汉族葬礼的研究，除了戴聪、齐月娜的两篇文章，对于城镇区域汉族葬礼的研究较少。就研究内容而言，以对葬礼仪式的静态研究为主，对葬礼仪式的变迁以及对于葬礼中某一特定仪式或环节的研究并不常见。就研究视角而言，主要采用功能主义和象征主义的共时性描述和分析，缺少历史分析维度，同时功能分析浅层化，并没有深入讨论葬礼产生群体团结等功能的微观机制。

笔者在2019~2021年对重庆市主城区渝北区、北碚区以及下属较远的开州区、丰都县等地①的城镇区域葬礼进行调查时发现，普遍存在参加葬礼的人打麻将娱乐的现象，而现有的研究对此基本上没有关注。有鉴于此种现实以及学界对汉族葬礼研究的不足，本文将研究聚焦于重庆城镇"葬礼麻将"现象，尝试运用历时性分析和共时性分析相结合的方法，一方面对

---

① 重庆下辖38个区、县，一般来说，有9个主城区，包括渝中区、江北区、沙坪坝区、九龙坡区、大渡口区、南岸区、巴南区、渝北区、北碚区。

"葬礼麻将"流行背后的社会结构因素进行共时性分析,另一方面对造成"葬礼麻将"的诸因素,特别是对"慎终"规范进行历时性考察,同时运用社会学的互动仪式链理论分析"葬礼麻将"在情感表达和群体团结上所产生的后果以及产生此后果的微观机制,以期弥补现有城市葬礼研究在研究对象和研究路径上的不足。

二 流行而又"异常"的"葬礼麻将"

"葬礼麻将"即重庆市城镇区域葬礼中葬礼参与人打麻将娱乐的现象,根据笔者的调查,其具有历史性、流行性、参与性等特征,在与传统"慎终"规范比较时又显得有些"异常"。

首先,"葬礼麻将"具有历史性,即重庆城镇葬礼中打麻将娱乐的现象由来已久。如果从麻将开始在川渝地区流行的时间看,甚至可以追溯至清末。根据1939年《巴县志》的记载,清末当地"最流行者莫若雀牌,士夫、妇孺,下至舆台,皆习为之,其风自江浙来。清光绪中,凡弄雀牌者曰'叉麻雀',又呼'麻将'"(丁世良、赵放,1997:46)。根据调查访谈,"葬礼麻将"可能并没有这么悠久的流行历史,据说是在20世纪五六十年代出现,直到20世纪八九十年代才较为普遍,但无论如何,其至少已有30年的历史了。"(20世纪)80年代末90年代初,才有打麻将的。很早以前,我小的时候(20世纪五六十年代),我奶奶她妈死的时候,去我舅公那里(参加葬礼),看到麻将拿出来,在桌子上,手搓麻将,那个时候很少打(麻将)。办丧事很少打,不兴打。(葬礼上)打扑克啊,吹牛啊,吃瓜子啊。我们小娃只是看。80年代、90年代才实行打麻将。大家坐夜没事啊。机关里那些老同志他们打,打5分、1角、2角、5角、1块,越打越大了,2块、5块、10块,然后是20块。"①

其次,"葬礼麻将"具有流行性,在重庆城镇葬礼中普遍存在。从供给

---

① 被访谈人Z,20世纪50年代出生,2021年10月访谈于重庆丰都。

方来看，笔者调查的 10 所殡仪馆、殡仪服务站或治丧中心，全部提供葬礼期间付费麻将服务项目；从消费方来看，笔者调查的 9 场葬礼中，都存在打麻将娱乐活动。从法律法规的规定上看，在中国城镇地区，葬礼多数应在殡仪馆、殡仪服务站或治丧中心举行，因此笔者对殡仪馆、殡仪服务站、治丧中心举行的葬礼进行的调查所得出的这种结论是比较有代表性和可信性的。根据法律规定，作为"提供遗体处置、火化、悼念和骨灰寄存等部分或全部殡仪服务活动的场所"①，殡仪馆（殡仪服务站或治丧中心）是与推行火葬相配合的一种服务设施；《殡葬管理条例》规定，"县级人民政府和设区的市、自治州人民政府应当制定实行火葬的具体规划，将新建和改造殡仪馆、火葬场、骨灰堂纳入城乡建设规划和基本建设计划"（《中国殡葬年鉴》编委会，2007：6）。由此，殡仪馆（殡仪服务站或治丧中心）主要服务于处于火化区并应当进行火葬的城镇居民。在城市中，虽然并不是所有的葬礼活动都会在殡仪馆（殡仪服务站或治丧中心）中举行，但这被认为是应该的发展方向。因此，各个城市普遍对占用社区、街道等公共场所停灵发丧现象进行整治，并将葬礼"收集"到规定的空间举行以提高城区"集中治丧率"。就重庆市而言，《重庆市殡葬事务管理办法》规定，"城市化水平较高的城镇区域为文明治丧示范区。文明治丧示范区的具体范围随城市化进程由区县（自治县、市）人民政府划定并向社会公布……在文明治丧示范区内，死于家中人员的遗体在家停放时间不得超过 3 天，死于其他场所的遗体应当停在殡仪馆、殡仪服务站；禁止在公共场所停放遗体"，"在文明治丧示范区内办理丧事活动只能在殡仪馆、殡仪服务站、丧属家中或街道办事处、乡镇人民政府及企事业单位指定的地点进行。任何单位或个人不得占用街道、公共场所搭设灵棚，举办丧事活动"②。也就是说，对于"城市化水平较高的城镇区域"，重庆市规定了四种"合法"的停柩和葬礼举行场所，即丧属家中、殡仪馆、殡仪服务站以及"指定的地点"，由于城市房屋面积的限

---

① 参见 2000 年 2 月 1 日开始施行的《殡仪馆建筑行业设计规范》（JGJ 124-99）。
② 《重庆市殡葬事务管理办法》，《重庆市人政府公报》2002 年第 14 期。

制,在丧属家中停枢和举行葬礼的情况非常少见,而"指定的地点"通常是"初级形式"的治丧中心,故而,按照这个规定,治丧中心、殡仪馆、殡仪服务站成为事实上被提倡的葬礼举行地点;而且,重庆市也一直致力于提高城区集中治丧率,《重庆市殡葬事业发展"十三五"规划》提出推动全市在 2020 年"主城区集中治丧率达 65%,其他区县集中治丧率达 40%"(重庆市民政局,2017)。总而言之,从宏观上说,在重庆,城镇区域的葬礼常常发生在殡仪馆、殡仪服务站、治丧中心等规定性场所,所以调查在殡仪馆、殡仪服务站、治丧中心中举行的葬礼,可以比较有代表性地了解重庆城镇葬礼中的打麻将娱乐现象。

再次,"葬礼麻将"具有参与性特征,一是葬礼任何时间都可能存在打麻将活动,二是参加葬礼的所有人都可能参与打麻将活动。根据调查,打麻将的地点通常在殡仪馆(殡仪服务站或治丧中心)所提供的、停枢的附属房间,甚至可能在停枢的房间内。而其发生的时间并不固定,可以发生在葬礼持续期间任何相对空闲的时间,因为重庆城镇葬礼一般持续三天或更长的时间,所以"打麻将"可以发生在灵枢停放在殡仪馆(殡仪服务站、治丧中心)、灵堂布置完毕之后的任何时间,但主要发生在"守灵"的晚上,因为这时空闲时间相对较长、守灵人员相对固定且数量较多,"办丧事嘛,这个人死了,他到另外一个世界去了,陪他坐三晚上、五晚上嘛,在那里坐夜,然后打麻将。几晚上都打撒。(坐夜)那天晚上打的人就多些。坐夜坐到 10 点钟,12 点钟应该吃宵夜,(坐夜那天下午)6 点多钟就吃了晚饭撒,到(深夜)12 点钟然后吃点酒啊、烧腊啊,下点稀饭啊,然后有些(人)就走了,有些耍的好的(人)就留下来,打一晚上麻将,特别是出殡那天晚上"[①]。"葬礼麻将"的参与者可能包括所有参加葬礼的人,一般情况下,死者的直系亲属,包括其子女、父母等不会参与"打麻将",但也有例外情况,在笔者调查的一个葬礼中,死者的子女便参与了"打麻将"。

---

① 被访谈人 Z,2021 年 10 月访谈于重庆丰都。

最后，作为一种娱乐活动，"打麻将"出现在葬礼持续期间，不免显得有些"异常"，令人疑惑。因为根据传统儒家思想中的"慎终"思想以及由此形成的一系列实践规范，中国人一向认为"生死事大"，讲究"慎终追远""养生送死"，在送别逝者时预设了作为逝者亲友的生者会产生"自然而然"的哀痛之情，崇尚在葬礼上充分表达这种情感上的哀痛，认为"生事爱敬，死事哀戚，……死生之谊备矣"（汪受宽，2004：103），甚至认为葬礼的核心就是这种哀痛之情的表达，而外在的礼仪形式和仪式性哀伤在必要时可以在一定程度上进行省俭，即"丧，与其易也，宁戚"（杨伯峻，2017：24）。因此，在葬礼中出现娱乐活动，无论任何形式，都与这种哀痛之情及其充分表达相冲突。笔者在调查访谈时，这种"异常"也会被受访者提及和承认，他们甚至将之与葬礼肚皮舞相提并论，指出"以前晚上亲戚来坐夜，都来哭哦。农村就是发财了的亲戚，就哭一阵，然后有打锣的，后来兴起有乐队，以前只听到哭声，现在还有唱歌啊、跳舞的，跳肚皮舞的。以前比较严肃，坐夜比较严肃。（打）麻将（也）可能不严肃"①。

"葬礼麻将"的历史性、流行性与参与性，内在地与这种"异常"相关联，"葬礼麻将"越是流行和普遍，越是参与人众多，越显得"异常"。这不禁让人疑惑，作为一种娱乐形式，"葬礼麻将"何以在注重哀痛及其表达的传统"慎终"规范下出现并流行起来，这对于生者团结以及表达对死者的哀悼之情又带来了哪些影响？

三 "多中心"的团结：互动仪式链视角下"葬礼麻将"的后果

"在殡葬仪式上，短期的情感是悲伤，但葬礼主要的'仪式工作'是产生（或恢复）群体团结"（柯林斯，2009：161）。可以说，葬礼仪式具有两种基本功能：一种是情感上的，包括表达哀痛之情以及使这种哀痛之情得到慰藉；另一种是秩序上的，包括维持现有群体秩序以及确认和增进群体团

---

① 被访谈人 Z，2021 年 10 月访谈于重庆丰都。

结。如上文所示，学界对汉族葬礼的既有研究也证实了这一点。

就情感而言，"葬礼麻将"与哀痛之情的表达和慰藉没有太多关联，很明显，"葬礼麻将"并不是为了向死者表达哀痛而安排的仪式活动，其氛围、内容、程序也不能够如传统"慎终"规范中的某些仪式，如朝夕奠哭一样，可以成为向死者表达哀痛之情的必要依托。至于打麻将活动是否有助于慰藉死者亲人的丧亲之痛，根据笔者的观察和访谈，也许能够起到暂时的缓解作用，但这并不是来自参加葬礼的集体人群的安慰，而是暂时娱乐所带来的缓解，"就是说，现在的（人）不像过去，以前死了人是一个很伤心的事，怄气、伤心都来不及，现在（可以）耍一哈（麻将）"①。

就群体团结而言，根据笔者的调查，"葬礼麻将"在很大程度上是为了维持"人气"、保持葬礼的排面和展示丧家的实力而安排的，"坐夜没有意思，又没有好多话吹，就打麻将。不打麻将（人）就都走了，那就冷清得很，就坐夜没得人，就各自家的人，冷清得很。这些打麻将啊、扑克牌啊，这样子人就多一些，也没得瞌睡。像今天下雨，没得麻将，（人都走了），冷清得很"②。在实践层面上，葬礼的参与者并不像传统"慎终"规范所设想的那样，是基本限于"五服"之内的人群，因而可以用规定性的仪式规范既表达哀痛又团结群体。这在传统社会中已然如此，在今天社会关系日益超出血缘关系的情况下更是如此。笔者曾通过"礼金簿"简略统计了 2021 年在重庆丰都举行的一位女性的葬礼上的参与者，其中属于亲戚类别的人只占 53.33%，刚刚过半，而且这些亲戚还分属两大类别，分别是其与前夫所生、多年前离婚时判给前夫的儿子和其后任丈夫（见表1），因此丧家惯例性地安排"葬礼麻将"以让这些人都参与进来，维持"人气"。

---

① 被访谈人 T，2020 年 8 月访谈于重庆开州。
② 被访谈人 H，2021 年 7 月访谈于重庆丰都。

表1　重庆丰都县城内一位女性葬礼上的参与者统计

单位：人

所属	亲戚	同学	同事	朋友
后夫	73	6	5	14
与前夫所生之子	7	0	30	15

作为一种娱乐活动，打麻将确实能够维持"人气"，保持葬礼的排面，并在一定程度上展示家族实力，但其能否如学者曾经研究的跳丧仪式一样具有凝聚群体、增强团结的功能呢？根据美国学者柯林斯的互动仪式链理论，仪式之所以能够产生社会团结，其微观机制在于不同的（或成功或失败的）仪式能够让参与的人产生不同的情感体验，进而形成长期性的情感能量，"各种短期情感体验的结果往往都会流回到我称之为'情感能量'的长期的情感构成中"（柯林斯，2009：186），并借助符号产生群体团结。对此，柯林斯给出了一个互动仪式的过程模型，通过四种彼此形成反馈作用的起始条件，即共同身体在场、为局外人设限、共同关注的焦点、情感连带，最终造成四种主要的结果，即群体团结、个体的情感能量、代表群体的符号、道德感。在此过程中最重要的是共同关注的焦点以及情感连带，"互动仪式的核心是一个过程，在该过程中参与者发展出共同的关注焦点，并彼此相应感受到对方身体的微观节奏与情感"（柯林斯，2009：85）。由此，我们可以根据柯林斯的这个互动仪式模型，将"葬礼麻将"看作一个互动仪式，通过分析其微观互动过程来观察其对群体团结的影响。

首先，"葬礼麻将"是一种身体共同在场的互动仪式，所有参与打麻将活动的人，包括在桌子上搓麻将的人和麻将桌边或多或少的旁观者，全部聚集在同一场所——殡仪馆（殡仪服务站或治丧中心）提供的停柩附属房间或在停柩房间中。这种身体共同在场本身就会相互影响，"不管他们是否有意识地关注对方"，因为仪式是一个身体经历的过程，身体聚集在同一地点，是仪式过程开始的必要条件，但并不是充分条件，因为身体在场只是产生共同关注的焦点和情感连带的前提条件。

其次，"葬礼麻将"自有界限，参与者均来自参加葬礼的人群，是其中的部分成员，其身份有明确的边界，或者属于死者的社会关系网络，或者属于死者亲属的社会关系网络。虽然根据笔者的调查，葬礼参加者并没有外在的符号标志，比如白孝布或黑纱；只有死者的至亲，如儿女、侄女等才佩戴这种具有显示成员身份的外在标志。由此，参与打麻将的成员并没有外在的身份标志，特别是在参与葬礼的人群中区分打麻将者与不打麻将者的外在符号标志是没有的。但不可否认的是，葬礼麻将参与者有明确的边界，即属于死者或死者亲属的社会关系网络，他们彼此在心理上的设定也是如此，即知道所有打麻将的参与者都是有联系的——通过死者或死者亲属可以追索这种关系并被联系在一起，尽管他们彼此可能并不认识，但在心理上预设了这种联系，也可以体验到这种联系。

再次，"葬礼麻将"的参与者具有"共同的"关注焦点，即麻将活动的过程。但这种"共同"是一种"多中心式"的"共同"，因为每个麻将桌都是独立的，各自形成一个中心，各自成为一个"世界"。一方面，每一个麻将桌都有自己的共同的关注焦点，打麻将的四个人以及这个麻将桌的旁观者，共同关注着这一桌麻将的进程，并没有人有能力用全景式的目光同时关注所有麻将桌上的麻将活动进展，更不用说关注所有在场参与其中的成员，并形成共同的关注焦点了。另一方面，从一个麻将桌到另一个麻将桌，即从一个具有共同关注焦点的、相对封闭的"世界"到另一个"世界"的"流动性"是很弱的：从人员上说，每个麻将桌上打麻将的四个人换桌的概率很低，除非中途有人离开，旁观者也会相对固定地观看某一特定麻将桌上的麻将活动进程，偶尔的走动并不影响相对的封闭性；从信息上来说，每个麻将桌上的人很少谈论其他麻将桌上的人与麻将进程。也就是说，每个麻将桌是一个具有很强独立性的封闭空间，而邻桌即一个相对陌生的"世界"，整个葬礼麻将场景是由一个个以麻将桌为中心、相对区隔的小世界组成的。

最后，"葬礼麻将"所造成的情感连带和情感共享也局限于以每个麻将

桌为中心的、彼此区隔的一个个小世界中，并且就会话而言时间和深度有
限。在柯林斯看来，人们的身体共同在场，具有共同的关注焦点，可以通过
会话、笑声、点头、眨眼等语言和身体动作进行有节奏的连带，进行同步性
质的社会互动，从而形成情感共振和共享。而在葬礼麻将娱乐活动中，一方
面，就整个场景而言，共同在场的所有成员之间并没有共同的呐喊、交替的
会话等语言上的协调一致和情感连带，也没有点头、眨眼、扭动等身体上的
协调一致和情感连带，因为会话、身体动作等方面的协调一致也局限于以每
个麻将桌为中心的小世界中。另一方面，在每个以麻将桌为中心的小世界
中，每一个打麻将的人以及每一个观看打麻将的人，彼此之间的会话交流基
本上只在两局麻将的间隙进行，因为在牌局的进行中打麻将的人专心于牌
局，很少说话，观看者有"观牌不语"等道德规范的约束。而且，由于
"机麻"的形式，两局麻将之间的间隙时间比较短暂，通常只有两三分钟的
时间。也就是说，在每个麻将小世界中，成员之间会话交流的时间非常有
限。在此期间，他们会话的主题通常是当下牌局的得失、自己对此的想法和
感受等，当会话进行时，他们都会集中到这些主题或者焦点上，并且能意识
到彼此的焦点，也会有会话交替或重叠，在声音音调、身体动作上都可以形
成节奏连带、情感的彼此感知和共享。但当间隙时间结束，重回牌局，会话
亦会结束，人们又沉浸在牌局中，这时打麻将的人相对地沉浸在自己的牌
面、计算和牌运牌术中，形成一个相对私人的空间，彼此之间的节奏连带和
情感连带减弱，只能靠打牌动作等身体上的协调一致来进行情感连带和情感
共享，这符合柯林斯所谓失败的互动仪式的一个特点，那就是"每个人停
留在自己的小的精神世界里，无法形成更大的互为主体性，而这一点正是整
体凝聚必不可少的"（柯林斯，2009：92）。

可以看出，葬礼麻将娱乐活动具有共同身体在场、为局外人设限、"多
中心"的共同关注焦点、"多中心"的情感连带和情感共享特点，根据互动
仪式链理论，"互动仪式的核心是一个过程，在该过程中参与者发展出共同
的关注焦点，并彼此相应感受到对方身体的微观节奏与情感"（柯林斯，
2009：85）。因此，从互动仪式的输入一端看，就"葬礼麻将"的整体场景

而言，共同关注焦点、情感连带和共享都是多中心的，即没有一个对全场景而言的共同关注焦点，所以，对于所有参与葬礼麻将的成员，也就是参加葬礼的部分成员而言，麻将娱乐活动是一种失败的互动仪式。从互动仪式的输出一端看，应该产生群体团结、个体情感能量、社会关系符号和道德标准。就群体团结而言，柯林斯认为这是一种群体成员感，"葬礼麻将"是在参与者都是死者社会网络中成员或死者亲属社会网络中成员的前提下进行的，却未能在此基础上产生整体性的群体团结，原因之一就是上文所说的，人们被分隔为多中心的麻将小世界；还有一个原因是，从整体上看，这群人重新聚集起来的可能性很小。根据中国社会特有的差序格局，即使是同一个社会网络中的人群，面对不同葬礼时，参加者的范围总是会有所变化；另外，单就每个麻将桌小世界而言，成员之间的团结也基本不会得到加强，因为会话只在两局麻将之间相对短暂的时间进行，在麻将进程中极少有会话，每个人都相对地集中于自己的麻将牌，从而形成相对封闭的私人空间，彼此之间互为主体性和连带的力度较弱，即在葬礼中打一场麻将并不能让本来不相识的人距离拉近，形成一个群体并产生群体成员感，"（葬礼中）一起打麻将的（人），有（的）人（本来就）认（识）的，（打麻将后）更熟（悉）了，有的（本来就）认不得，（打麻将之后也）就那样（还是不熟悉）"①。而个体情感能量指的是作为互动仪式结果的长期情感，柯林斯将其称为情感能量，在他看来，"情感是 IRs（互动仪式链）的核心组成要素与结果"（柯林斯，2009：100）。也就是说，情感既是互动仪式的输入要素，也是互动仪式的输出结果，前者是短期情感，表现为互动仪式中互为主体性情况下情感的共同亢奋、连带和共享，后者是"一种对此时聚集起来的群体的依恋感"。一般而言，"葬礼麻将"并不能让参加麻将活动的人而形成新的群体，对所有参加麻将活动的人而言是这样的，对每个麻将桌小世界中的人来说也是这样的，因此他们自然也不会有对新群体的依恋感。那么，"葬礼麻将"是否能够增进参加者对于葬礼群体——死者或死者亲属的社会关系网络成员

---

① 被访谈人 Z，2021 年 10 月访谈于重庆丰都。

群体的依恋感呢？因为"葬礼麻将"是一种惯常活动，属于丧家接待活动的一种，在某种程度上确实可以让人感受到丧家的周到和心意，但也仅仅指向丧家，而不是指向死者或死者亲属的社会关系网络成员群体，并不会增强参与者对这个群体的依恋感。就社会关系符号而言，"葬礼麻将"所涉及的麻将牌、麻将桌、机麻声、打牌声、桌子上的瓜子香烟等休闲消费品、扑克牌等计酬的工具，诸如此类的符号，并不特别地与参加"葬礼麻将"的人群的成员身份相关，因为在任何地方、任何时候的麻将活动中都存在此类符号，甚至也不与葬礼本身特定相关，因此不能成为穿越时间、延续成员身份和情感能量的凭借。柯林斯认为道德感即"维护群体中的正义感，尊重群体符号，防止受到违背者的侵害。与此相伴随的是由于违背了群体团结及其符号标志所带来的道德罪恶或不得体的感觉"，无疑，这种道德感是与群体相联系的，无论是自我道德罪恶感或不得体感、群体正义感，还是尊重、维持群体符号和正义的行动都是如此，而葬礼麻将活动无法在所有参加者的基础上形成新群体，其所涉及的符号也并不与参加者的成员身份特定相关，所以"葬礼麻将"并不能输出成功的互动仪式所应产生的"道德感"。

　　总而言之，"葬礼麻将"并不能增进所有葬礼参加者整体上的群体团结，却能够产生"多中心"的团结。将之与鄂西清江流域的跳丧仪式对比可以更为清楚地看出，同样是葬礼中的娱乐活动，"跳丧"与打麻将有两大差异。一是在"跳丧"时，就整体场景而言，所有参加的人具有一个共同关注的焦点，即歌舞，而不是分隔成多中心的关注焦点；同时，"跳丧"时，每个人都全身心地、情感亢奋地积极参与，情感连带和共享力度较大，私人的空间和情感被清除，"跳的人全身心地投入，不遗余力；围观者亦众，造成极其热烈的气氛。时常堂屋内跳不下，就到外面跳。人们既是表演者又是观众，围观者常跃跃欲试，将意犹未尽的舞蹈者挤出场外，取而代之。跳丧的同时，吹鼓手坐在灵堂外面亦不时吹奏一段。常常是一番丧鼓，一番吹奏，交替不已，直到天明"（郭于华，1992：223）。可以说，"跳丧"和"葬礼麻将"所产生的群体团结的范围和强度完全不同。二是"跳丧"

及其互动所产生的符号与葬礼主题紧密相连。"跳丧"是在鼓声伴奏下"专用于丧礼的仪式性歌舞"（郭于华，1992：218），而麻将活动并不特定地与葬礼相连，其所产生的符号，如麻将牌、麻将桌、暂时的计酬工具（扑克牌）、机麻声等，没有包含葬礼以及哀悼的成分。由以上对比更能看出，对于整场葬礼及其参加成员而言，"葬礼麻将"既没有形成在麻将活动持续期间一直存在的情感连带和亢奋——会话只出现在两局麻将的间隙，也没有产生大范围的群体团结——因为多中心麻将小世界的存在以及麻将进行中每个人相对封闭小世界的存在，更没有形成标志群体成员身份以及储存、唤起相应情感的符号——相应符号并不与参加者成员群体、葬礼及哀悼之情特定相关。

四 "葬礼麻将"的原因分析：历时性与共时性的结合

"葬礼麻将"既然在哀痛之情的表达和群体团结上并不能产生特别"正向"的结果，而且城镇殡仪馆内葬礼的简易——如"131 模式"[①]，更使葬礼呈现某种程度的非人性化，那么，为什么"葬礼麻将"如此流行呢？根据调研，笔者认为，这是多因素复合的结果，包括"慎终"规范的变迁、国家对葬礼的规范、城镇葬礼的市场化以及麻将自身的特性等方面的影响。

1. "慎终"规范中"禁欲"的消散与葬礼娱乐的合法化

"慎终"规范是影响"葬礼麻将"流行的重要因素，因为"慎终"规范决定了人们在葬礼上打麻将能否得到法律法规和社会规范的允许、是否需要承受社会舆论的压力，以及能否得到内心的许可。

我国传统"慎终"规范主要基于儒家思想和国家礼制、法律，讲求"丧则致其哀"，而"致哀"的表现主要有二：一是仪式性哭泣，二是禁欲。哭泣不仅是人类对于哀伤的自然表达，也是传统葬礼中"致哀"的规定性表达。传统礼制对于葬礼中哭泣的参与人员、时间点（环节）、形

---

① "131 模式"即读一遍悼词，三鞠躬，绕遗体一周。

式等都进行了规定。以《钦定大清通礼》中所规定的庶人丧礼为例（来保等，2005：524~526），其将庶人丧礼分为"初终袭殓""成服朝夕奠""启殡至葬""反哭虞祔""祥禫""忌日奠""拜埽"等部分。参加者基本限于"五服"之内，除"忌日奠""拜埽"外，其余部分都对哭泣进行了详细而复杂的规定①。就哭的时间点而言，有"初终袭殓"部分的"初终""袭""殓"，"成服朝夕奠"部分的"朝夕奠"，"启殡至葬"部分的"发引前一日""脯时祖奠（以永迁告）""纳灵车柩轝""举柩就载""发引（哭从）""窆（下葬）""题主""葬后回转"，"反哭虞祔"部分的"反（返）哭""虞""百日卒哭"，"祥禫"部分的"小祥""大祥""禫"。除了常规的朝夕奠以及难以计算的"无时哭""哀至则哭"之外，规定性的哭泣环节约有 18 次之多。就哭的形式而言，有"哭踊（号哭擗踊）""环床哭""序哭（以次哭）""哭尽哀（哭叩尽哀、哀至则哭、众哭尽哀乃止）""哭视""哭从""哭叩""哭谢"等。

禁欲是传统葬礼的另一大特征，按照传统礼制和法律，在葬礼和居丧期间，人们需要在衣、食、住、用、娱乐、性生活等方面"苦行"，嫁娶、发

---

① 其中，"初终袭殓"部分对哭的规定包括："既终，子号哭擗踊……诸妇女子去笄素服，朞功以下丈夫素冠，妇人去饰，男东女西，异向环床哭"，"袭，丧主以下哭踊"，"立魂帛，设奠，陈生前所食酒馔，内外序哭如礼"，"届时奉尸入棺……丧主以下凭棺哭踊尽哀"，"撤殓床，迁柩其处……供器具设奠，内外序哭如仪"，"及夜，诸子……诸妇女子……哀至则哭，昼夜无时"。"成服朝夕奠"对哭的规定包括："厥明，五服之人……设奠、焚香、斟酒、点茶，丧主以下哭叩尽哀。及夕设奠亦如之。舒枕衾、复魂帛于床，撤颒具，众哭，尽哀乃止，以至于虞，朝夕同。""启殡至葬"部分对哭的规定包括："逾月而葬……发引前一日，丧主以下就位，哭"，"脯时设祖奠，以永迁告，丧主以下再拜，哭尽哀"，"厥明，五服之人毕会，纳灵车于大门内之右，纳柩轝于厅事，内外各就位哭"，"撤帏，迁灵座，役人举柩就载，衣以大衾，丧主以下哭视"，"乃发引，男女以次哭从"，"灵车至，奉魂帛于座，柩至脱载，下于藉席，丧主以下凭棺哭，妇女哭墓右，届时男女以次哭叩辞讫，诸亲会葬者均以次哭叩辞归，丧主及诸子哭谢"，"设奠读告辞毕，丧主以下哭，叩，尽哀"，"祝焚告辞，奉魂帛埋于墓侧，奉主纳椟，遂行，丧主以下哭从，如来仪"。"反哭虞祔"部分对哭的规定包括："灵车至家，子弟豫设几筵于殡寝故处，奉木主陈之。丧主以下序哭，如士丧反哭之位"，"乃虞，馔品器数视荐礼，主人以下就位，哭"，"百日卒哭，设奠行礼，仪同虞祭"，"厥明，丧主以下夙兴，哭于几筵前，奉主诣寝，陈于祖考神室东南，以祔告"。"祥禫"部分对哭的规定包括："朞而小祥，忌日行事。厥明，丧主以下及朞亲就内外位，设奠，哭叩，如卒哭仪"，"再朞大祥……届日夙兴，丧主以下就几筵前，序哭，设奠行礼，仪同初朞"，"二十七月既周，设几案于厅事，奉新祔神主陈之，丧主以下就内外位，哭、奠、行礼如常荐仪"。

生性关系、生子、释服从吉、作乐、杂戏、参与主婚、参加宴席、音乐歌舞等行为都被禁止。儒家经典对此多有详细的论述①。而且，由于魏晋以降法律的儒家化（瞿同祖，2003b），各个朝代也都在国家礼制、法律层面制定了相应的规定。根据本文的研究目的，以清朝为例，《钦定大清通礼》中规定葬礼期间，"诸子居枢侧，寝苦枕块，不脱经带；诸妇女子易常次，帷幔枕席用布素"，直至"二十七月既周"，"诸子素服，终月始服常"（来保等，2005：526）。与之相应，在法律上，《大清律例》对违反殡葬期间"禁欲"规定的行为制定了惩罚办法。在饮食方面，规定"父母（若嫡孙承重与父母同）及夫之丧……若丧制未终，释服从吉，忘哀作乐及参预筵宴者，杖八十。……期亲尊长丧……若丧制未终，释服从吉者，杖六十"（张荣铮等，1993：293~294），"其居丧之家，修斋设醮，若男女混杂（所重在此），饮酒食肉者，家长杖八十"（张荣铮等，1993：296）。在婚嫁方面，规定"凡（男女）居父母及（妻妾居）夫丧而身自（主婚）嫁娶者，杖一百；若男子居（父母）丧而娶妾，妻（居夫丧）、女（居父母丧而）嫁人为妾者，各减二等。若命妇夫亡（虽服满）再嫁者，罪亦如之，（亦如凡妇居丧嫁人者拟断）。追夺（敕诰）并离异。知（系居丧及命妇）而共为婚姻者，（主婚人）各减五等，（财礼入官）。不知者，不坐。（仍离异，追财礼）。若居祖父母、伯叔父母、姑兄姊丧（除承重孙外）而嫁娶者，杖八十，（不离异），妾不坐"，"若居父母、舅姑及夫丧而与应嫁娶人主婚者，杖八十"（张荣铮等，1993：219）。在娱乐方面，规定"民间丧葬之事，凡有聚集演戏及扮演杂剧等类，或用丝竹管弦唱佛戏者，该地方官严行禁止。违者，照违制律治罪"（张荣铮等，1993：296）。

① 以《礼记·丧大记》中的规定为例，"期之丧，三不食，食疏食，水饮，不食菜果。三月既葬，食肉饮酒。期，终丧不食肉，不饮酒，父在为母为妻。九月之丧，食饮犹期之丧也。食肉饮酒，不与人乐之。五月、三月之丧，壹不食、再不食可也。比葬，食肉饮酒，不与人乐之。叔母、世母、故主、宗子，食肉饮酒。不能食粥，羹之以菜可也。有疾，食肉饮酒可也"，"父母之丧，居倚庐，不涂，寝苦枕由，非丧事不言"，"期，居庐，终丧不御于内者，父在为母、为妻；齐衰期者，大功布衰九月者，皆三月不御于内"。参见王文锦（2016：576~577、585~586）。

　　综上所述，传统社会中葬礼追求"致哀"和"尽哀"，表现为规定性、仪式性的"哭泣"和"禁欲"两大特征。看起来，传统社会的葬礼中应该不存在娱乐活动，但这只是"大传统"①的一面，如果将眼光从"大传统"转向普通民众及其日常生活，就会发现，在传统社会中，在葬礼中进行娱乐活动是一种悠久而普遍的现象②。由于偏居大西南，在帝制时代属于政治和文化边地，"大传统"力量相对薄弱，重庆民间社会在葬礼期间进行娱乐活动的现象相比其他地区自然不遑多让。根据清道光年间《綦江县志》的记载，其时葬礼期间有饮酒聚赌的现象，"旧属邡后……是夜聚守，丧家备酒食相款，谓之'坐夜'……惟坐夜有聚赌喧哗者，丧家禁不敢声，最为恶习，亟宜禁也"（丁世良、赵放，1997：51）。根据清咸丰年间的《云阳县志》，其时当地葬礼期间有演戏等娱乐活动，"惟亲朋来吊，竞尚侈华，或饰为鱼龙曼衍之戏，费数十金、数白金不垆。所谓'颜色之戚，哭泣之哀'，则不可得而见矣"（丁世良、赵放，1997：280）。根据清同治年间《巴县志》的记载，当地人在葬礼期间"并有演剧、聚赌恶习，所当禁止者"（丁世良、赵放，1997：29）。清光绪年间的《秀山县志》记载道："丧家奠馈，有哀歌辞，童子曼声引唱。至于山野小户，则村氓牧竖击鼓为盯歌，此并失礼之尤。"（丁世良、赵放，1997：250）而同一时期的《梁山县志》则记载道："亲方死，即鸣金鼓；吊客来，即设酒，喧哗如贺客然。甚至强孝子饮酒者，乃扬言云父母是老死，饮酒无害。此风俗之至恶者也。"（丁世良、赵放，1997：295～296）可见，在清后期，重庆地方社会中的葬礼娱乐活动相当普遍，主要包括饮酒、演戏、歌舞、赌博等。而且，揆诸史志，这种风俗在民国时期依然盛行。1921年的《合川县志》中说，当地葬礼"未葬前夕，招僧道焚化楮钱，曰'烧更

---

① 关于"大传统"与"小传统"的概念，参见芮德菲尔德（2013：95）。

② 西汉时，葬礼中有"因人之丧以求酒肉，幸与小坐而责办，歌舞俳优，连笑伎戏"的现象（陈桐生，2015：318）。唐代，"世人死者有作伎乐，名为丧乐"（许逸民，2015：940）。明代洪武初年，"京师人民循习元氏旧俗，凡有丧葬，设宴会亲友，作乐娱尸，惟较酒殽厚薄，无哀戚之情"（参见吴恩荣，2016）。清乾隆皇帝曾发"命丧葬循礼谕"，严禁葬礼娱乐活动，"朕闻外省百姓，有生计稍裕之家，每遇丧葬之事，多务虚，侈靡过费。其甚者至于招集亲朋邻族，开筵剧饮，谓之闹丧。且有于停丧处所连日演戏。而举殡之时，又复在途扮演杂剧戏具者"。参见《清实录·高宗纯皇帝实录（一）》，中华书局，影印本，1985。

钱'。金鼓喧天，做唱戏剧，曰'打围鼓'"（丁世良、赵放，1997：202）。据1924年的《江津县志》记载，当地葬礼"邑俗成服之夜……礼毕而戏乐作，不扮演而坐唱之，俗名'唱围鼓戏'。金鼓丝竹相间并作，达旦乃已，谓之'坐夜'。丧家是夜必广备酒食，附近数里内外大小男女皆集焉，谓之'赶驼子会'"（丁世良、赵放，1997：229）。据1925年的《云阳县志》记载，当地葬礼"昧者为之乃徵能剧曲者围坐唱剧，曰'打围鼓'"（丁世良、赵放，1997：286）。1928年的《涪陵县表》中也有类似的记载："丧枢未出，无论筵日，远近亲友率赴丧家赌博，谓为'热闹'。甚至延票友坐唱为'打围鼓'，近于演戏，于居丧尤不伦类。盖侈靡相沿，礼之失久矣，是所望于有训俗之责者。"（丁世良、赵放，1997：241）

总而言之，在传统时代，就"大传统"而言，根据儒家思想和国家层面的礼制、法律，葬礼期间严禁举行娱乐活动，而事实上，就"小传统"而言，在葬礼期间进行饮酒、歌舞、演戏（剧）甚至赌博等娱乐活动是普遍存在的现象。对于在传统时代属于文化边地的重庆而言尤其如此，在清后期和民国时期，重庆地方社会中葬礼娱乐活动盛行，还存在着深具地方特色、为后来学者所注意和研究的"打围鼓"娱乐活动。这些娱乐活动的主要目的是款待吊客，聚集人气兼消磨坐夜时间，与学者研究的鄂西清江流域的跳丧仪式的功用类似，以上引用的历史文献材料已经说明了这一点。虽然根据"大传统"，葬礼应该充满哀痛成分并充分地表达这一哀痛，但烦琐的仪式性哀痛表达既不符合人情，也很难适用于那些不在"五服"之内的葬礼参与者，因此用不限于"五服"的、集体参与性的娱乐填充葬礼时间，聚集人气，保持葬礼的排场和体面似乎成了包括重庆在内的许多地域的惯例性选择。由此，清末民国以来葬礼中烦琐礼仪的消散与娱乐活动的"解封"也就不难理解了。

清末民国以来，葬礼娱乐活动逐渐获得了"合法性"，即不再是"大传统"所否定和禁止的对象。就儒家思想而言，清末处于"数千年未有之大变局"，在"西学东渐"和"师夷长技"的背景下，新式学堂和新式教育逐渐兴起，到1905年，科举制终于被废除。这一方面促进了新式学堂和新式教育更为迅速的发展，"（废科举）诏书一下，则人人皆竞言开学堂（罗志田，1998：189）"；另一方面使得儒家思想失去了博取功名的作用，传统的士向现代知识分子转变，地位下降，规模扩大，商人阶层地位上升，精英阶层重构（罗志田，1998：192～193），儒家思想也不再是精英阶层的主要思想资源，"文明""卫生"等现代性话语逐渐出现。由此，除了葬礼筵席依然接受着断续的批判之外，依托于儒家礼制思想的传统葬礼中的仪式性哭泣和禁欲倾向日益为精英阶层所质疑和抛弃，"哀至即哭，哭不必做出种种假声音，不能哭时，便不哭了，决不为吊客做出举哀的假样子"，"不行'寝苫枕块'的礼，并不是坏处"，"儿子居丧，用种种自己刻苦的仪式，现在的人不行这种野蛮的风俗，本是一大进步，并不是一种坏处"（胡适，1919：570～576）。就国家礼制而言，民国时期"齐之以礼"的传统治理思想仍在延续，"今日中国社会仍不能不借重礼治……现在不能因为过去的种种偏见，以为礼在今日已属无用之物……我们要采用法治，还须保存礼治"（陈念中，1936：78～79），且为了破除传统社会风俗习惯中的不平等、不科学成分，使中国成为现代国家，移风易俗也成为国家和知识精英的一种自觉责任，但这种"移风易俗"同样是在现代性话语下进行的。民国不同时期曾多次设立过负有专门制礼责任的机构①，进行过多次议礼制礼②，

---

① 主要包括：一、北洋袁世凯政府时期，于1914年在内务部设立"典礼司"，并组织"礼制编订会"，同年改隶政事堂，扩充归并为"礼制馆"；二、袁世凯死后，北洋政府于1916年恢复民国元年设立的"礼俗司"，继续编订礼制，并于1920年设立"修订礼制处"，到1921年冬因费用问题而撤销；1925年，为加快编订礼制，设立"礼制编纂会"，到1927年，当时的中华民国陆海军大元帅张作霖下令建立"礼制馆"，取代"礼制编纂会"，以制定礼乐制度；三、国民政府时期，1928年内政部召集成立"礼制服章审定委员会"，1929年设立"礼俗司"，同年又组织成立"礼制编订委员会"，专事制礼；抗日战争期间，根据蒋介石的授意，1943年成立"国立礼乐馆"，订礼作乐，至1948年裁撤。参见张涛、汤勤福（2015）。

② 民国不同时期先后制定的礼制规定主要有：一、北洋袁世凯政府时期，1912年先后公布《中华民国礼制》《民国服制》；1914年公布《祀天通礼》《祭祀冠服制》《祭祀冠服图》《祀孔典礼》，1915年颁行《忠烈祠祭礼》《关岳合祀典礼》《相见礼》《国乐谱》。二、国民政府时期，1928年由"礼制服章审定委员会"、大学院、内政部等共同拟定了《礼制草案》，1929年颁行了《中华民国服制条例》，并于1939年颁布了修订后的《修正服制条例草案》（参见张竞琼、刘梦醒，2019），1930年拟定了《婚丧礼草案》，1937年公布了《公祭礼节》，1944年随《北泉议礼录》刊行《中华民国礼制》。在这些礼制规定中，涉及葬礼的内容主要是消除传统礼制中的等级化规定，废除繁复，力求简易，如废跪拜礼，用鞠躬，废五服丧服，用简易黑纱或白衣白冠。

但除了1930年拟定而未颁行的《婚丧礼草案》之外，并没有关于仪式性哭泣的规定，也没有"寝苫枕块"、"不脱经带"以及丧礼期间不得娱乐、宴饮之类的禁欲内容。

就国家法律而言，清末修律开启了中国法律的近代化，"礼法合一""明刑弼教"的传统法律开始了向"礼法分离""民刑分立"的现代法律转变的进程。虽然民国法律中仍然存在着礼制成分，如在民国时期的诸刑法①中仍然存在着体现"亲属容隐""亲属加重"等礼制原则的条款，也存在着对"通奸""和奸"等行为的惩罚条款，在1930年公布的《中华民国民法》中亦存在着"家长""亲属会议"等方面的规定，但从整体上看，礼制已经从法律中大规模淡出。普通民众的葬礼是私人事务，一般来说属于民事范围，也属于礼制和道德范畴。因此，一方面，由于"民刑分立"，作为私人事务的普通民众的葬礼并不属于刑法的对象范围，清末的《钦定大清刑律》以及民国不同时期的诸刑法中基本没有关于葬礼娱乐的禁止和惩罚条款，仅在"亵渎祀典及侵害坟墓尸体罪"中规定有"对于坛庙、寺观、教堂、坟墓或公众纪念处所公然侮辱者，处以六月以下有期徒刑、拘役或三百元以下罚金。妨害丧、葬、祭礼、说教、礼拜者亦同"②（中国法规刊行社编审委员会，1948：223），此条"系为保护宗教之信仰而设"（高汉成，2016：429），与葬礼娱乐并无太大关系，完全没有如《大清律例》一般对于葬礼期间婚嫁、娱乐等方面的惩罚规定。另一方面，因为"礼法分离"，民国时期的民法中也没有关于丧葬娱乐方面的规定（中国法规刊行社编审委员会，1948：25~108）。在普通法之外，民国时期还出台过一些与丧葬有关的特定的法律法规，主要包括《海军丧礼条例》

---

① 主要包括1912年的《中华民国暂行新刑律》、1928年的《中华民国刑法》和1935年的《中华民国刑法》。

② 此为1935年《中华民国刑法》中的规定。1912年《中华民国暂行新刑律》"亵渎祀典及毁掘坟墓罪"规定，"凡对于坛庙、寺观、坟墓及其余礼拜所，有公然不敬之行为者，处五等有期徒刑拘役或一百元以下罚金。其妨害葬礼、说教、礼拜，其余宗教上之会合者，亦同"。1928年《中华民国刑法》"亵渎祀典及侵害坟墓尸体罪"规定，"对于坛庙、寺观、坟墓及其他礼拜所公然侮辱者，处以六月以下有期徒刑、拘役或三百元以下罚金。妨害丧葬礼、说教、礼拜者亦同"。

（1913 年）、《国葬法》（1916 年、1930 年）、《公墓条例》（1928 年）、《取缔停枢暂行章程》（1929 年）、《婚丧仪仗暂行办法》（1936 年）、《公墓暂行办法》（1936 年）以及各地方政府出台的关于殡仪馆、公墓、停枢等方面的规则和章程（张岳、宋辉，2022：47~48）。这些有关丧葬的特定法规中，除了 1930 年《国葬法》中规定"国葬举行之日，凡公务人员均须臂缠黑纱，全国停止娱乐"① 之外，并没有禁止葬礼娱乐之类的禁欲规定，而 1930 年《国葬法》针对的是"有殊勋于国家者"，并非普通民众的葬礼。

当然，葬礼娱乐活动的逐渐"合法"并不是一个"直线"顺滑的过程，在不同的时期总会有一些关于禁止葬礼娱乐的倡导，如 1934 年新生活运动促进会在《改革习尚礼俗》中提倡"丧家不设酒食"，1935 年拟定的《倡导民间善良习俗规定办法》规定"提倡服丧期内应谢绝宴乐，并停止婚嫁"，但这并不影响葬礼娱乐不再为"大传统"所禁止的趋势。

2. 城镇葬礼的"国家在场"与"市场化"

城镇葬礼有强烈的"国家在场"意味（齐月娜，2008），而"国家在场"与市场化、麻将的自身特性，一起影响着重庆城镇葬礼娱乐活动"合法化"后麻将这一娱乐活动形式的普遍流行。

"国家在场"即"社会中的国家"或"国家在社会中"，作为讨论国家与社会互动方式的一种视角，它聚焦于国家与社会之间众多的、变动的交界地带和接合点，以及两者在这些交界地带和接合点各自的存在方式、斗争、妥协、相互赋权等，认为"国家在某种程度上构建了它们的社会；同时，社会在某种程度上也构建了它们的国家"（米格尔等，2017：368）。

单就国家对社会的构建而言，国家以行政组织、行政行动、制度规范、仪式、象征符号等各种形式在社会和人们的日常生活中存在并发挥影响作用。因此，仪式既是国家在场的方式，也具有国家在场的特性。事实上，在中国传统社会中，葬礼一直处于国家的视野内，在清末民国以前，这通常表现为上文提到的历朝历代所制定的适用于本朝的礼制、法律等，也表现为在

---

① 《国葬法》，《申报》1930 年 9 月 28 日。

朝廷上有专门的部门——礼部负责葬礼的监管，但"在传统社会，人民与国家的距离比较疏远，双方的互动在途径上比较间接，在频率上比较稀少。国家控制人民的深度和力度是极其有限的"（高丙中，2001），其表现之一就是地方政府并没有专门负责葬礼监管的机构和人员，地方政府常常是州县官的一人政府，"州县官被赋予了总理其辖区内各种事务的笼统权力"，但"州县官的所有职责并未受到同等重视。有一些职责不过是形式而已……大多数官员对于道德教化只是嘴上说说敷衍了事而已"（瞿同祖，2003a：280）。清末民国以来，出于现代国家建设等需要，一方面，国家在地方社会和普通民众日常生活中的影响得以加强，对葬礼的构建程度加深；另一方面，国家对葬礼关注的焦点也发生了转移。就第一点而言，1906 年清朝改革官制，在原巡警部基础上设立了民政部，其职责之一是"整饬风俗、礼教"，人们的婚丧事宜自然被包括在内。各地的省州府县也各有差异地推行了分科治事，设立有民政科、礼科等相关机构。在民国的不同时期，中央设有内务部或内政部，内设礼俗司，负责风俗改良，地方省市县分设民政厅、民政局和民政科（戴均良，1987）。新中国成立后，在管理机构设置、制度规范、仪式符号等方面，城市葬礼中的"国家在场"特性都更为明显。在制度规范上，有《殡葬管理条例》《殡仪馆建筑设计规范》《殡葬事务管理办法》《殡葬收费管理暂行办法》等形式的法律法规；在机构设置上，有民政局（主要是社会事务处或科、殡葬事业管理中心或管理处、管理所）、物价局、市场监督管理局等专门的或相关的殡葬管理行政（执法）部门，以及定期的检查、整治、指导等制度；在仪式符号上，有追悼会仪式、遗体告别仪式等。就第二点而言，国家对葬礼的关心从是否符合礼制，特别是等级化，转向是否符合文明的标准，这里的文明包含了非迷信、节俭、环保、卫生等意涵（张岳、宋辉，2022）。基于以上两点，国家权力相对更有能力也更有意向将城镇葬礼向"文明治丧"的方向推进，其表现主要包括葬礼空间集中于规定性地点、葬礼仪式的高度程式化、葬礼服务项目种类和收费的审批等。就葬礼服务项目种类和收费的审批方面而言，《重庆市殡葬收费管理暂行办法》规定"殡葬收费项目要简化归并，明确服务内容，规范服务行为。新增加的服务项目由殡葬服务机构向所在区县（自治县）民政局提出申请，经区县（自治县）民政局审核后报市民政局审批，其价格管理形式由市物价局和市民政局确定。未经批准的项目不准收费"。因此，在当下城镇葬礼"国家在场"的背景下，"葬礼麻将"的流行，需要有动力的殡葬服务提供者提出申请，并在符合"文明"要求的前提下进入葬礼服务项目名单。

　　殡葬服务提供者确实愿意提出申请，因为殡仪馆、殡仪服务站或治丧中心一方面在殡葬管理部门的监管下需要做到合法合规，但另一方面它们也是市场主体，不得不面向市场需求，承受盈利压力，具有尽可能满足市场乃至开发市场需求，尽可能开发或细化殡仪服务项目、提高服务价格等的冲动，"我来（当经理）了之后……公司收入多了……想办法细化服务环节，希望多搞点收费撒"①。在葬礼服务项目的开发上，他们主要考虑是否符合政府规定、是否有市场需求、是否可以盈利、相较于其他项目是否更有利润等，并不会过多考虑这些服务项目有助于生者恰当地表达哀痛之情以及是否有助于群体团结等。因此，对于有些项目，比如歌舞、锣鼓、道士作法等，即使有市场需求，也有利可图，由于不符合"文明"的标准，不可能获得政府的认可和批准，他们就不可能为之提出申请。既然"葬礼麻将"有市场需求，也有利可图，且在麻将日益"国粹化"的情势下符合"文明"的标准，那么他们自然乐意拥抱这个项目。事实上，"葬礼麻将"的流行也有赖于城镇葬礼的市场化，因为"葬礼麻将"不止一桌，所需麻将器具需要从市场上获得，"城里（葬礼上）打麻将的多，没麻将留不住人。有久病的人，她是病的很久了。（死了，生者）就没好大点伤心了，就是有心理准备了。农村办葬礼打麻将的也多。（他们的麻将机是）租啊，去租啊。（村子里）也可以租撒，现在交通方便了，他可以租得到。城里好多家庭都（自己）有麻将，但（葬礼上）还得租（殡仪馆的麻将）"②。

---

① 被访谈人 L，2020 年 8 月访谈于重庆开州区。
② 被访谈人 H，2021 年 7 月访谈于重庆丰都。

3. 麻将的现代性、国粹化与在重庆的流行

如果说"葬礼麻将"的流行是因为在"慎终"规范变迁、葬礼娱乐逐渐获得合法性的背景下，它符合国家对于城镇葬礼的管理规范，不属于被禁止的范围，同时也是因为有市场需求，殡仪馆乐意提出项目申请并提供服务。那么，它之所以有市场需求，之所以合规，是因为麻将自身的现代性、国粹化以及在重庆的流行。

首先，"葬礼麻将"之所以在重庆城镇葬礼中有市场需求，是因为麻将在重庆是常见的娱乐活动，而且由于其由来已久，在某种程度上已经成为一种"传统"。据研究，麻将大约成型于清道光咸同年间的江浙地区，自 19世纪开始在全国日益流行（贾钦涵，2011：138）。重庆麻将大致也是从江浙一带流传过来的，在清末已经成为流行的风尚，据 1939 年的《巴县志》记载，"县俗供人娱乐者，旧尚烟、赌。今人尝言：咸、同以前之人嗜酒，光绪时代之人嗜烟，清末民国之交嗜赌。……而赌之种类，俗尚不一。……其最流行者莫若雀牌，士夫、妇孺，下至舆台，皆习为之，其风自江浙来。清光绪中，凡弄雀牌者曰'叉麻雀'，又呼'麻将'"（丁世良、赵放，1997：46）。当今重庆的麻将活动更为盛行，几乎到了全民麻将的地步，城镇区域麻将馆遍布，数量多、分布广、种类全（杨婧，2011：131）。

其次，相对于其他娱乐活动，"葬礼麻将"之所以合乎"文明"的标准，是因为它的相对"现代性"和"国粹化"。其中，相对"现代性"主要包括麻将娱乐活动的相对环保性和"非低俗性"，虽然麻将活动也常常被一些人认为"噪音扰民"和"玩物丧志"，但与乡村葬礼中艳舞、流行歌曲演唱等娱乐活动相比，从噪音程度和低俗程度上来说，它无疑是"环保"和"雅致"的。"国粹化"是指在不断遭遇他者的全球化时代，麻将娱乐活动日益被选择性地建构为中国特有的优秀传统文化的一个组成元素，由此日益向成为"大传统"的一部分前进，这是因为在遭遇他者的情况下，为了建构和保持自我认同，人们通常会选择一些自我与他者之间的差异性文化元素，并将之建构为民族文化的本质性组成成分（张岳、良警宇，2011）。麻将活动兼具赌博、游戏（娱乐）、竞技、文化四种特性。自流行以来，麻将

活动四种特性兼具的特点就是其引起争议的重要原因（姜浩峰，2012）。当人们专注于其赌博特性时，麻将就成为"万恶之源"。当人们谈论其游戏（娱乐）特性时，麻将既可能是无益的消遣，也可能是有益的娱乐。当人们集中考虑和讨论其竞技和文化特性时，麻将便成为一种"国粹"性质的娱乐活动（王众，2013；鲍展斌，2017）。事实上，自麻将流行以来，它就在这样的争议中走向"大传统"。在今天，人们更希望去除麻将的赌博特性，而发扬其游戏（娱乐）、竞技和文化特性。刑法中对于麻将娱乐的承认和不为罪①、举办各种麻将竞赛②以及麻将申遗（王众，2013），就是这种发扬的表现。

麻将活动的以上特性——相对环保性、非低俗性以及日益"国粹化"，在叠加了城镇葬礼强烈的"国家在场"特性（齐月娜，2008）和殡葬服务提供者的收费冲动的情况下变得更为明显，并由此为自己赢得了成为重庆城镇葬礼中"常客"的"许可证"。

五　结论：通往一种在哀痛与娱乐之间微妙平衡的葬礼

葬礼仪式的主要功能，一种是情感上的，包括通过社会认可的规范表达哀痛之情以及使这种哀痛之情得到慰藉，另一种是秩序上的，包括维持现有群体秩序以及确认和增进群体团结。要同时实现这两种功能其实并不容易，传统"慎终"规范通过烦琐的礼仪，特别是规定性的仪式性哭泣，来引导人们表达哀痛，并因为这些礼仪的参加者基本是限于"五服"之内的亲族，在一定程度上也确认和增进了这一群体的团结。但由于"大传统"在不同地方社会的影响程度不同，以及"大传统"所规定的"慎终"规范在实践中的缺陷——烦琐的仪式性哭泣并不完全符合人情，也不能适用于超出

---

① 清宣统年间的《钦定大清刑律》规定"以供人暂时娱乐之物为赌博者不在此限"，即不构成赌博罪。从此，麻将的娱乐性或娱乐性麻将可以合法存在。《中华人民共和国刑法》规定"以营利为目的，聚众赌博或者以赌博为业的，处三年以下有期徒刑、拘役或者管制，并处罚金"，在禁止"以营利目的"的赌博的同时，使娱乐性麻将可以合法存在。

② 如2012年在重庆举行的第三届世界麻将锦标赛。

"五服"的葬礼参与者，无法团结所有葬礼参与者，而娱乐活动由于可以让所有葬礼参加者都参与进来而常常被用来弥补这一缺陷。可以说，哀痛和娱乐两者都是葬礼所必需的要素，为了实现葬礼表达哀痛和增进群体团结的功能，需要调和两者之间的平衡。而且，就事实而言，在中国传统社会里，葬礼中"大传统"的致哀、尽哀仪式与"小传统"的娱乐活动也确实并行不悖，只不过后者一直"妾身未明"，处于不"合法"和受批判的地位，直到清末民国之后才逐渐获得了"解封"。

重庆"葬礼麻将"是娱乐活动在现代城市葬礼中的新发展，同时也透露出现代城市葬礼一定的发展趋向。很明显，"葬礼麻将"无助于人们恰当地表达哀痛，它的出现也并不是为了表达哀痛。丧家安排"葬礼麻将"的主观意图是为了维持葬礼人气，聚集尽可能多的参加葬礼的人坐夜，以保持葬礼的排场和体面，表现自己的实力和面子。在形式上，"葬礼麻将"确实可以留住一些人，让葬礼显得相对体面，但由于是多中心的互动形式，"葬礼麻将"客观上产生不了整体上的团结、认同感和归属感，只是增添了葬礼的娱乐成分。它在仪式性表达哀痛的传统"慎终"规范日益衰落的情况下，让葬礼中的娱乐成分更加彰显，哀痛成分相对隐匿，打破了哀痛与娱乐之间的平衡。如果说清末以前在传统"慎终"规范下葬礼中哀痛与娱乐虽并行不悖，但哀痛更为人所强调的话，现在则相反。因为在现在的城市葬礼中，恰当地表达哀痛并不是人们关注的焦点。笔者认为，"葬礼麻将"的流行是多因素复合的结果："慎终"规范的变迁使葬礼中的娱乐活动获得了合法性；城镇葬礼中的"国家在场"以及国家对于葬礼关注的焦点从"符合礼制"到"符合文明"的转变，让城镇葬礼中出现的娱乐活动只能在"文明"的标准内进行选择；市场化让殡仪馆、殡仪服务站、治丧中心等城镇葬礼服务提供者有动力寻求并申请那些符合国家监管规定、有市场需求且可以开发为产品、可以盈利的项目；而麻将自身的现代性和国粹化以及它在重庆地区的流行与一定程度上的传统性，让它一方面符合"文明"的标准，符合国家监管的规定，另一方面也有潜在的市场需求。其中，国家力量主要关心葬礼"文明"与否，市场主体主要关心葬礼盈利与否，哀痛及其规范的构建都不是它们关注的核心。由此可以看出，城市葬礼乃至现代社会葬礼的一种趋势是：哀痛隐匿，娱乐彰显。

城市社会里那些丧亲的人都没有哀痛了吗？都不需要依据社会认可的规范来恰当地表达自己的哀痛吗？显然不是。虽然丧亲的人因为个体差异而哀痛程度不同，也不会时时和长久地处于哀痛状态并需要表达哀痛，但毫无疑问，丧亲的人确实需要通过社会认可的"慎终"规范来恰当地表达和宣泄自己的哀痛。如果说传统上引导人们表达哀痛的规范因为等级性、烦琐、不合人情等而注定需要改变，如果说新的契合人们现代生活的"慎终"规范必定要如以前一样需要娱乐活动来辅助凝聚所有参与葬礼的人，那么，人们就需要重新调和葬礼中哀痛与娱乐两种因素，构建一种创新性转化和继承传统"慎终"规范、在哀痛与娱乐之间微妙平衡的新的葬礼形式。就"葬礼麻将"而言，如果说它是必需的，那么需要建立一种恰当的哀痛表达仪式以与之平衡。

参考文献

鲍展斌，2017，《对争议性非物质文化遗产保护的哲学思考——以麻将文化为例》，《宁波大学学报》（人文科学版）第 2 期，第 77~82 页。

陈柏峰，2012，《火化政策的实施与丧葬仪式的变迁——基于江西安远县的调查》，《南京农业大学学报》（社会科学版）第 3 期，第 124~132 页。

陈念中，1936，《中国礼制之特质与今后之趋向》，《播音教育月刊》第 4 期，第 75~79 页。

重庆市民政局，2017，《重庆市民政局关于印发重庆市殡葬事业发展"十三五"规划的通知》，http：//mzj. cq. gov. cn/zwgk_218/fdzdgknr/jhgh/202111/t20211109_9939749. html。

陈桐生译注，2015，《盐铁论》，中华书局。

戴聪，2009，《汉族社会丧葬仪式个案探讨——以贵阳市城郊刘氏葬礼为例》，《红河学院学报》第 3 期，第 33~36 页。

戴均良，1987，《旧中国专门民政机构的设置和变化》，《社会学研究》第 5 期，第 88~93 页。

丁世良、赵放主编，1997，《中国地方志民俗资料汇编·西南卷（上）》，书目文献出版社。

高丙中，2001，《民间的仪式与国家的在场》，《北京大学学报》（哲学社会科学版）第 1 期，第 42~50 页。

高汉成，2016，《〈大清新刑律〉立法资料补编汇要》，中国社会科学出版社。

郭于华，1992，《死的困扰与生的执著——中国民间丧葬仪礼与传统生死观》，中国人民大学出版社。

胡适，1919，《我对于丧礼的改革》，《新青年》第 6 期，第 568~577 页。

黄健、郑进，2012，《农村丧葬仪式中的结构转换与象征表达——基于一个丧葬仪式的分析》，《世界宗教文化》第 4 期，第 102~108 页。

贾钦涵，2011，《玩物丧志？——麻将与近代中国女性的娱乐》，《学术月刊》第 1 期，第 137~147 页。

姜浩峰，2012，《麻将申遗之争》，《新民周刊》第 45 期，第 78~79 页。

瞿同祖，2003a，《清代地方政府》，范忠信、晏锋译，法律出版社。

瞿同祖，2003b，《中国法律与中国社会》，中华书局。

兰德尔·柯林斯，2009，《互动仪式链》，林聚任、王鹏、宋丽君译，商务印书馆。

李汝宾，2015，《丧葬仪式、信仰与村落关系构建》，《民俗研究》第 3 期，第 127~134 页。

林耀华，2000，《义序的宗族研究》，生活·读书·新知三联书店。

罗伯特·芮德菲尔德，2013，《农民社会与文化》，王莹译，中国社会科学出版社。

罗志田，1998，《清季科举制改革的社会影响》，《中国社会科学》第 4 期，第 186~195 页。

诺伯特·爱里亚斯，2008，《临终者的孤寂》，郑义恺译，群学出版有限公司。

齐格蒙特·鲍曼，2002，《流动的现代性》，欧阳景根译，上海三联书店。

齐月娜，2008，《葬礼：面对死亡的社会安排——城市环境下葬礼仪式浅析》，《中国农业大学学报》（社会科学版）第 1 期，第 124~135 页。

乔尔·S. 米格尔、阿图尔·柯里、维维恩·苏，2017，《国家权力与社会势力——第三世界的统治与变革》，郭为桂、曹武龙、林娜译，江苏人民出版社。

（清）来保等，2005，《钦定大清通礼》，吉林出版集团有限责任公司。

汪受宽译注，2004，《孝经译注》，上海古籍出版社。

王文锦译解，2016，《礼记译解》，中华书局。

王众，2013，《麻将不是赌具，应该成为世界遗产——专访世界麻将组织秘书长江选旗》，《世界博览》第 3 期，第 40~41 页。

吴恩容，2016，《元代礼失百年与明初礼制变革》，《北京社会科学》第 8 期，第 101~109 页。

肖坤冰、彭兆荣，2009，《汉民族丧葬仪式中对"运"平衡观念的处理——对川中地区丧葬仪式中"找中线"环节的分析》，《民俗研究》第 1 期，第 179~189 页。

许逸民校笺，2015，《酉阳杂俎校笺》，中华书局。

杨伯峻译注，2017，《论语译注》，中华书局。

杨婧，2011，《川渝茶馆娱乐活动探究——基于四川省资阳市及重庆市涪陵区调查分析》，《中国集体经济》第 21 期，第 131~132 页。

余洋，2001，《死的尊严——淮北地区的丧葬礼仪及其文化解码》，《社会》第 4 期，第 21~23 页。

张大维、安真真、吴渊，2012，《移民搬迁中传统风俗的重塑及其例行化——三峡库区 GZ 镇丧葬仪式个案研究》，《中州学刊》第 5 期，第 98~102 页。

张竞琼、刘梦醒，2019，《修正服制条例草案的制定与比较研究》，《丝绸》第 1 期，第 94~102 页。

张荣铮、刘勇强、金懋初点校，1993，《大清律例》，天津古籍出版社。

张涛、汤勤福，2015，《试论近代国家制礼机构及其现代价值》，《河北学刊》第 2 期，第 41~45 页、50 页。

张岳、良警宇，2011，《"选择性建构"：国家、市场和主体行动互动下的文化身份与认同——对北京某满族村的个案研究》，《黑龙江民族丛刊》第 4 期，第 31~37 页。

张岳、宋辉，2022，《现代化与城市"安宁空间的重塑"》，《重庆三峡学院学报》第 1 期，第 40~53 页。

赵旭东、张洁，2019，《"差序"秩序的再生产——围绕皖南一村落丧葬仪式的时空过程而展开》，《民俗研究》第 3 期，第 124~135 页。

《中国殡葬年鉴》编委会编，2007，《中国殡葬年鉴》，中国社会出版社。

中国法规刊行社编审委员会编，1948，《民国丛书（第三编）·六法全书》，上海书店。

朱爱东，2002，《过渡礼仪：云南巍山坝区汉族丧葬习俗研究》，《广西民族研究》第 1 期，第 38~42 页。

Riley, John W. Jr. 1983. "Dying and the Meaning of Death: Sociological Inquiries." *Annual Review of Sociology* 9, 191–216.

情感再生产：重点大学农村学子婚恋图式研究

王兆鑫　田　杰[*]

摘　要： 青年群体的婚恋择偶是社会学研究的重要领域，它既事关青年的生存体验与社会的良性继替，又深刻揭示着整个社会结构的开放性程度。但长期以来，学者主要关注农村学子的教育发展与社会流动问题，却忽视对该群体情感世界的研究，特别是婚恋问题。本文依托"再生产"理论，关注重点大学中农村学子的婚恋图式，以揭示新时期其在择偶过程中面临的情感问题。研究发现，重点大学中农村学子的婚恋行动受社会结构的规约，表现出情感再生产现象。他们即便通过教育实现人生"逆袭"，依旧难以摆脱"出身"的羁绊；他们充满道德性隐忧，既有对出身的自卑性在乎，也有对上进心的共情式欣赏，"门当户对"式同类匹配婚恋仍是他们的首选。重点大学农村学子的婚恋选择为考察社会分层与流动提供了一个新的透镜，即他们虽然突破了文化再生产，但背后仍然有情感再生产问题的袭扰，虽然他们身处"精英文化圈"，但他们仍难免受到社会结构的束缚，很难通过"上娶"或"上嫁"进一步帮助自己实现阶层流动，他们的情感世界也并未获得真正的自由。

关键词： 农村第一代大学生　婚恋择偶　重点大学　情感再生产

---

* 王兆鑫，浙江师范大学国际文化与社会发展学院讲师；田杰，中南大学高等教育研究所讲师（通讯作者）。

一　重点大学中农村学子的婚恋择偶难题

目前，国内学界对农村学子的关注主要落脚在他们的教育机会获得及社会流动上（李春玲，2014；唐俊超，2015；吴愈晓，2013；Xie & Reay，2020），较少关注他们求学与成长进程中的情感发展问题及其背后的社会再生产问题，也就是中国话语里常就婚恋择偶这一社会制度或群体文化阐释的"门当户对"的社会规范议题。其实，农村学子的情感发展以及他们在恋爱、择偶过程中折射出的社会分层问题，已经得到了国外学者的关注（Goode，1959）。对于这一问题的关注，正是本文的初衷，即农村学子进入重点大学后，他们会"上嫁""下嫁"或"上娶""下娶"吗？为了更加明确本研究的主旨和响应社会学研究中的社会分层、社会流动议题，本研究更为关注"婚恋"（获致性因素）作为一个能够影响个体社会流动的社会制度，重点大学中的农村学子能否通过婚恋，尤其是在婚恋中寻找优于自身社会阶层的伴侣（"上娶"或"上嫁"）来达成向上社会流动的问题。这样说来，本研究更倾向从情感的视角考察社会分层问题。

在中国式现代化进程中，社会学界尤为关注社会分层议题，且尤为关注先赋性出身与个体社会化进程中获致性因素对个体达到的社会经济地位造成的影响，以及其中两者的博弈过程，即出身重要还是个体的天赋、努力等更为重要。文凭社会下，社会学界尤其是教育社会学界普遍将不同社会阶层子女的"教育成就"（质与量）作为衡量社会结构的重要指标，遗憾的是，国内外大量的实证研究已经证实，"出身"在个体的教育机会及教育成就中均发挥着重要的作用（Lucas & Samuel，2001；刘精明，2005；York-Anderson & Bowman，1991；张华峰、郭菲、史静寰，2017），这进一步导致不同家庭子女父辈阶层位置的再生。其中，布迪厄的文化再生产理论便对此现象有着精辟、独到的论述。如此看来，尽管中西方的社会情境不同，但文化再生产理论在中国本土化过程中仍然表现出强大的"生命力"或是广博性（朱斌，2018），通俗地讲"寒门难出贵子"，即农村学子难读重点大学。

幸运的是，虽然农村学子面临出身劣势，但每年仍然会有部分农村学子进入国家重点院校。[①] 这些农村学子通过教育在表象上实现了身份逆袭与阶层突围，他们的教育成就与出身呈现巨大的反差，成为文化再生产理论难以解释的群体现象。国内学界也有越来越多的学者从文化视角、家庭视角、制度视角、学校组织视角等对此"寒门能出贵子"的现象进行探索、解释，试图建构出具有中国本土特色的学理（较为关注中国传统的读书文化及该文化对农村家庭与其子女教育行动的影响），在此不再过多地赘述，这也不是本文关注的重点。与研究开篇指出的一样，虽然国内学界从"再生产"的理论视角指出了农村学子难以进入重点大学，或者为何能够进入重点大学的原因，但仍局限于文凭（制度）导向、工具理性导向和物质文化导向，尚未通过"再生产"的理论去深度考察那些进入重点大学的农村学子的"情感世界"是否如教育成就般成功地突破了阶层复制的漩涡，即摆脱了出身的袭扰？

在社会学研究领域，婚恋择偶被视为评估社会开放度和社会阶层流动性的重要标尺。以李煜为代表的学者将择偶匹配作为载体考察不平等结构代际传递的过程和趋势，发现恋爱伴侣之间的学历、职业、家庭社会经济地位和综合条件相似，婚姻匹配实则实现了社会结构的自我建构、复制和再生产（李煜、徐安琪，2004：26）。在这种情况下，婚姻不但没有起到削弱个体间不平等的作用，反而通过代际传递将既有不平等结构复制到下一代，拉大了社会阶层之间的差距（李煜、陆新超，2008）。这指明，当代中国青年群体恋爱择偶兼具个体属性和社会属性，他们难以规避宏观社会结构的制约，在选择恋爱对象的时候，倾向于选择具有相似家庭背景的伴侣（贺光烨，2019）。那么，进入重点大学的农村学子在取得了优质教育资源、实现向上社会流动的同时，是否如经验研究一样，仍然要受到出身的影响，伴侣的家庭出身依然是其择偶的标准化（考量）维度呢？重点大学中农村学子先赋的阶层地位是否仍然关乎他们的社会认同、婚恋与择偶呢？

---

① 本文的研究对象就是那些进入重点大学的农村学子。

由此，本文的核心研究问题就出来了，即那些在重点大学中读书的农村学子的婚恋图式是怎样的？他们是否突破了中国传统婚恋规范中"门当户对"这一情感世界秩序的再生产？对于这一问题的回应，能够从农村学子的情感世界的维度丰富社会分层研究，并为文化再生产理论注入更强的"生命力"。

二　择偶：一个情感再生产的理论视角

社会再生产理论和文化再生产理论作为教育社会学冲突论学派中的两大理论，从社会冲突的视角，对教育现象尤其是功能主义学派论述的"关于资本主义教育平等能够带来更大的社会平等"的观点发起批判。这两大理论的核心学理，尤其是论证"教育作为资本主义社会阶层结构再生的工具"的背后逻辑，为本文笔者回应提出的研究问题提供了基本的理论借鉴。同时，本研究在这两大理论已有的基础上，进一步通过研究重点大学农村学子的婚恋现象（既有态度观念上的，也有身体实践中的）延展"再生产理论"的解释范围，从"情感再生"的视角，解读中国社会情境中的文化秩序、规范，以及这一规范下揭示重点大学农村学子难以通过"上娶"或"上嫁"的婚恋决策（途径）而实现阶层跃迁的原因。

（一）社会再生产与文化再生产：再生产理论分析的基础

美国的鲍尔斯和金蒂斯两位学者在其合著的《资本主义美国的学校教育》一书中提出"对应原理（correspondence principle）"（Bowles & Gintis，1976），批判了当时主流的自由主义教育理论观点。他们驳斥教育在促进社会化、平等与发展这三个民主意义上的观点，也批判那些试图通过教育实现"选优任能"结构功能主义者们的错误想法（杜亮，2009）。"对应原理"控诉了美国统治阶级在教育政策上的两大目标，一是劳动力的再生产，二是生产关系的再生产，其主要原因就是学校教育与经济结构之间存在直接的对应关系。在鲍尔斯与金蒂斯看来，资本主义学校教育的主要作用就是按照学生的阶级背景把他们分配到相应层次的劳动力队伍中去。具体来说，教育中的社会关系，包括管理者与教师之间、教师与学生之间、学生与学生之间以及学生与作业之间，都一一对应（教育中的社会关系与社会生产过程中的社会关系的"对应"）地复制了资本主义劳动过程中的等级结构关系。"对应原理"鲜明地解释了学校教育在社会关系再生产中发挥的重要作用，揭示了精英选拔制度跟资本主义经济制度的契合之处。

随后，布尔迪约和帕斯隆的《再生产》（Reproduction）掀起教育公平讨论的热潮，他们尤为关注符号层面学校与家庭之间的文化关系，从文化维度打开社会再生产的"黑箱"，探讨了优势阶级是如何在教育系统的掩饰下将地位延续合法化的，揭示出文化资本以隐蔽的方式在实践中不断进行传递、转换和再生产。文化资本是他们阐释文化再生产理论的标志性概念，他们认为："文化资本，即不同的家庭教育行动传递的文化财产。作为文化资本，它们的价值随着教育行动强加的文化专断和不同集团或阶级家庭教育行动灌输的文化专断之间的距离大小而变化。"（布尔迪约、帕斯隆，2002：40）文化资本代表了个体对社会主导文化的熟悉和掌握程度，精英型文化资本或高雅文化资本是在教育等领域获得奖励的文化特质，包括符合上层文化的行为、习惯和态度，能够显示出上层阶级的文化风格、品味偏好、行为习惯、消费模式等，存在具体化文化资本、客观化文化资本和制度化文化资本三种形式，能够在市场上"获利"（布迪厄，1997：192～201）。文化资本也是权力和社会地位不平等传递的重要媒介，精英阶层的父母将拥有的地位优势传递给子女，子代继承父代的文化资本形成教育优势，于是能够获得更高的教育成就；而底层父母无法传递给子女地位优势，子女只能重复着父辈的文化缺损，由此社会再生产得以形成（李煜，2006；贺晓星，2012：248）。在布迪厄看来，文化再生产是家庭、社会和教育系统共同作用的结果，需要经过受教育者的早期家庭社会化和学校教育两个阶段才能完成。其中，早期家庭社会化是文化再生产理论的逻辑起点，对个体教育的成败起着决定性作用。而学校教育则是一种完全不同于早期家庭社会化的文化资本获取方式，教育系统通过符号暴力灌输社会的主导文化，在阶级之间再生产一种文化资本的分配结构，从而传递社会阶级之间的权力关系，拉大了社会阶层之间的差距，复制代际性的社会不平等（黄俊、董小玉，2017；刘精明，2014）。

文化再生产理论带有一种结构决定论的悲观色彩，过多地强调外在于学校的社会结构对学校内部再生产的决定性作用。在这种理论视域下，底层学生取得学业成功和突破阶层将很难实现。国内学者普遍沿着布迪厄的"教育再生产社会不平等"思路，将文化资本理论与我国城乡二元结构的国情相结合，分析城乡教育差距、文化资源配置、流动人口教育等社会问题（方长春，2005；洪岩璧、赵延东，2014；秦惠民、李娜，2014）。

总之，无论是社会再生产理论还是文化再生产理论，都为我们分析重点大学中农村学子的婚恋现象提供了理论分析的基础，让我们得以从个体"情感"的维度，解读社会秩序和文化背后的择偶观念对个体取得教育成就后的社会流动产生的影响，从而进一步分析个体情感因素对最终社会结构再生产生的影响。

（二）择偶：情感再生产背后的秩序规范

西方已有研究发现，恋爱伴侣选择与社会开放性密切相关。原因在于，社会阶层尤其是上层阶层，为了防止恋爱和伴侣选择对血统和社会结构产生潜在的破坏性影响，倾向于对个体的恋爱行为进行严格控制，因为允许随机配对将意味着彻底改变现有的社会结构（Goode，1959）。那些特权群体使用他们的资源保护自己的阶级地位，不会开放阶层的婚恋场所使所有人都有权利进入。故而，"上嫁"或"上娶"发生的概率较低（Smits，2003）。谁和谁结婚以及恋爱择偶问题便成为理解现代社会再生产的社会不平等之核心。社会群体之间的交流可能是开放的，也可能是封闭的。倘若社会群体之间的界限很模糊，这个社会结构就是开放的；倘若社会群体之间的界限很清晰，这个社会结构就是封闭的（Smits, Ultee & Lammers，1998）。同类择偶反映了具有相似社会出身和相同特征的个体，如相同的教育、地位、宗教、种族、民族或职业（Kalmijn & Flap，2001），通过社会结构的排斥程度以及社会网络对外界封闭的程度维护社会结构的稳定。可见，阶层内择偶对社会结构固化具有维系作用。大学生在受教育生涯中有越来越多的机会遇到与自己资历相同的人，这是教育体系（校际分流）选择过程的副产品，但也间接增加了教育同类婚姻的可能性（Blossfeld，2009）。基于上述研究，研究者试想，那些进入重点大学的农村学子，通过读书突破社会结构分化导致的阶层区隔（突破了文化再生产理论），实现了身份逆袭，他们在重点大学中选择伴侣时是否不再看重"门当户对"的传统文化标准了呢？或者他们产生了怎样新的文化规范呢？这正是本文旨在回答的核心议题。

自 20 世纪 80 年代以来，我国大学生恋爱行为已从"受指责的小众行为"变为"无可厚非的大众行为"（朱安新、风笑天，2016）。在自由恋爱和选择伴侣的过程中，身高、长相、性格等"个体择偶能力"与家庭经济、社会地位等"家庭支付能力"是两项至关重要的考量基准（王向阳，2020）。就微观层面而言，大学生恋爱择偶行为有两种理论解释方式。一种是同类匹配理论，即个体在择偶时通常更倾向于选择与自己相似的对象，比如相似的年龄、职业、教育程度、价值观念、地理位置、社会地位、经济状况等（李煜、徐安琪，2004）。这种"门当户对"型的同类匹配不仅考虑个人自身条件的自致性匹配，也看重双方家庭社会经济地位的先赋性匹配（邓伟志、徐新，2006：74）。另一种是择偶梯度理论，指的是个体择偶或婚配双方在择偶时通常会以自身条件为参照点，选择比自己条件更优的对象，由此形成"男高女低"的差异性匹配模式，即女性倾向于选择在学历、职业、收入、社会经济地位等方面与自己相当或者比自己高的男性作为伴侣，而男性多选择各种条件与自己相当或比自己低的女性为伴侣（Hayes，1995）。

以上两种理论都可以解释大学生的恋爱择偶行为，但择偶梯度理论仅在年龄匹配上具有解释力，而同类匹配理论在其他条件上的解释力更强。因为在现实社会生活中，青年的婚配模式不仅仅是青年个体主观愿望与追求的结果，同时也是社会结构以及文化力量引导和制约的结果（风笑天，2014）。可见，婚恋择偶表面上似乎是个人的自主化选择，但仍受限于社会结构和文化制度的规制，可视为社会结构进行自我建构、复制和再生产的过程（李煜、陆新超，2008）。

（三）情感再生产：一个新的再生产理论视角

情感可以转化为形成社会优势的技能或习惯，常被视为一种资本（Zembylas，2007）。在一些中产阶层家庭中，情感是互动和纪律的运作方式，父母通过尽早设定情感规则，强化特定的情感策略，帮助孩子获得较多的情感资本和更高水平的情感管理。而在工人家庭中，孩子常处于服从和恭顺的位置，他们的情感往往受到父母管控，自我情感管理能力较差，拥有较少的情感资本（Lively，2000；Chaplin et al.，2005）。已有研究通过社会化将情感与社会再生产联系起来，论证了情感再生产使社会再生产得以实现（Reay，2000；Froyum，2010），不同社会阶层拥有的情感资本存在差异，社会化可能会在阶级、性别和种族群体之间创造新的不平等，造成弱势阶层的情感失衡（Hochschild，1979）。可见，社会分层影响情感再生产，情感也可以促进社会分层的形成、维持或强化。个体所处的社会阶层产生了不平等的情感体系，而情感不平等是社会分层的具体表征（陈满琪，2015；刘雨，2018）。

个体的情感并非决然的私人生活领域，而是内嵌于社会结构与意识形态之中，受到规则秩序和文化传统的模塑，而情感的社会属性进一步掩盖了个体的情感再生产（李之易，2022）。也就是说，婚恋行为涉及情感管理，个体需要调适、隐藏或抑制自身的真实情感体验，理性选择与自身社会经济地位相匹配的配偶，以合乎规范的行为获得稳定的婚姻经营。这使得情感管理与社会阶层密切关联，并在代际间以更加隐秘的方式进行传递（霍克希尔德，2020：212）。简言之，个体的情感体验在社会再生产和文化再生产的深度作用下，进行循环往复的再制过程。根据上述理论阐释和相关经验研究，本文将重点考察那些突破了文化再生产理论预设的重点大学在读农村学子的婚恋（情感）世界。本文意在从社会结构和社会开放性视角，以恋爱问题为抓手，对在重点大学就读的农村学子的恋爱现象进行深入探讨，进一步回答凝聚在高教育成就农村学子恋爱背后的深层次社会结构问题，以丰富农村学子恋爱的相关研究，提请社会大众关注这一群体的恋爱问题及其背后蕴含的社会风险。更为重要的是，本文将会从"情感再生产"的理论维度，丰富社会再生产理论的"羽翼"。

三 研究方法

本研究是第一作者博士论文关注的一个分支，即重点大学中农村第一代大学生的学业体验。"恋爱与择偶"作为个体生命历程中重要的组成部分，表征了第一代大学生对自我身份与社会结构的认知。因此，本文将博士论文写作过程中收集到的与"恋爱与择偶"相关的文本资料单独提出，并在此基础上尽可能地结合研究对象的生命历程史，阐释他们的婚恋图式。

（一）研究对象与资料收集方法

第一代大学生是指父母双方均未接受过高等教育的大学生（王兆鑫，2020）。可以说，农村第一代大学生是国内农家子弟、"寒门"学子重要的群体构成，因此，本文将以"第一代大学生"这一西方引入的群体概念作为研究对象。① 研究者通过目的性抽样与滚雪球抽样的方法，寻找到25名2000年后出生的、在北京重点大学（"985"工程高校和"211"工程高校）读书的农村第一代大学生。之所以选择这样的考察对象主要基于三点考量：其一，00后农村第一代大学生现处于高校就读阶段，对爱情充满向往，便于考察他们的恋爱现状，避免年久追溯而带来的记忆模糊等问题；其二，00后农村第一代大学生成长于社会化进程加快、各种文化观念相互碰撞的时期，他们的个性更加张扬，对待恋爱问题可能会有很多独特的看法；其三，时值第一作者在北京求学，选择北京重点大学中的农村第一代大学生，便于

---

① 本文将"农村第一代大学生"整合入高等学校农村学子群体中来进行研究。文中出现的"重点大学农村第一代大学生""重点大学农村学子""农村学子""第一代大学生"均指本文的研究对象，特此说明。

面对面访谈获取调查资料，减少线上调查带来的互动不足等问题。

本研究的 25 名受访对象（重点大学中的农村学子）均出生于农村；其父母均没有大学经历，学历以初中为主。其中有 13 名女学生，12 名男学生；6 名少数民族学生，如布依族、维吾尔族、藏族等，其余均为汉族；他们出生的户籍地涵盖江西省、宁夏回族自治区、贵州省、西藏自治区等 17 个省（自治区）；他们就读的高校均为北京高校，覆盖清华大学、北京大学、北京师范大学、中央民族大学、北京交通大学等 14 所 985/211 高校；他们中有 13 位通过不同的高考政策进入大学，如高校专项计划、国家专项计划、自主招生等。截至访谈结束（2020 年 12 月），受访对象中仅有 3 位为独生子女，其余均有两个及以上同胞；年级方面，大一 5 名、大二 8 名、大三 10 名、大四 2 名。

（二）研究方法

本研究运用质性研究方法论呈现重点大学农村学子的恋爱经验与择偶标准。依照韦伯的"解释社会学"方法论思想，质性研究被用于探索社会现象的意义世界，这些社会现象是个体自身在自然环境中真实经历过的（Malterud，2001）。研究对象的内心世界是很难通过量化方式去获知的，而质性研究为研究者探索研究主体的内心世界提供了绝佳的脚本。本研究运用半结构式访谈法有目的性地收集文本资料。"访谈就像婚姻：每个人都知道婚姻是什么，很多人也都在做，但是在每扇紧闭的大门背后，都隐藏着一个秘密世界。"（Oakley，1981）质性研究的访谈形式通过设计访谈提纲，以多种方式鼓励受访者分享自我的丰富经历，而将解释与分析的权力留给研究者（DiCicco-Bloom & Crabtree，2006）。访谈全程以面访形式进行，每次持续时间为 2~3 个小时。为保护研究对象的隐私，对访谈资料进行匿名化处理，呈现研究对象的话语时按照"编码号/性别-化名"范式表述。

需要说明的是，25 位第一代大学生中仅有 20 位谈及了恋爱（择偶标准）问题。其中，仅 9 位有恋爱经历，剩下的 11 位不曾有恋爱经历。这 9 位有恋爱经历的第一代大学生中，有 3 位在中学阶段谈过恋爱，但早已匆匆分手，且在大学阶段并未谈过恋爱。这 9 位同学中，除 1 位有 6 次恋爱经历外，其余 8 位均只有 1 次恋爱经历。可见，第一代大学生的恋爱经历并不多，且恋爱关系不稳定，未曾谈过恋爱的学生占很大比重。这从侧面反映出家庭出身可能会影响到农村学子的恋爱态度，他们在恋爱决策中可能会通过理性的方式去考量恋家对象家庭的社会经济地位，或者是彼此之间家庭出身的契合程度。然而，对于他们来说，在重点大学中找到"门当户对"的恋爱伴侣绝非易事，尽管他们渴望爱情，但却只能望"爱"兴叹。

受访对象的恋爱择偶观念包含有实际恋爱经历的观念和未有恋爱经历的未来预期设想，原因在于个体的社会认知由现有认知和未来认知构成，它们都是人对社会现实的主观建构，代表了其最真实的现实体悟和情感世界。理性行动者的恋爱择偶观念深刻影响其行动抉择，意识先于行动。故而，没有恋爱经历而有恋爱预想恰好体现了这些孩子对恋爱的向往和对客观现实的无奈。这一反差在一定程度上折射了农村学子的恋爱困境，是尤其需要重视的大学生发展问题。

四 "道德性忧虑"："阶层流浪者"亲密关系内的出身自觉

本文对于个体恋爱经验的关注与解读，更多聚焦于他们在谈及择偶标准时对自身出身的阶层意识以及对社会道德规则的自反性再构。如此，笔者将不再多用笔墨解释中国情境下基础教育阶段制度环境以及家庭教养中对"恋爱"的态度（Tang & Zuo，2000），[①] 以及其对本文研究对象恋爱经历（主要是恋爱次数和恋爱态度）的影响。通过资料分析发现，农村学子与其原生家庭对社会流动充满期许，这种期许不是个体化的，而是一种集体式地"不仅是为自己而活"的"道德性忧虑"。这种"道德性忧虑"可从两个视

---

① 中国基础教育阶段的孩子的"恋爱"问题是多方面的，他们或专注于学业，或拥有自卑怯懦及不善交际的内向性格，或习得恋爱影响学业的观念，或被父母和学校"不准恋爱"的指令所规训，或受到原生家庭不和谐关系的困扰而在恋爱上止步不前等。这些均为本文发现的结论。

角加以解读，一者体现了这些在重点大学中体验社会的农村学子对"农村出身"的身份自觉；二者凸显了他们在择偶过程中对自身家庭以及对伴侣家庭的深刻在乎。中国情境中农村学子的个体化（获致性过程），尤其是在恋爱维度内，不仅是一种对"自己家"、更是对"伴侣家"的在乎，这种在乎内涵了一种极致的道德性忧虑，他们具有极强的自尊心态与"靠自己本事改变命运"的主体性意识。

（一）"在乎"：生存心态到择偶标准的投射

农村学子恋爱标准中对出身（既有自我的，也有对象的）的"在乎"，是每个经历社会流动的人必然要面对的生存心态困境。这种困境表现在道德性上，即尽管他们的身体以及身体所处的圈层环境达成了某种身份符号上的跨越与转型，但情感世界却从来都会在直面优势阶层时夹杂着对自身过往经历的"自卑感"。这种自卑感背后并非是对家庭出身的消极否定和"羞耻感"，而是一种强烈的、极力凭靠自致能力（靠自己）达成某种成就的强自尊，内涵了其对自我改变出身劣势的自豪感。他们的自致"气质"不接受家境优越的"外人"作为自己的伴侣，这样的"伴侣"从道德性层面上也难以获得他们的青睐，因为这对他们而言是缺乏共同经历的，难以相互体谅与共情，绝非志同道合的"良人"，他们也不允许自身的自致"气质"在择偶时受挫，即被人认为是"依傍、图钱"。

> 我觉得你不是在为你一个人活。像我现在的男朋友，其实他家在浙江也就是工薪阶层，但是我还是会有一定压力，虽然我男朋友也很理解我，但是就会让我对这种恋爱的进一步发展非常没有信心。我在想以后如何从恋爱走向婚姻？这个中间"家庭"永远是一个绕不过去的坎，男朋友可以接受，他父母可以吗？可能我还是会等到我自己有足够能力了，我自己可以改善我家庭的生活了，我可能再会考虑和另外一个人结婚。（16F-粥粥）

　　粥粥话里的"不是在为你一个人而活"凸显了她在择偶时对自身家庭集体的道德性，她不但要实现自我的蜕变，而且要将肩上的家庭拉出贫瘠的泥沼，这是农村学子身上特有的家庭使命感。这种源自道德性的家庭使命感是一种集体式的共识，粥粥在择偶时不但要让自我面对伴侣家庭，而且还需要将自身的家庭置于伴侣家庭面前，这无疑加剧了粥粥强烈的自尊心及其背后对自身和伴侣家庭出身的在乎。继而，粥粥强烈的自尊心背后隐含着她不想自我连同自己的家庭被伴侣的家庭"看不起"。所以，她想通过自己的努力让家庭变好后，再凭靠自致获得的"资本"去权衡婚姻背后隐藏的不平等，这展现了她强烈的主体意识。

　　初荷和粥粥一样，她的择偶标准同样强烈地显示了她对自身所处恋爱关系内的"阶层"位置的在乎，这种关系位置展现了她强烈的自尊心与主体意识。当被问及"择偶标准"时，初荷（21F）回复道："我觉得两个人家庭背景不能相差太大，其实相差太大也没有关系，我甚至幻想过当我有钱了包养小白脸，就是我必须是那个主动方。"可以看出，初荷与粥粥在社会化进程中受家庭出身的影响展现出了两个重要维度，这两个维度均带有一种极致的主体性导向：一者，她们不会想通过"上嫁"改变出身；二者，她们想通过主体性的自致力"操控"自己的婚姻关系。在农村学子通过教育实现向上社会流动的过程中，她们时刻专注于用自致（获致）性力量去突破文化再生产的阶层复制"陷阱"，即便她们需要寻求伴侣共同经营婚姻生活，她们也会从一种主体性的行动层面营造自己的感情世界，改善自己的家庭状况。如此看来，农村出身的生命经历和生存心态，反而激发了她们"另类"的择偶标准。

　　作为男孩子，余安（07M）同样表达了他在择偶标准中对"出身"的在乎。

　　　我希望是和我出身家里经济条件差不多的，就是靠自己，不是那种父母给的优越条件。因为我感觉如果我对象要是那样的，我感觉会配不上她，我心里就会有不踏实、自卑的感觉，随时把我抛弃的感觉。所以

> 我想找一个都和我差不多的，家庭经济条件差不多的，想法也一样。

余安在这段话里多次提及"家庭经济条件"，可见出身在他的择偶标准中的重要性。他尤为在乎自身以及伴侣的家庭背景，这种"门当户对"式择偶标准的意识形态与文化建构对他的影响极深。农村学子在通过教育实现向上社会流动的过程中，出身对其社会化（更可以说是"个体化"）产生的影响如影随形，他们的观念意识明显滞后于身体所处的上流圈层，致使个体在面对优势异性群体时会表现出择偶的自卑心态，并会有意识地抑制或者泯灭自我的情感。最终，阶层"合适"的结构性力量可能会大于主体情感世界迸发出的"爱的冲动"。

（二）"上进心"：流动经历衍生的共情式欣赏

农村学子对伴侣品质以及相较一致的价值观、世界观、人生观等的看重，能够体现出一种"出身欣赏"的偏好，其本质上是个体对具有相近流动经历的异性衍生出的一种共情式欣赏。择偶标准中的共情式欣赏也是重点大学农村学子道德性的表现，这增加了具有相近流动经历个体结合的概率，同时，也稳固了阶层间的同类匹配，实现了婚恋情感的再生产。也就是说，新时期的"门当户对"是一种个体凭借自身的"上进心"实现流动后，对于达到同等地位的异性的共情式欣赏，而不再是一种传统的、静止式地对同等出身、却未凭靠自致能力达成流动的人的道德性规训（传统的"门当户对"更多是一种没有感情的阶层匹配）。这一情感再生产现象揭示了中国社会结构可能隐含的"封闭性"。

> 我对未来伴侣的标准，首先就是他要人品好，就是不抽烟不喝酒，尊重人的那种。还有一个"上进心"，也不是说他是那么那么的学霸，但是他是有一种努力去做的那种人，而不是懒。（22F-阿依古丽）

阿依古丽在谈及择偶标准时，强调了"上进心"对异性的重要性。奈蓉（10F）也说："人品可能是有的，但是最在意的就是上进心、责任心。"

可见，女性农村第一代大学生在经历社会流动后，深刻意识到"上进心"（本质上是强调个体的获致能力）对个体的影响，这既是品格，也是她们对伴侣产生欣赏、好感的重要标尺。可以说，她们对"上进心"的重视带有一种强烈的出身色彩，"上进心"的背后蕴含着对男性出身的两种社会规范性标准：第一，男性要出身于弱势阶层；第二，男性通过后天努力改变了自身的命运。这种共情式的欣赏，能够传达出双方共同流动经历的"疾苦"，并能得到理解与认同（尊重），更会在成就与出身之间的差势中找到一种主体性的良好品质的归因。

自然，个体对择偶标准的界定通常是结合自身社会化进程中形塑的价值观展开的，男女双方对伴侣标准的界定既有性别规范下的对不同角色的社会认知，也有根据其宗教信仰、民族、地域等造成的群体边界，但在基本的道德性评判方面还是相近的，这共同体现了重点大学农村学子的情感世界。重点大学中农村学子择偶标准中对道德性的解读，既展现了"穷苦出身"孩子们的共同品质，也凸显了他们基于出身这一巨大阶层标杆（边界）的非物质性追求的道德标准，如善良、有责任心、稳定踏实、有主见、孝顺、成长经验（帮助彼此共同向上）等，这些标准也很可能就是他们自身所认为的能够取得教育成功的关键。

重点大学第一代大学生强调的对流动经验的共情式欣赏，还映射了他们对自身获致能力的肯定，以及在情感世界孕生的强自尊与自豪感。

> 因为经济条件不好，我在想去与比我出身好的恋人相处的时候，会感到自卑吧，觉得跟人家成长环境不同，思想观念可能会合不来。但是同时我也有非常值得自傲的地方，就是我会有无限的可能性，我是一步步通过自主意识、学习、努力去规划自己现在的生活，走到现在的；而他们那些家境好的可能只是从小接触的教育资源好吧，他们可能缺乏像我这样的拼劲吧，在这一方面可能就比不过我。（11M-林星）

通过林星的表述不难发现，尽管他在择偶过程中会心存出身造成的自卑感，但是他对于自我能够突破阶层限制，通过获致性因素取得教育成就与社会流动的生存心态有很强的效能感。在这样的生存心态（道德性）的"管理"下，第一代大学生就很有可能凭靠强自尊去寻求具有相近流动经历的伴侣。虽然本文的研究对象都从农村进入了重点大学，但是他们（无论男女性）在社会化进程中仍缺乏从伴侣选择中找到帮衬自我进一步提升社会经济地位的可能。再进一步讲，重点大学第一代大学生，这些"阶层流浪者"在择偶时仍然会有意识地寻找与其出身相近、具有共情式流动经历的伴侣，很难出现"上娶或上嫁"的梯度匹配模式。

如此，我们看到，农村学子的社会化进程共同营造了一种集体式的道德主义，这种道德性维持了社会阶层内部边界的稳定与秩序，道德性通过择偶婚配完成了对同类群体的社会整合及阶层秩序维系，以此实现了情感世界的再生产。

五　情感再生产作为一个新的再生产视角：婚恋等级与流动秩序

尽管农村第一代大学生通过教育实现了阶层跃升，体现了社会开放性，但他们又在这样的"乐观"向上流动进程中实现了阶层的自我复制，即社会通过婚恋择偶（标准）这一制度或文化规范以情感再生产的方式间接地推动了社会结构的再生产。

（一）"拉长的脐带"："就在那里"的出身

学校教育不仅是文化再生产的中介，也是情感再生产的中介。同时，学校教育的背后不仅仅是教育行动对群际造成的隔离，更重要的是文化、秩序规范等对整个社会婚恋秩序的建构。更深入地讲，按照冲突论学派的观点，学校作为社会结构内各阶层关系再生产的工具，一者，将相近的人聚拢在相同的空间；二者，将相异的人分割进不同的组织环境，进而造成了群际的隔离，即阶层结构的再生。同时，更为重要的是，学校教育在对不同社会阶层子女造成空间隔离的基础上，又提供了情感再生产的基本场域条件，即为

"相近的人组合在一起"提供了塑造关系的天然空间。如此，那些重点大学中的农村学子的情感发展便面临着一大难题，即他们倘若遵循"道德性"原则，该如何在重点大学场域中寻找到出身相近的伴侣？

> 我本身家庭背景不算好，就长远来说，其实我是希望能够一直走到结婚的那种，所以我觉得经济状况就是两个人的实力还是要匹配，就是要"势均力敌"。我也不希望对方比我优秀太多，这样我觉得也有压力；但也不希望很差，这样的话哪怕我不介意，我也觉得他心理会有那种自卑感，觉得这个始终是不好的。（19F-舒窈）

就像舒窈阐述的一样，她虽然通过读书从农村考入了重点大学，在高等教育资源竞争中取得成功，完全有能力成为自我的代理人，寻求相较其原生家庭条件、背景更优的伴侣；但是，她仍然在择偶标准的道德性设定中以自我的出身为起点，寻求匹配的、势均力敌的伴侣。简言之，舒窈要寻找的伴侣，可能也是如她一样的，在重点大学中读书的农村学子。可见，中国社会中农村学子的学校社会化进程具有很强的双面性：一方面，他们有可能通过学校教育实现社会流动；另一方面，他们又很难基于重点大学场域实现情感秩序的突围。即学校虽然帮助农村学子实现了向上社会流动，但也收缩了他们能够找到相近伴侣的范围。

可以说，重点大学中的农村学子虽然通过获致能力取得了优质教育资源，但他们在婚恋择偶中仍然受到出身的羁绊，存在情感再生产问题。由此，本文发现学校教育成了情感再生产的中介，这将重点大学农村学子的婚恋问题从文化维度上升到个体道德性层面，为再生产理论提供了全新的解读视角。重点大学农村学子无论是在道德性维度还是在地位声望维度，均未从完全意义上脱离其原生家庭并成为自身的再生产单位，这进一步通过他们的择偶规范得以表达。"拉长的脐带"通过婚恋等级的匹配与道德性的共情式欣赏，完成了社会秩序的再生产。可见，重点大学农村学子的社会流动仍然是充满社会秩序的，社会结构的开放性背后（农村学子仍有通过教育实现社会流动的可能性），又有其固有的封闭性，他们的情感发展即择偶图式也表现出与家庭出身强烈的相关性，他们很难在婚恋抉择中完全摆脱原生家庭出身的羁绊，仍需双方在对等的出身及相似的流动经历中继续"自我救赎"，付出自致性的努力去改善双方家庭的境况。这亦可视为一种"抱团取暖"的社会现象写照。

（二）一个预测：教育分化与"不/难婚"现象

上文已经对家庭出身、学校社会化、婚恋道德性背后存在的情感再生产问题进行了比较系统的梳理，体现了当下中国第一代大学生的情感发展特征。在此基础上，我们尝试对中国社会当下"青年的婚恋与家庭"议题中的"不/难婚"现象进行社会学阐释，基于高等教育扩招的社会背景，力图从教育机会的视角出发，解读阶层间群体数量失衡所造成的"不/难婚"现象。本部分的核心论点为：在高等教育扩招背景下，不同阶层家庭的孩子面临着教育机会不平等问题，优势阶层家庭的孩子与弱势阶层家庭的孩子进入学校的类型存在分流，这种分流呈现出阶层化趋势。处于重点大学中的农村学子，因其数量相对较少（张华峰、郭菲、史静寰，2017），他们即便实现了向上社会流动，也难以在群体圈层中找到合适的伴侣，最终可能会选择"不婚"。像本文中访谈的这些农村第一代大学生，他们很可能会因为道德性的忧虑，加之周边同伴群体较少，进一步地增加了他们择偶的难度，最终在婚恋实践中选择"不婚"。

> 基本上我会根据我的情况找一个差不多对称的，就是条件差不多的吧。但是说实话，家庭背景这方面是我很头疼的事儿，因为我发现同学们都是城里的，农村的真的很少，尤其是女生。所以，除了家庭背景其他的都是类似的吧。我觉得如果从家庭背景来说，我可能会被嫌弃，所以找对象不容易，结婚也很难。（13M-远志）

像远志阐释的一样，重点大学中的学生以城市子女为主，他对"家庭背景"的诠释深刻彰显出他在重点大学场域中择偶的困境。国外已有实证研究表明，教育扩张并没有导向教育机会配置的平等化，孩子们在教育机会的获得中阶层优势依然明显，社会经济地位较高的家庭会通过教育寻租等方式为其子女寻求更为优质的、质量更高的教育资源和受教育机会（Lucas & Samuel，2001；Raftery & Hout，1993）。当下国内社会中产家庭的"育儿热"就是家庭通过投资孩子教育，进一步提高其获得优质教育资源机会的有力证明。因此，远志难以在重点大学中找到合适的伴侣，这与教育机会不平等、性别观念等造成的第一代大学生群体数量、规模差异（该数量与规模差异在性别上表现得也很明显）密切相关。远志面临的择偶难题，进一步加深了他对婚恋的失望，并在同优势群体相处时深化了自我农村出身的自卑感，如此，长此以往的情感压制，很可能迫使他选择"不恋"甚至"不婚"。

进一步讲，虽然本文的研究对象主要是重点大学中的农村第一代大学生，但是结论中所揭示的第一代大学生择偶体验中内隐的"道德性忧虑"（情感再生产）仍有其假设上的推广性（增长点），该假设对于维护整个社会结构内的阶层"区隔"、秩序，以及对整体社会情境中当代青年群体的不婚现象仍具有一定的解释性。

如图1所示，第一代大学生作为农村学子中实现向上流动的群体，他们的道德性维持了基本的婚恋秩序中的同类匹配法则，即他们会在实现向上社会流动的新的社会位置的基础上，进行同类匹配，寻找有相近流动经历的第一代大学生。然而，第一代大学生的流动规模、性别比例以及高校属性（质量、地域等）等现实因素均影响了他们能够找到相近伴侣的可及性，因此，他们容易在新的社会圈层中衍生出对于婚恋择偶的无望感，这与他们的"道德性忧虑"深刻相关。继续推演，第一代大学生的择偶困境，进一步扰乱了整体社会结构内部的婚恋秩序，其他社会阶层家庭的孩子，无论是优势阶层，还是那些没有实现向上社会流动的弱势家庭的孩子，均难以与第一代大学生搭建恋爱或文化上的匹配关系。这使得婚恋关系的阶层性更强，不同阶层择偶对象的规模趋于收缩，如此，加剧了整体青年择偶的难度与择偶的

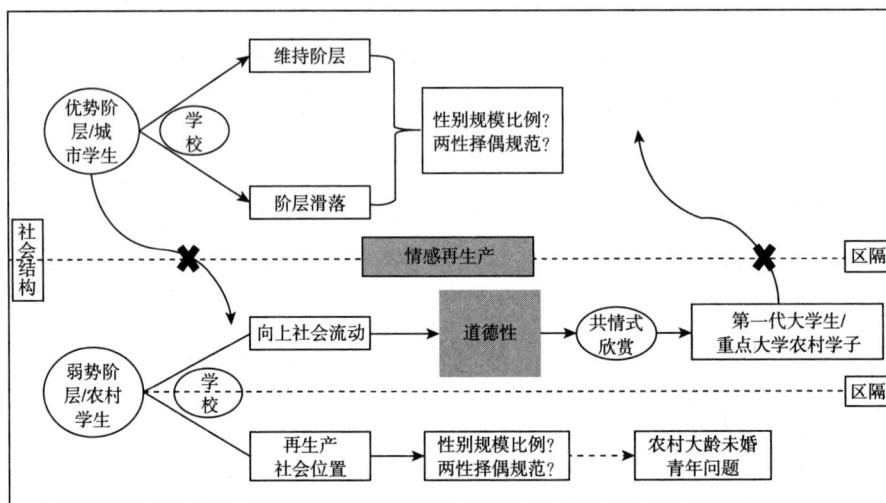

图1 情感再生产理论下的婚恋秩序思考

风险,"不/难婚"现象持续增演。

整体来说,第一代大学生虽然实现了"大学梦",但是,阶层的不平等性并没有消散或者被掩盖,他们在基础教育阶段所接触到的教育以及家庭的文化灌输,均在大学中继续表现出差异性。第一代大学生的学校社会化进程面对结构空间(学校场域),仍然受到强烈的具有阶层属性的"文化袭扰",这激化了他们内心的自卑与孤独感,他们调试生存心态的过程将文化袭扰逐步内化为"道德性忧虑"。可见,第一代大学生的获致性之旅,仍然时刻受到情感再生产的袭扰,他们的情感世界也并未因此获得自由。

六 总结与思考

中国文化情境中有一句话很能体现群际的择偶范式,即"萝卜白菜,各有所爱"。这种源自主体性的恋爱自由指代背后,却又有深刻的、来自社会文化与阶层规范的"门当户对"式的同类匹配法则,这就是情感再生产。

社会化进程中的青年恋爱择偶并非"在真空中任意戏耍的行动逻辑"，而是遵循制度性社会的安排，深受社会文化情境的制约。嵌入社会的个体，其恋爱选择和情感世界也非绝对的自由。出身带给重点大学农村学子的恋爱体验不仅有物质层面的、文化层面的，还有道德层面的。物质层面的经济难题与文化资本劣势，使得农村学子的情感世界缺乏应有的自信，影响了他们的社会参与能力和社会交际能力，将他们限定在"物以类聚，人以群分"的社会交际圈，更使他们在面对优势群体时出现择偶困难，并因难以匹配优势阶层属性的文化品位、兴趣爱好、话题眼界等，而产生自卑感和挫败感，并导致进一步的"恶果"。于重点大学农村学子而言，选择具有相似流动经历的伴侣更具安全感和舒适感，而优势阶层的对象是他们望而却步的选择。作为理性自我的个体，重点大学中的农村学子高度在乎自我与伴侣的家庭出身，这种渗透在骨子里的自尊心驱使他们选择阶层内伴侣，进而规避潜在的社会风险。

通过研究不难发现，重点大学中的农村学子，有点像威利斯在《学做工：工人阶级子弟为何继承父业》一书中呈现的"家伙们"的文化洞察一般，他们深刻意识到了自身的阶层处境，所以在择偶时，他们主动地去寻找同类伴侣，抗拒寻求优势伴侣，这是他们自身文化生产的过程，如此反而实现了一种文化再生产式的社会结构的再生产（其中揭示了情感再生产在阶层结构再生中发挥的作用），维持了对等阶层的复制与整个社会结构内部婚恋秩序的稳定。这也与霍克希尔德（2020：117）所提出的情感管理观念相符，即个体会受制于社会引导的感受规则，改变或抑制内心真实的情感，进行扮演式情感劳动。

区别于以往关注文化再生产的农村学子的研究，本文将农村学子的婚恋择偶问题置于学校社会化进程与社会结构的情境中进行考察，把婚恋择偶视为社会再生产的媒介，阐释了出身如何影响重点大学农村学子的择偶行动及其在流动过程中经历的择偶困境，由此拓展了第一代大学生与青年婚恋的研究视域。作为"阶层流浪者"的第一代大学生，向往爱情和自由，但在面对爱情时，他们多了一层由出身投射的道德性隐忧，他们更期盼遇到价值观念相同、家庭经济条件相似、个体社会地位相契、可以携手打拼奋斗的恋爱伴侣，而这些都是基于"出身"建构的择偶标准，是情感再生产的内核。显然，这一发现与以往研究将重点大学农村学子视为"凤凰男/女"的形象不符。在婚恋择偶标准的制定上，重点大学农村学子带有一种务实、上进的意识观念，不再渴求"上娶"或"上嫁"，他们更想凭借个体的获致性努力，改善出身带来的羁绊。

不可置否，本研究尚存在一些不足之处，如在情感再生产理论建构中没有单独呈现社会性别的视角，但这并不是说社会性别角色对个体的择偶标准不存在影响，不同性别的农村学子在阐述择偶标准时，仍然存在着性别规范上的差异。但是，就整体而言，基于出身的道德性忧虑是重点大学中农村学子的集体共识。此外，婚恋择偶标准是一个长期建构的过程，本文单纯截取了大学这一时间段，忽视了个体由家庭社会化到学校社会化过程中的不同经历，研究缺乏连续性，存在一些预设性的结论。这些也为接下来的研究提供了进一步深入的空间，即未来的研究可以从社会性别角色入手，对第一代大学生的婚恋择偶做追踪调查研究。

参考文献

阿莉·拉瑟尔·霍克希尔德，2020，《心灵的整饰：人类情感的商业化》，成伯清、淡卫军、王佳鹏译，上海三联书店。

布尔迪约、帕斯隆，2002，《再生产：一种教育系统理论的要点》，邢克超译，商务印书馆。

陈满琪，2015，《情感分层的初步探讨》，《北京工业大学学报（社会科学版）》第4期，第13~18页。

邓伟志、徐新，2006，《家庭社会学导论》，上海大学出版社。

杜亮，2009，《鲍尔斯和金蒂斯教育思想探析："对应原理"及其批判》，《比较教育研究》第8期，第52~56页。

布迪厄，1997，《文化资本与社会炼金术——布尔迪厄访谈录》，包亚明译，上海人民出版社。

方长春，2005，《家庭背景与教育分流：教育分流过程中的非学业性因素分析》，《社会》

第 4 期，第 105~118 页。

风笑天，2014，《谁和谁结婚：大城市青年的婚配模式及其理论解释》，《广西民族大学
　　学报（哲学社会科学版）》第 4 期，第 27~34 页。

贺光烨，2019，《变革时代传统的延续：大学生恋爱伴侣的选择》，《求索》第 4 期，第
　　165~173 页。

贺晓星，2012，《教育·文本·弱势群体：社会学的探索》，中国社会科学出版社。

洪岩璧、赵延东，2014，《从资本到惯习：中国城市家庭教育模式的阶层分化》，《社会
　　学研究》第 4 期，第 73~93 页。

黄俊、董小玉，2017，《布尔迪厄文化再生产理论的教育社会学解读》，《高教探索》第
　　12 期，第 35~40 页。

李春玲，2014，《教育不平等的年代变化趋势（1940~2010）——对城乡教育机会不平
　　等的再考察》，《社会学研究》第 2 期，第 65~89 页。

李煜，2006，《制度变迁与教育不平等的产生机制——中国城市子女的教育获得（1966~
　　2003）》，《中国社会科学》第 4 期，第 97~109 页。

李煜、陆新超，2008，《择偶配对的同质性与变迁——自致性与先赋性的匹配》，《青年
　　研究》第 6 期，第 27~33 页。

李煜、徐安琪，2004，《婚姻市场中的青年择偶》，上海科学院出版社。

李之易，2022，《数字主妇的情感再生产——宝妈微商的朋友圈营销实践》，《华东理工
　　大学学报（社会科学版）》第 2 期，第 1~15 页。

刘精明，2005，《国家、社会阶层与教育：教育获得的社会学研究》，中国人民大学出
　　版社。

刘雨，2018，《社会分层与情感不平等再生产——兼论学生情感公平及其实现》，《湖北
　　社会科学》第 2 期，第 178~183 页。

秦惠民、李娜，2014，《农村背景大学生文化资本的弱势地位——大学场域中文化作为
　　资本影响力的视角》，《北京大学教育评论》第 4 期，第 72~88 页。

唐俊超，2015，《输在起跑线——再议中国社会的教育不平等（1978~2008）》，《社会
　　学研究》第 3 期，第 123~145 页。

王向阳，2020，《姻缘难觅：转型期农村大龄未婚男性婚配危机及其解释——基于关中
　　扶风 X 村的田野调研》，《兰州学刊》第 11 期，第 162~171 页。

王兆鑫，2020，《寒门学子的突围：国内外第一代大学生研究评述》，《中国青年研究》
　　第 1 期，第 94~104 页。

吴愈晓，2013，《中国城乡居民的教育机会不平等及其演变（1978~2008）》，《中国社
　　会科学》第 3 期，第 4~21 页。

张华峰、郭菲、史静寰，2017，《促进家庭第一代大学生参与高影响力教育活动的研
　　究》，《教育研究》第 6 期，第 32~43 页。

刘精明，2014，《能力与出身：高等教育入学机会分配的机制分析》，《中国社会科学》
　　第 8 期，第 109~128、206 页。

朱斌，2018，《文化再生产还是文化流动？——中国大学生的教育成就获得不平等研
　　究》，《社会学研究》第 6 期，第 142~168 页。

朱安新、风笑天，2016，《"90后"大学生异性交往观念——以婚前性行为接受度为分析重点》，《青年探索》第 2 期，第 68~73 页。

Blossfeld, Hans-Peter. 2009. "Educational Assortative Marriage in Comparative Perspective." *Annual Review of Sociology* 35, 513-530.

Bowles, Samuel, and Herbert, Gintis. 1976. *Schooling in Capitalist America*. London: Routledge.

Chaplin, Tara M, Cole Pamela M, and Zahn - Waxler, Carolyn. 2005. "Parental Socialization of Emotion Expression: Gender Differences and Relations to Child Adjustment" *Emotion* 5 (1), 80-88.

DiCicco-Bloom, Barbara and Benjamin, F Crabtree. 2006. "The Qualitative Research Interview." *Medical Education* 40 (4), 314-321.

Froyum, Carissa M. 2010. "The Reproduction of Inequalities Through Emotional Capital: The Case of Socializing Low-income Black Girls" *Qualitative Sociology* 33 (1), 37-54.

Goode, William J. 1959. "The Theoretical Importance of Love." *American Sociological Review* 24 (1), 38-47.

Hayes, Andrew F. 1995. "Age Preferences for Same - and Opposite - Sex Partners." *The Journal of Social Psychology* 135 (2), 125-133.

Hochschild Arlie Russell. 1979. "Emotion Work, Feeling Rules, and Social Structure" *American Journal of Sociology* 85 (3), 551-575.

Kalmijn, Matthijs and Henk, Flap. 2001. "Assortative Meeting and Mating: Unintended Consequences of Organized Settings for Partner Choices." *Social Forces* 79 (4), 1289-1312.

Lively Kathryn J. 2000. "Reciprocal Emotion Management: Working Together to Maintain Stratification in Private Law Firms" *Work and Occupations* 27 (1), 32-63.

Lucas, Samuel R. 2001. "Effectively Maintained Inequality: Education Transitions, Track Mobility, and Social Background Effects." *American Journal of Sociology* 106 (6), 1642-1690.

Malterud, Kirsti. 2001. "Qualitative Research Standards, Challenges, and Guidelines." *Lancet* 358 (9280), 483-488.

Oakley, Ann. 1981. "Interviewing Women: A Contradiction in Terms." pp. 30-61 in Helen Roberts (ed.). *Doing Feminist Research*. London: Routledge.

Raftery, Adrian E and Michael, Hout. 1993. "Maximally Maintained Inequality: Expansion, Reform, and Opportunity in Irish Education, 1921 - 75." *Sociology of Education* 66 (1), 41-62.

Reay Diane. 2000. "A Useful Extension of Bourdieu's Conceptual Framework: Emotional Capital as a Way of Understanding Mothers' Involvement in Their Children's Education?" *The Sociological Review* 48 (4), 568-585.

Smits, Jeroen. 2003. "Social Closure Among the Higher Educated: Trends in Educational Homogamy in 55 Countries." *Social Science Research* 32 (2), 251-277.

Smits, Jeroen, Ultee, Wout. and Jan Lammers. 1998. "Educational Homogamy in 65 Countries: An Explanation of Differences in Openness Using Country-Level Explanatory Variables." *American Sociological Review* 63 (2), 264-285.

Tang, Shengming and Zuo Jiping. 2000. "Dating Attitude and Behavirors of American and Chinese College Students." *The Social Science Journal* 37 (1), 67-78.

Xie, Ailei and Diane Reay. 2020. "Successful Rural Students in China's Elite Universities: Habitus Transformation and Inevitable Hidden Injuries?" *Higher Education* (1), 21-36.

York-Anderson, Dollean C, and Bowman, Sharon L. 1991. "Assessing the College Knowledge of First-Generation and Second-Generation College Students" *Journal of College Student Development* 32 (2), 116-122.

Zembylas Michalinos. 2007. "Emotional Capital and Education: Theoretical Insights from Bourdieu" *British journal of Educational Studies* 55 (4), 443-463.

资源枯竭型城市中的"边缘人":生存境况、行动逻辑与身份建构

——基于 F 市下岗工人的案例分析

刘诗谣*

摘　要: 文章聚焦于对资源枯竭型城市 F 市下岗工人生存样态的考察,分析其行动逻辑、生存境况与身份建构。研究发现,计划经济体制时期的文化惯习、以往行动选择的结果以及形塑这种选择的制度环境的约束导致下岗工人的行动逻辑体现出对国家、单位根深蒂固的依赖性,在这种依赖失效后,他们转而选择回归家庭,即求助父辈与期待子辈;其生存境况具有明显的"疏离"特征,主要体现为居住空间的分异、人际交往的同质、退不起休的尴尬以及对"边缘人"的认命;在其"边缘人"身份建构的过程中,个体市场能力与资源枯竭型城市 F 市独特的城市文化发挥着至关重要的作用;相应地,其"边缘人"身份的消融则应主要从生活态度的重建与自我救助的赋能两个方面做出努力。

关键词: 边缘人　生存图景　行动逻辑　身份建构　消融路径

学术界对下岗工人给予了极高的关注度,就此展开了丰富的论述,并形成了大量富有建设性的研究成果,如对下岗工人的行动策略展开的研究(刘爱玉,2005;沈原,2006;佟新,2006;李静君,2006),对下岗职工再就业问题的探讨(王汉生、陈智霞,1998,顾东辉,2001;赵延东,

---

　　* 刘诗谣,中国社会科学院中国边疆研究所助理研究员。

2003;谢桂华,2006),并从强调社会转型及社会结构变动对下岗工人生活历程的决定性意义(郭莉,2014;蔡昉,2005;郭于华、常爱书,2005)与注重考查个体的禀赋、意愿和行动(李培林、张翼,2003)两种不同视角对下岗工人生存机会结构、自身生活轨迹及其对社会生活的建构做出解释,但学者们对下岗工人的研究大多集中于下岗的初期、中期阶段,缺少对该群体的接续性研究。在当前这样一个新的发展时期、新的社会经济背景下,下岗工人的生活状态如何,伴随着经济发展水平和人民群众生活水平的提高,下岗工人的生活是否发生了变化?对于这些问题有必要做深入的追踪研究。

同时,"下岗工人"在振兴东北的宏大叙事逻辑下与资源枯竭型城市的转型密切关联,也是衡量东北振兴成效的不可或缺的历史现实之一。在当前"新东北现象"研究炙手可热,大部分的研究主题都聚焦于新技术、新产业、新媒体、新工人、新劳动关系、新劳动形式等新的话题时,回过头来,重新考察资源枯竭型城市下岗工人的生活机遇,以此来反观国家政策与社会变迁,或许能够对还原一个更加真实可靠的"新东北现象"、剖析"新东北现象"的形成机制、提出破解"新东北现象"的对策建议提供一种有益的视角和补充。

一 文献回顾与研究问题

(一)"边缘人"理论:由"异乡人"到"边缘人"

提及"边缘人"理论,则绕不开德国社会学家乔治·齐美尔提出的"异乡人"(stranger),亦可译为"陌生人"概念。齐美尔从自身的社会和文化感悟出发,提出了"异乡人"的概念。在他看来,异乡人不是今天来明天走的游荡者,而是今天到来并且明天留下的人——可以将其称为潜在的游荡者,他们尽管没有再走,但尚未完全忘却来去的自由(Simmel,1950:402)。虽然"异乡人"也相对深入地参与到当地人的生活中,但是他们总是会或多或少感觉到与当地人之间存在一种距离感（杜月，2020）。美国社会学家罗伯特·帕克在齐美尔的"异乡人"概念基础上正式提出了"边缘人"（marginal man）概念。他认为边缘人是命中注定要经历两个社会和两种文化的人。这两种文化不仅不同，而且对立。边缘人既不愿意完全脱离他的过去和传统，也不能完全被新的社会和文化承认，始终处于两种社会和文化的边缘，并且两种不同的文化永远不能够完全相融（Park，1928）。相比于齐美尔的"异乡人"概念，"边缘人"更加强调个体生命历程中新旧经历的冲突。帕克认为，"边缘人"不同于"异乡人"，他们的内心中有一个相互冲突的旧自我与新自我，即"分裂的自我"（Park，1928）。

（二）研究主题的转变：由概念界定到心理状态再到文化处境的演变

随着对"边缘人"概念界定的逐渐明晰，与"边缘人"心理相关的"边缘心理"或"边缘状态"逐渐被学者们纳入研究视野。在帕克看来，移民或通婚会产生游离于两种不同文化中的边缘人，他们既不被原属的族群或文化群体接受，又不能够被新的族群或文化群体认可，由此产生一种心理上的失落感。社会适应不良是产生此种"边缘心理"的重要缘由。就其性格特质和情感状态而言，安全感缺失、矛盾心理、极端自我意识等是所有"边缘人"的共性，无论他们处于哪一种边缘文化中（Goldberg，1941）。具体来讲，"边缘心理"可以分为主观边缘心理、经验边缘心理以及由社会不适应引起的边缘心理三种类型（Wilson，1984）。

学者们对"边缘人"、"边缘状态"或"边缘心理"的研究是与"边缘文化"密不可分的，即"边缘人""边缘状态""边缘文化"三者具有高度的内在相关性（Antonovsky，1956；Pieris，1951）。由此，学者们对"边缘人"的社会情境和他们立足并生活于其中的文化空间进行了大量的研究。"边缘人"的产生以特定的文化条件为基础：此种文化条件可能是单纯的文化差异，也可能是包含种族（生理因素）差异在内的文化差异（Stonequist，1935）。汤普森将"边缘状态"与"边缘人"社会身份认同联系起来进行研究，认为"边缘人存在于两种文化、两种地位或两个社会之中。一旦社会文化界线被跨越，边缘状态就会随之出现"（Thompson，1991）。也就是说，"边缘人"或"边缘人格"孕育于双重文化或多元文化冲突之中。

（三）"边缘人"理论在中国："边缘族群"、"边缘群体"与"边缘阶层"

"边缘人"理论关注的是游离于两种不同的现实文化情境中的个体，如何在矛盾挣扎中建构自我的文化身份（杨中举，2019），西方社会学者多将其应用于对犹太人、黑人、移民的研究中。其中，犹太移民是边缘人研究的典型，同时，"边缘人"的研究也涉及非法团伙、流浪汉、吸毒青少年、妓女等群体。然而，西方社会学者对"边缘人"的研究案例存在较大局限性。移民只是产生边缘性群体的方式之一，教育、婚姻、社会转型、制度变革、文化变迁等同样有可能导致边缘性群体的产生。这意味着边缘人格形成于个体不得不学习适应两种及以上的历史知识、文化传统、政治、宗教习俗和伦理道德的情境中（张黎呐，2010）。即使是在同一社会、同一地域内部亦有可能产生边缘群体，这也说明了扩展"边缘人"研究案例的迫切性和必要性。

"边缘人"理论被引入中国后，学者们更多使用的是"边缘族群""边缘群体""边缘阶层"的概念。吴文藻（1942）、陶云逵（1943）将其应用于对中国"边地汉人"的研究中，揭示了边地汉人的社会历史意义。在上述学者的研究中，"边缘族群"被作为一个泛指的概念，可以被定义为生存于中心群体边缘或还未进入中心群体的一些特殊人群共同体（李尚敏、朱同丹，2003），也可以被定义为一个没有号召力、影响力和权威力的相对游离于主流社会之外的极易被忽视、被冷落的群体（李万里，2012）。

从对象来看，农民工、吸毒群体、失独老人、城市低保群体、性工作者等是城市中边缘群体的主要构成，也是学界重点研究的群体。还有学者将边缘群体的界定进一步细化和具体化，将修鞋匠、洗脚工等纳入边缘群体研究。如黄海（2009）运用田野调查的方法，对都市"洗脚妹"群体的生态特征与社会流动进行了叙事性研究，分析了都市"洗脚妹"的社会流动脉络与机制。刁统菊（2020）则关注作为边缘群体的学徒的流动过程和劳作模式。与对"边缘族群"的研究不同，在上述学者的研究中，"边缘群体"被作为一个专指的群体，他们或是由于外在的制度安排和客观的社会结构限制，或是由于自身的人力资本和社会资本有限而被排斥在主流城市生活之外，难以像市民一样享受城市的各种资源（韦宇红，2013），并且很难依靠自身力量来维持或改变个人及家庭成员的基本生活状况，进而沦为城市的边缘群体（徐晓军，2015）

相对于"边缘族群"或"边缘群体"而言，"边缘阶层"是一个涵盖范围和内容更广的概念，它是对所有边缘群体的抽象概括，指的是"处于社会边缘状态，游离于主流文化、意识与体制之外的阶层"（张义桢，2002）。1978 年以来的中国社会转型与体制转轨伴随着社会关系和社会不同群体利益格局的大调整，整个社会阶层结构随之发生变化，呈现由封闭到开放、由单一到多元的分化态势。边缘阶层正是在这一阶层分化的过程中产生的，其中最典型的就是农民工（刘祖云，1999；刘义强，2000；游名、赵蓉，2006；罗霞，2007）。农民工阶层作为一个从农民阶层中分化出来的、兼具农民身份与工人职业的特殊阶层，尽管他们像市民一样工作生活在城市中，并且为城市的发展做出了巨大贡献，但他们被排斥在城市正规的劳动就业市场之外，在教育、医疗、养老等方面的社会保障水平也难以与市民齐平，成为在城市中"漂泊的无根人"（徐晓军，2015），逐渐沦为了城市中的"边缘阶层"。

（四）研究对象的扩展："边缘人"理论应用于下岗工人研究的可能性

不管是西方社会学者研究的"边缘人"，还是中国社会学者关注的"边缘族群"、"边缘群体"和"边缘阶层"，尽管在概念界定上不尽相同，但究其本质都属于一种阶层结构分化现象（韦宇红，2013）。改革开放后，市场经济体制改革以及产业结构调整等一系列政策和制度变革所产生的独特机遇和特殊困境，导致改革开放前"两阶级一阶层"的传统社会结构发生了巨大分化：一些阶层中的部分人，发现了改变自身社会经济地位的机会与途径，实现了其身份地位的向上转换；而另外一些社会阶层则在社会改革的过程中失去了其往日所拥有的优势社会经济地位（陈光金，2003）。在这一过程中，出现了数量较大的远离社会资源核心地带的"边缘群体"和"边缘阶层"，而他们又都与人口问题密切相关，因此其本质上都属于"边缘人"。

20世纪90年代中后期，资源枯竭型城市实施的"减员增效""下岗买断"等政策，导致大量国企职工一夜之间被推向社会，他们从曾经拥有"铁饭碗"、享受"国家主人翁"的较高社会声望和社会地位的群体，变成了下岗工人。下岗工人作为产生于社会转型过程中，经历着计划经济体制文化与市场经济体制文化的转型与冲突的特殊群体，跨越了两种不同的经济体制与文化，并且成为改革过程中社会痛苦的主要承担者。在个体性因素与总体性因素的叠加作用下，部分下岗工人已经构成了城市贫困和边缘群体（王汉生、陈智霞，1998；陆学艺，2002）。

起源于20世纪90年代的国企工人下岗浪潮距今已有20余年，当初的下岗工人是否依旧属于社会"边缘人"，"边缘人"的研究是否依然能够适用于该群体？笔者通过对资源枯竭型城市F市的调研发现，虽然部分曾经的下岗工人已经成功实现突围与新生，他们或是成功创业，或是成功实现再就业，进而摆脱了被边缘化的命运，甚至实现了从下岗工人到行业翘楚的转变；还有部分曾经的下岗工人如今已经退休，每月能够领取固定的退休金，已经摆脱了生活拮据和窘迫的状态，含饴弄孙、安享晚年；但仍有较大部分曾经的下岗工人尚未走出"生活逆境的阴影"（李培林、张翼，2003），他们大多从事一些技术含量较低，以体力劳动为主，持久性、稳定性较差的非正规零散就业工作，如商场销售员、餐馆服务员、"蹲马路牙子"的力工、保洁员等，甚至有部分人完全退出了劳动力市场，依赖政府最低生活保障勉强维持生计，至今依然处于社会的边缘。

下岗工人作为在社会转型时期出现的特殊群体，其生活状况的改善是一项重要的民生问题，对资源枯竭型城市的转型发展至关重大。在中国经济高速发展的今天，缘何部分下岗工人的生活境况依旧未有明显改善？当前这部分处于边缘的下岗工人的行动逻辑与生存境况有何明显特征？其形成机制是什么？如何解构其当前的"边缘人"境况？这是本文致力于回答的问题。

需要指出的是，本文中的"边缘人"作为一个专指概念，指在资源枯竭型城市中，于社会转型期出现的处于市场经济体制或制度边缘的人。他们是在资源枯竭、国有企业改制的背景下，由于矿业企业的破产倒闭，被迫下岗失业，并且直到当前都未能成功实现再就业或创业，主要从事非正规零散就业工作或依赖社会保障和救助为生，从而退出劳动力市场的下岗工人。

二　研究方法与资料来源

李培林指出，社会行动结构实际上就是日常生活的基层结构（李培林，2013：306），对于资源枯竭型城市的下岗工人来说，日常生活本身构成了他们存在的唯一真实，其中更是蕴藏着深刻的社会行动结构和真实的社会生活逻辑，可以说，他们的日常生活就是其社会行动结构与实践逻辑的综合呈现（刘栋明、王文祥，2019）。对下岗工人来讲，国家、社会、个体等各方力量的竞争和博弈在他们日复一日看似普通的日常生活之中不断发生和再现。同时，资源枯竭型城市下岗工人的日常生活实践具有特殊性，其背后隐含着资源枯竭型城市独特的地方性知识，具有特殊的文化意义和社会内涵。因此，只有直接深入到工人的生活中去，倾听他们的声音，了解他们真正的需求和想法，对他们的日常生活进行考察和研究，全方位地了解其日常生活样态和实践逻辑，才能从根本上把握下岗工人群体隐而不彰的社会生活的理性与社会行动的结构。基于上述思考，本文采取质性研究的分析路径，深入到工人的日常生产生活中，通过对研究对象进行半结构式的深度个案访谈来搜集资料。访谈分为两个阶段：第一个阶段是 2018 年 7 月 1 日至 8 月 30 日；第二个阶段是 2019 年 5 月 1 日至 6 月 1 日。具体而言，考虑到研究个案及调研资料的代表性、可及性、便利性，文本选择将辽宁省 F 市这一典型的资源枯竭型城市作为田野调查点。在确定个案数量时，基于对主题及现实的考量，共访谈了 40 个个案。在收集资料时，主要采取半结构式的深度个案访谈和参与观察的方法，即根据研究目的和意图，尽量还原并理解和感受受访者的经验与阐释。同时，2016 年"那些年口述历史机构"对 F 市 L

矿工人进行访谈所得的口述史资料也是本文的重要资料来源。[①] 该口述史项目主要以 L 矿工人为访谈对象，选择具有代表性的不同类型个案（干部、技术人员、劳模、工人、下岗创业者、待岗生活困难户等）进行访谈，访谈内容涉及年代为 1950~2016 年，叙述主题包括生产、革新、辉煌、破产、下岗、生存、现状等，最后形成的文字资料已于 2018 年 7 月出版（参见戴军等，2018）。

三　疏离："边缘人"的生存境况

通过对资源枯竭型城市 F 市的"边缘人"——下岗工人的研究发现，当前边缘下岗工人的社会命运或生活境况具有明显的"疏离"特征。所谓"疏离"指的是在社会转型和社会变迁的过程中，个体（或群体）由于结构性因素和自身的人力资本、经济资本、政治资本、社会资本匮乏等个体性因素的叠加作用，自我被动或主动地与社会疏远乃至分离，甚至是被社会结构所抛弃，沦为社会边缘群体的过程和状态。

（一）居住空间的分异：同质聚居，异质隔离

计划经济体制时期，国企工人享受的是具有制度保障的特殊性福利待遇，他们的工资收入、医疗、养老、教育、住房等各项社会保障和社会福利均由国家或单位包揽。这代表了工人尤其是国有企业工人所具有的一种特殊社会地位，而这种特殊的身份地位实质上是社会阶层或社会等级的体现（谢茂拾，2005：42~43）。伴随单位制的解体，原本的单位福利性住房开始了商品化改革，矿工住房发生了从"分"到"买"的变化，煤炭资源的枯竭和国有企业的改制形成的大量下岗工人和失业人群，成为资源枯竭型城市 F 市的弱势群体，由此产生了阶层分化，不同阶层的居民所拥有的选择居住

[①] 本文中编号为 RSC 开头的个案来源于"那些年口述历史机构"的访谈资料；编号为 C 开头的个案是笔者自己访谈的个案。

空间的能力各不相同，导致工人的居住空间发生了不同程度的分化，形成了整个城市范围内的空间重构与人口重新分布。

当前，在F市，H河是一条明显的界线，H河南北居住空间的社会特征差异很大。社会中层或上层大多居住在H河北岸S区、X区等的商品房小区，其中S区是F市市委和市政府的所在地；而当初那些矿区骨干租住的福利性住房分布于H河南岸的L区、D区和W区，目前已经变成了老旧住宅区、棚户区，成为下岗后未能成功实现再就业或创业的下岗工人的聚集区。当地老百姓对此戏称"一边是欧洲，一边是非洲""一河两世界""一个是天上，一个是地下"。

> 这一片（W区G社区）都是X矿的（下岗工人），都跟咱家情况差不多，所以你说在这儿做点啥买卖也做不起来，消费能力在这儿摆着，价钱也卖不起来。（个案编号：C1）

> "十栋楼"是当时L矿搞的最辉煌的建设了，就是给职工盖楼。当时住在"十栋楼"的很多都是组长以上的骨干，老牛了。现在一提起"十栋楼"，连白菜价都不如，两万块钱都卖不上了，L矿不行了。（个案编号：RSC22）

> 但凡有点能耐的都搬走了，谁还在这儿（指"十栋楼"）住啊。但凡有一点办法，也不会在这儿住，你看看在这儿的都是些什么人，都是苦哈哈，就这房子，结婚娶媳妇都困难，人家给你介绍对象，对方一听说你是"十栋楼"那儿的，见都不会见你。（个案编号：C27）

多元化的住宅商品房的开发、住房的市场化经营、经济适用房与廉租房政策、棚户区的改造政策，以及国有企业改制以来的社会阶层结构分化等因素的共同作用，使得同一阶层，即那些具有相同的社会地位、经济状况或财富拥有量、文化水平、生活方式的居民，会选择在城市的某一特定社区居住，打破了"单位制"时期形成的单位混居格局，导致 F 市出现了以不同结构形态和组合格局为特征的居住空间分化乃至隔离的现象。这种居住空间分异会导致居住空间阶层化，即居住在特定地域的居民归属于同一社会阶层，其实质是阶层结构的分化在城市居住空间布局上的反映，是市场经济体制改革过程中贫富差异所导致的社会阶层分化必然出现的结果。这种居住空间上的边缘化和区隔化，导致不同群体在享受城市基础设施和各项福利待遇等方面存在差异，并且这种客观上的居住空间分异会引发不同群体心理空间上的隔离，进一步阻碍不同阶层之间的沟通与流动（吴庆华，2011），从而加速贫困循环与贫困文化的蔓延，加重边缘下岗工人的社会剥夺感，产生与加剧社会隔阂与矛盾，影响整个城市的和谐与稳定。

（二）人际交往的同质：择群而聚，单一同质

资源枯竭型城市 F 市下岗工人的生活方式和样态还受到彼此间面对面交往特征的影响。个体的交往关系可被大致划分为亲属交往关系和非亲属交往关系两种类型。亲属交往关系具有既定性特征，对个体而言，它不具有自由选择的空间，是个体不得不面对的结构性约束。而非亲属交往关系具有可选择性，个体可以按照自己的交友意愿在尽可能广泛的交友圈内自由选择（梁玉成，2010）。对于下岗工人来说，一方面，他们的亲属交往圈子具有较高的同质性。在资源枯竭型城市 F 市，许多工人家庭夫妇二人甚至老、中、青三代都在同一类型的企业甚至是同一个企业内工作，所以企业的破产、改制所产生的影响不再局限于个体层面，而是扩展到更大范围的家庭层面。

> 亲戚们也都是自身难保，都一样，都是矿上上班的，效益一不好，那就都不好了，不可能说一个厂子里效益不好，你不赚钱了他还赚钱。谁家都不容易，不用指望，也指望不上。（个案编号：C24）

另一方面，虽然他们可以根据自己的意愿去建构各种类型的非亲属社会

网络关系，也就是说，相比于亲属关系，他们有更大的可能性去控制非亲属
关系的交往异质性，然而人们并非随机挑选交往对象，他们在建构社会网络
关系时具有"向上攀附"的特质（梁玉成，2010）。这意味着，不同阶层之
间的社会网络关系建构呈现一种"错位"特征，即低阶层更倾向于与高于
自己的阶层建立关系，除了位于社会顶层的个体外（其社会交往关系同质
性偏好更强），其他阶层的社会交往则异质性偏好较强，这种社会交往偏好
背后隐含着强烈的工具性目的。因此，对于这些处于边缘的下岗工人而言，
那些高于自身社会阶层的社会交往关系具有一定的封闭性和排他性，即使下
岗工人有强烈的意愿去与那些在职业、文化程度、经济地位等方面高于自己
的对象建立社会网络关系，但由于"向上攀附"特质的存在，他们自然成
了"无人问津""无人攀附"的那一部分，导致他们只能与和自身社会人口
特征、职业特征、行为特征、地位特征等相似的对象建立社会网络关系。即
使有"幸运儿""攀附"成功，结识了社会中层或是上层成员，但较高的维
持向上攀附的异质性成本（梁玉成，2010）也注定了边缘下岗工人所建立
的异质性关系难以长期维系，最终导致其人际交往呈现较高的同质性特征。

> 我朋友还挺多的，找工作都是靠朋友，比如今天这儿缺个人，明天
> 那儿招个人啥的，都是通过朋友知道的。但这些人也都跟我差不多，都
> 是西露天（煤矿）下岗的，到处打工。活儿也没啥好活儿，要不就是
> 饭店，要不就是保洁保姆啥的。前几天一个在宾馆工作的朋友说他们那
> 儿缺人，介绍我去，但是得上夜班，就像是前台似的，我没去，我一个
> 女的上夜班，那多不安全啊，不能为了挣俩钱儿把命整没了。好死还不
> 如赖活着呢。（个案编号：C1）

（三）无法退休的尴尬：交不起的保险钱

职工被企业买断后，企业不再负担其社会保障，工人需要自行承担医
疗、养老等各项社保支出。这笔费用对买断职工尤其是买断后未成功再就业

的工人来说是非常沉重的负担。离开原单位后,他们大多从事的是非正规的临时性工作,每个月的收入最低的只有几百元,但是他们需要自己缴纳从离开原单位到退休期间的养老保险,每年数千元的养老保险费用对于处在"糊口""入不敷出"甚至是"节衣缩食"状态下的下岗工人来说是一项沉重的经济负担。他们由此陷入了"不能再就业—无稳定的经济来源—缴纳不起养老保险—无法退休—沦为边缘人"的恶性循环。

> 1992 年企业黄了,就办理了停薪留职。我现在也就是没病,得病了也没钱治疗,一分钱医保都没有。为啥没有呢,我现在这个(医保)号扔在 D 区的劳动局了,但是我没跟原单位脱钩,社区的包括养老保险在内的保险,啥都不给报。一旦有病到医院,自己拿钱,一分钱没人给报,现在的保险我都没钱交。(个案编号:C19)

> 退休补交的这笔钱,说实话谁都交不起,没办法,真交不起。但谁知道呢,万一以后国家有好政策呢。(个案编号:C20)

(四) 对"边缘人"的认命:要啥没啥,废人一个

在我们的社会中,工作是评价一个人的标准之一,更是个体评价自身的重要标准之一……工作是个体社会认同和自我认同的较为重要的部分。实际上,工作还是个体一生命运的较为重要的部分 (Hughes,1958:42-43)。当前,这些处于社会边缘的下岗工人所做的工作几乎相差无几,并且他们可选择的空间很小。劳动力市场为他们提供的是一些无特点、无差别、低技术、低工资的工作岗位。这些工作岗位并不能为下岗工人提供良好的声誉、尊重以及学习和进步的机会,其典型特征就是脏、累、差、薪酬低。工作对他们来说无法支撑起他们逐渐衰退的自尊,也并不是通向更美好的明天的石阶。他们深知自己所从事的是简单、粗糙的工作。而他们对自身工作的评价,也意味着他们如何看待自己,并提醒他们自己在社会中所处的位置

（列堡，2009：29）。

> 那可不就是社会底层了吗？也没啥能耐，要钱没钱，要学历没学历，要关系没关系，啥也干不成。（个案编号：C19）

当谈论到当前的工作时，他们有意或无意间会与以前的自己（单位制时期的国企工人）以及社会中的其他阶层，如公务员、国企职工、事业单位工作人员等进行比较，从而更加深刻地感受到自己的边缘地位。

这些下岗工人认为自己是无能的，不管身体健康与否，即使那些仍然身强力壮的人也对自己的所谓"无用"心知肚明，他们日复一日地重复这些底层工作来验证自己的判断和认知并对此深信不疑。他们在日常生活中不断强化这样一种认知，践行着他们的经验结论，认为自己的边缘地位已经无法避免，进而放弃了通过寻找更好的工作或接受更大的挑战来验证自己的机会。可以说，在他们的生活和工作中到处充斥着这样的"自我实现"的"预言"。

四 习惯性依赖与回归家庭："边缘人"的行动逻辑

（一）习惯性依赖：对国家与单位的"苦恋"

单位辉煌时期的惯性和虚荣心使得部分下岗工人难以接受企业衰落的现实，他们不能用客观、理性的态度去看待企业的改制、破产，更未能以积极的行动去找寻出路，而是仍然将希望寄托在国家和企业身上，希望得到政府部门的安排或救助。虽然市场经济体制改革已进行了40多年，但他们对市场经济的转型仍然认识不足，对就业观念和就业技能的转变没有做好充分的准备，自力更生的奋斗意识较为薄弱，始终处于一种消极等待的状态。

> 去外地干活哪儿那么容易啊，离家那么远，那哪儿行啊，肯定不行

啊, 想都不用想。没想过。老婆孩子都在家里, 离不开, 不可能去。再
说出去了你住哪儿, 还得自己租房子, 房租一个月就得多少钱, 你还得
适应外边的生活, 还不一定能适应。哪儿有家里好啊。(个案编号:
C24)

计划经济体制时期的文化惯习所导致的下岗工人对国家、对单位根深蒂
固的依赖性还在于工人自身不具有市场所需要的特殊技能, 他们长期以来从
事的都是简单的操作性工作, 知识技能水平普遍偏低。部分工人虽然在原企
业中属于熟练技术工人, 但是他们所拥有的技能具有一种"专用性"(刘爱
玉, 2005: 272)特征, 即他们的技能只针对煤炭型企业具有效用, 并不能
与当下市场经济中其他类型企业所需要的技能相匹配, 由此这种专用性的技
能对下岗工人进入市场再就业形成了一种阻碍。同时, 这种依赖还受制于其
以往行动选择的结果以及形塑这种选择的制度环境的约束, 长期的工作实践
使工人们接受了一套生存所需的角色规范, 习惯了以熟悉的方式去应对生存
所面临的问题。

(二) 回归家庭: 求助父辈与期待子辈

社会的前进自有其轨迹, 经济的发展和社会的转型势必会带来阵痛和代
价, 资源枯竭型城市 F 市发展过程中面临的资源枯竭、下岗买断等问题不
是个体的力量可以控制和挽回的, 它是一种必然的趋势, 正如历史的车轮会
一直滚滚向前。不管下岗工人心理接受与否, "单位制"的解体与计划经济
体制向市场经济体制的转型已经成为既定事实, 下岗工人对于国家和单位在
计划经济体制时期对工人大包大揽的依赖与期待注定落空, 他们不得不开始
寻找新的依赖对象, 由此导致了其向家庭的回归。

1. 求助父辈: 对父辈的经济依赖

遭遇不幸或困难的大多数下岗工人都或多或少寻求过、得到过来自家庭
的支持。在市场化过程中, "单位制"的瓦解导致了国有企业下岗工人向家
庭的回归。部分下岗工人不是努力进入劳动力市场寻求经济收益, 而是依赖

父辈有限的退休工资维持日常开销。在 F 市矿区，大部分家庭基本上是两到三代人都在矿区工作。这些下岗工人的父母一般都是矿区的退休职工，领着微薄的退休工资。下岗后，父母的退休工资成了他们生活的唯一来源。在遭遇求职处处碰壁、"买断"钱越花越少的困境下，他们不得不回家"吃老人的"。

> 那个时候就是想办法挣个一块两块的，就算是再累也得挣一块两块的。就那样都吃不上饭，我都得回家吃饭去，吃俺家老头儿（爸爸）的。自己赚不来钱，孩子还上学。我都得从老头儿那儿要钱，不管怎么地，他（爸爸）得供我饭啊。要不自己出去要饭都要不到。那时候真是要饭都要不到，哪儿都是下岗的。不像现在是活儿找人，俺们那时候是人找活儿，没有活儿干。那么多单位工人都下岗呢。（个案编号：C27）

"啃老"现象反映出资源枯竭型城市 F 市被转型抛出的下岗工人群体的窘迫和无奈。可以说，"啃老"现象是经济体制改革、煤炭资源枯竭、再就业资本匮乏、市场经济发展滞后等多种因素的综合效应。"啃老"现象在 F 市矿区的普遍存在，也呈现了资源枯竭型城市 F 市的病态社会：维持社会正常运转的功能发生了逆转，年轻力壮的中青年群体不但不能承担养老抚幼的基本责任，反而要依靠没有劳动能力的老年人负担自己甚至是其家人的生活费用（刘少杰，2004）。

2. 期待子辈：对子代的深厚寄托

即使下岗之后的生活再艰辛，他们依然希望凭借自己的辛勤劳动给下一代创造良好的教育机会，期望下一代通过教育改变自身及家庭的边缘命运。下岗工人这种望子成龙、望女成凤的心态，实质上是其对现实失望和受挫经历在孩子身上的反向投射，他们期望用子女光辉灿烂的前程来平复、消解自我生活的窘困和贫乏。对于当前沦为"边缘人"的下岗矿工来说，他们本身经历过剧烈的社会变迁，国企改制、企业破产、被迫买断使他们的社会经济地位发生了巨大变化,他们经历了明显的阶层下降性流动。计划经济时期矿工群体的优厚待遇与当前凄惨落魄的现状形成了鲜明对比,他们希望下一代不再重蹈父辈的生活轨迹,而要实现这种改变的唯一途径就是教育。对此,他们有着清醒的认识。

> 你别看我没啥文化,没上过几年学,但我知道教育的重要性,人活一辈子不能当睁眼瞎。我们已经这样了,她(指自己的孩子)就得靠自己才能有出息了,咋靠自己,得考大学,现在干点啥都得有点儿文化呀,不然就得像我们这样卖力气。(个案编号:C6)

因此,把子女培养成才就是他们的头等大事。他们不希望子女"重蹈覆辙",希望下一代能够过上比父辈优越的生活,更希望通过子女改变整个家庭的"边缘"状态,希望依靠子女让自己的晚年生活有所保障。这些下岗工人对子女不仅有着强烈的教育期望,他们还把这种期望付诸行动,即对孩子学习无条件、全方位的支持。

> 我告诉我儿子说,家里啥事儿你都别管,你就给我好好读书。他挺孝顺的,有时候放学回来,看我跟他妈还没回来,就会给我们做饭,不想让我们太辛苦。但是我不想耽误他时间,我们再辛苦再累,只要他书能读好了,我们就没事儿。唉,就是这么回事儿。所以我跟他说你啥都别管,一心读书。平时家里的活儿我们俩也都不让他干。(个案编号:C27)

"求助父辈"与"期待子辈"从根本上说也是一种对于"他者"的依赖,但是这两种依赖背后隐含着不同的目的导向,其发挥的作用也是不同的。"求助父辈"应援的是"当时当下",是一种"当下取向",是他们在下岗后面临生活无着、日子捉襟见肘,所谓"吃了上顿没下顿"的窘迫情况下,不得不采取的一种策略,即对于父辈的求助和依赖是为了解决眼下的生计问题。从个人层面来看，它虽然可以在某种程度上对下岗工人的窘困生活起到一定的帮助和缓解作用，但常年赋闲在家会导致其与社会逐渐脱钩，削弱自我奋斗的动力和斗志，助长和强化个人的惰性和依赖心理，长此以往必定会不断被社会边缘化；从家庭与社会层面来看，这是一种"倒退"现象，极易在整个社会传播乃至形成一种不健康的生活方式。笔者调研发现，虽然下岗工人对自己的"啃老"行为表现出无奈与愧疚，但他们仍然在心安理得地接受父母的经济资助；而他们的父辈虽然不认可这种现象，但也不会对其过分苛责，并且在一定程度上表示理解。这实质上是将原本应由社会承担的责任转嫁给了家庭，会使下岗工人父辈们原本并不宽裕的生活更加困难，加重了其经济负担和精神压力。而"期待子辈"反映的是一种"未来取向"，即通过子女来改变自己及整个家庭未来的生活及命运，依靠子女的力量来让自己及家庭生活在明天、下个月、明年比"此时此刻"更好。虽然一定程度上来说是"靠子女"，但其依靠的前提与基础是为子女提供良好的教育资源和环境，这迫使他们不得不更加努力地工作，也就是说，这种依赖更多的是发挥一种积极效应，期待进一步转化成了他们当下奋斗的动力。通过教育（下一代的教育）改变命运，这无疑是一种正确、积极的价值导向。

五　市场与文化："边缘人"的身份建构

中国社会阶层结构的变化基本上是在国家调整经济政策和改革经济体制的影响下发生的（陆学艺，2002：92）。可以说，制度因素在资源枯竭型城市 F 市下岗工人"边缘人"身份形成过程中具有不可忽视的作用，即计划经济体制向市场经济体制转型的宏观经济政策以及政府部门对国有企业改制的具体规范性要求等微观经济政策都对下岗工人"边缘人"身份的形成产生了重要影响。笔者认为，虽然制度因素对下岗工人"边缘人"身份的建构作用不可忽视，但与之相比，形塑这一身份的更重要的两种机制是个体市场能力的欠缺以及资源枯竭型城市特殊城市文化的影响。

一方面，市场机制对资源枯竭型城市 F 市下岗工人"边缘人"身份的建构具有重要作用。个体的市场能力决定了他们对国家政策的"反应"，并非每一项国家政策的制定和实施都是无差别地作用于每一个工人的，往往是那些拥有较强"市场能力"的工人能够将政策对其自身的消极影响降到最小，他们也更能够抓住国家政策变迁带来的社会变迁和转型过程中的机遇。而那些拥有较弱"市场能力"的工人则更多地成为国家政策负面影响的主要承担者和牺牲者，沦落为城市中的"边缘人"。具体来讲，工人的市场能力主要体现为占有资源的能力和水平。社会成员对社会资本、人力资本、经济资本的不平等占有导致了社会阶层的分化。也就是说，F 市下岗工人"边缘人"身份的形成更多受到个体特征的差异性及其掌握市场机会的能力的影响。

另一方面，F 市下岗工人身上带有深刻的资源枯竭型城市独特的城市文化烙印。个体在改革过程中呈现的不同应对策略代表着他们对于外在强制和机会有限的文化反应，是长期演化的结果（威尔逊，2016：6）。文化是在一个共同体内分享的行为模式和观念（Hannerz，1969），它作为共享的激发人们行为的信念、偏好和价值观，一方面受到宏观的制度、社会和经济因素的制约（Polavieja，2015），另一方面也是个体的自身经历所塑造的，同时受到个体当前行为选择的强化。文化不仅影响城市经济的发展（Knack and Keefer，1997；亨廷顿、哈里森，2010），同时对包括个体就业选择等在内的微观行为决策产生深远影响（Giavazzi et al.，2013）。资源枯竭型城市的文化具有以下两个明显的特点：受资源型国有企业的影响，计划经济意识较强，"等、靠、要"思想根深蒂固；自然经济意识相对浓厚，市场经济意识和观念较为淡薄。这些处于社会边缘的下岗工人群体对市场经济的转型认识不足，他们既没有完全摆脱计划经济的文化印记，又未能彻底进入市场经济的文化氛围。资源枯竭型城市较长时间实行计划经济体制的历史使得计划经济、单位制等以非正规的形式扎根于人们的心灵深处。在国企改制和市场化转型的过程中，计划经济体制时期的文化惯习仍然对下岗工人的生活起着重要的影响作用。

六　重建与赋能："边缘人"的消融路径

（一）生活态度的重建

有学者指出，行为是由主体的需要和相应的客观环境两个因素决定的，而根据需要、活动及其他情景因素所划分出的个人价值定向系统可以反映出个人对经济、社会、政治和意识形态原则所持有的生活态度（曹昱亮等，2017）。在某种程度上，我们可以说，正是生活态度塑造了生活方式。生活态度作为个体对周围的人与事物所持有的稳定看法、评价以及心理态度，反映了个体在日常生活中所秉持的道德观和价值观以及由此产生的行为倾向。下岗工人的行为和选择的背后，是态度和看法的综合体。积极乐观的生活态度有助于下岗工人降低对他人的期待，选择低程度依赖外来社会帮助的行为；而那些拥有消极生活态度的下岗职工，则往往把希望寄托于他人（国家或企业）。

资源枯竭型城市 F 市的部分下岗工人再就业失败，沦为"边缘人"，或许可以归因于这些人自身，他们面对经济、工作、生活等种种压力显得无所适从，生活态度愈显消极，并且仍然对国家和企业抱有一种全面依赖的心态。在这种心态下，他们自然而然地将导致下岗的责任全部归于国家和企业，认为国家和企业应该承担全部责任，并且期待着国家和企业负担起为他们寻找工作的责任，这使他们自身并没有寻找工作的意愿和欲望。即使是那些身体健康，仍然有劳动能力的下岗工人也不愿意通过自己的奋斗来改变命运，并且他们还有诸多看似合理的借口："你看我这体格，我干不了力气活儿。"（个案编号：C12）"给私人干活多累啊，还这事那事的，点儿（指工作时间）还那么长。"（个案编号：C23）

还有部分下岗工人产生了埋怨心理。他们认为自己是为国家发展做出过不可磨灭的贡献的，而下岗后的生活却每况愈下，并且认为自己是最倒霉的一代："就我们最倒霉了，啥不好事儿都让我们赶上了。啥好事儿都没有我们的份儿。"(个案编号:C19)他们在面临当前生活中出现的困难时,总是期望回到过去的平均主义年代:"我就怀念毛主席啊,那年头你啥也不用操心,上学有人管,毕业了就给分配工作。"(个案编号:C12)由于被转型抛出的下岗工人未能在市场经济的大潮中找到属于自己的一席之位,他们又产生了强烈的失落心理,生活态度懒散、消极。

通常认为,一个身强力壮、应当承担起养家糊口责任的人拒绝工作,是懒惰和不负责任的缘故。然而,仅仅把这一现象归咎于懒惰或是不负责任,这样的解释是不够的。这只是对事实的描述,并没有做出解释。不工作和不想工作的少数人尤其值得关注,因为某些价值观念和态度最强烈、最清晰地在他们身上得以表达。这些价值观念和态度,在不同程度上与 F 市被转型抛出的下岗工人群体如何谋生有关。这些工人践行着他们的价值观和经验结论,认为即使出去工作也只能从事那些最辛苦、薪酬低的工作,他们已经预设了悲观的结局,并且认为这种结局是无法避免的。

对于这些下岗工人来说,争取一份工作,并且珍视它,一直干下去,努力好好干,并不是被优先选择的。郭女士下岗后也曾经出去找过工作,诸如餐馆服务员、酒店卫生清洁员工作等,但是每一份工作都是没做多久就辞职了。也曾有人为郭女士介绍过诸如打更的工作,但是被她拒绝了。(个案编号:C11)孙先生 52 岁,身体健壮,下岗后从事过建筑工人的工作、搬家的力工等,但工作没多久也都辞职不干了。当前他仍待业在家,靠每个月 200 多元的低保金过活。(个案编号:C22)

可以看出,这些人与工作之间的关系是松散的,在任何既定的时刻,工作(尤其是个体和私营经济等就业领域中的工作)在他们的现实价值观念中都只能占据相对较低的位置。他们从内心里抵触国有企业之外的工作,宁愿待在家里靠微薄的低保金勉强维持生活,也不愿意去私营企业或跨地域从事更具挑战性的工作。他们虽然自身素质不高,选择职业时却十分挑剔:工作时间长了不行,工资没达到自己的期望值不行,工作太累太辛苦不行……他们总是把眼光盯在自己过去从事的职业上,不能客观理性地对待已经发生的变化,缺乏跨行业的眼光和勇气,并且他们对工作时间、工作地点、工作性质、工资水平都有着不切实际的要求，虽然他们对自身的评价是社会底层，却在骨子里轻视国有单位之外的工作，标榜曾经的"国企职工"身份，而不愿去从事一些服务性质的职业。也就是说，他们缺少到非国有单位就业的意愿和欲望，处于"自愿失业"的状态。

因此，为了使这些下岗工人的表现有所改观，也为了他们的下一代，必须帮助他们学会渴求（want）更高的社会目标，改变他们的工作习惯和动机、文化观念、对职业的期望水平（Davis，1946：90）。对于资源枯竭型城市 F 市的下岗工人来说，改变他们的"国有企业文化"尤为重要。下岗工人再就业过程中的种种心态，尤其是对国有企业的"苦恋"，表明了他们仍然在很大程度上固守着计划经济体制下的国有企业文化，这种文化是下岗工人生存策略选择的深层动因。这种文化成为他们融入市场经济时的某种负担（尹志刚等，1998：210~211）。所以，必须帮助这些下岗工人习得新的文化模式，重新反思自己和重塑自己，树立积极的人生态度，以尽快适应以市场经济为导向的社会变迁。

（二）自我救助的赋能

一个完善的社会救助体制不仅应该具有将被救助对象全面及时纳入救助网络的进入性机制，还要有帮助被救助对象建立必要的生存技能、形成独立生存能力从而脱离被救助行列的退出性机制。当前 F 市的这部分被转型抛出的"边缘人"——下岗工人群体是在 F 市市场经济发展、经济结构转型和国企改制过程中出现的，其形成受到企业转型、劳动力市场分割、城市产业结构畸形、社会排挤等总体性因素的影响。资源枯竭型城市 F 市的下岗工人不是因为某些暂时的原因而失去工作，他们的失业从外部因素来看是经济结构变化引起的结构性失业，从内在因素来看是因为劳动者的素质及就业观念适应不了经济发展的要求，再就业能力有限。他们由于种种原因不能实现再就业，只能申请政府提供的最低生活补助。然而他们面临的不仅是经济上的贫困，还有能力上的缺失，只提供经济补助不能从根本上解决他们当前的疏离状态。换言之，要改变他们的"边缘人"身份，除了进行身份识别并提供最低生活保障，更重要的是，要帮助他们提升自我救助的能力，进而帮助他们重返劳动岗位。

由于煤炭企业生产具有周期性、高风险性、以体力劳动为主等特点，煤炭企业生产的特殊性决定了煤炭企业工人劳动技能的单一性和专用性，再加上煤炭企业工人人力资本水平较低，下岗后再就业的能力普遍不高，使得下岗工人因找不到工作岗位而被迫延长搜寻时间（失业）或者就此退出了劳动力市场。因此，在为下岗工人提供最基本的保障性政策的基础上，必须进一步加强有针对性的就业培训工作，"授之以渔"。从当前中国不断深化的市场化改革方向以及 F 市煤炭资源日益枯竭的现实来看，下岗职工完全回到体制内是不可能的，大部分下岗工人只能通过进入市场，在私营企业等体制外部门寻找就业机会的途径实现再就业，因此还可以考虑将社会救助与其他经济政策、社会政策，特别是劳动力市场政策相结合，实施一些针对资源枯竭型城市的经济开发和社会发展政策，进一步推进劳动力市场的建设和完善，开发更多的就业岗位，以提高下岗职工的就业和生活水平。另外，资源枯竭型城市 F 市下岗工人问题的产生是与旧有的企业制度和就业制度联系在一起的，为此必须进行包括企业制度、就业制度、保障制度等在内的一系列体制改革，以实现劳动力的合理流动和就业的市场化。

对资源枯竭型城市 F 市下岗工人生存境况、行动逻辑和身份建构的研究，可以为"边缘人"理论与研究实践提供生动的经验分析范本，同时也是转型中国宏观社会结构和总体制度变革的一种折射。通过对资源枯竭型城市 F 市下岗工人的研究发现：外部性与总体性安排所施加的支配性逻辑与个体在根深蒂固的文化观念支配下所形成的行为意向，以及基于占有资源能力和水平的个体市场能力相互掺杂，共同建构了资源枯竭型城市 F 市下岗工人的"边缘人"身份，并使其生存样态呈现明显的"疏离化"特征。可以说，当前资源枯竭型城市 F 市数量较多的"边缘人"的存在也已成为"新东北现象"的主要问题之一，此种现象的产生固然与长期存在的结构和体制痼疾密不可分，但根本上是一种落后的"文化力"的阻滞。想要摆脱下岗工人"边缘人"身份的尴尬，需要整个城市在文化内涵和观念倾向上做出改变。基于此，未来我们或许可以超越结构与体制的思考模式，从"文化"的角度深入反思资源枯竭型城市乃至整个东北地区的"边缘人"问题及"新东北现象"，从而为破解"边缘人"问题、思考"新东北现象"提供新的理论视角与对策建议。

参考文献

艾略特·列堡，2009，《泰利的街角——一项街角黑人的研究》，李文茂、邹小艳译，重庆大学出版社。

蔡昉，2005，《非正规就业：发挥劳动力市场配置资源作用》，《前线》第 5 期，第 17～19 页。

曹昱亮、宋娜娜、徐龙顺，2017，《生活态度、生理健康与老年人社区服务需求》，《社会保障研究》第 5 期，第 29～37 页。

陈光金，2003，《突破、转换与扩张：中国社会分化与流动机制的形成和公正性》，《云南民族学院学报》（哲学社会科学版）第 4 期，第 111～118 页。

刁统菊，2020，《感受、入户与个体故事：对民俗学田野伦理的思考》，《民俗研究》第 2 期，第 13～22、158 页。

杜月，2020，《芝加哥舞女、中国洗衣工与北平囚犯：都市中的陌生人》，《社会》第 4 期，第 1～25 页。

顾东辉，2001，《下岗职工的再就业服务和求职行为——上海的案例研究》，《社会学研究》第 4 期，第 22～31 页。

郭莉，2014，《从下岗女工到"麦工"：一项关于上海阿姐被动个体化与自我再造的民族志研究》，复旦大学博士学位论文。

郭于华、常爱书，2005，《生命周期与社会保障——一项对下岗失业工人生命历程的社会学探索》，《中国社会科学》第 5 期，第 93～107 页。

黄海，2009，《徘徊在边缘：都市"洗脚妹"的生态特征与社会流动——来自"脚都"长沙的一项社会人类学考察》，《青年研究》第 6 期，第 30～38 页。

李静君，2006，《中国工人阶级的转型政治》，载李友梅、孙立平、沈原主编《当代中国社会分层：理论与实证》，社会科学文献出版社。

李培林，2013，《生活和文本中的社会学》，生活·读书·新知三联书店。

李培林、张翼，2003，《走出生活逆境的阴影——失业下岗职工再就业中的"人力资本失灵"研究》，《中国社会科学》第 5 期，第 86～101 页。

李尚敏、朱同丹，2003，《边缘群体问题分析及对策建议》，《江南大学学报》（人文社会科学版）第 6 期，第 21～25 页。

李万里,2012,《论社会边缘人群的生存价值及其人生关照》,《宜春学院学报》第 3 期,第 40~43 页。

赖特·米尔斯,2017,《社会学的想象力》,李康译,北京师范大学出版社。

梁玉成,2010,《社会资本和社会网无用吗?》,《社会学研究》第 5 期,第 50~82、243~244 页。

陆学艺,2002,《当代中国社会阶层研究报告》,社会科学文献出版社。

刘爱玉,2005,《选择:国企变革与工人生存行动》,社会科学文献出版。

刘栋明、王文祥,2019,《从抗争叙事到生活叙事:社会底层群体研究的话语转向》,《社会科学战线》第 10 期,第 275~280 页。

刘少杰,2004,《举步维艰的感性选择——东北老工业基地失业人员求职行为方式研究》,《学习与探索》第 6 期,第 23~28 页。

刘义强,2000,《社会分层中的边缘群体及其游民化问题》,《社会》第 3 期,第 18~20 页。

刘祖云,1999,《社会转型与社会分层——20 世纪末中国社会的阶层分化》,《华中师范大学学报》(人文社会科学版)第 4 期,第 4~12 页。

罗霞,2007,《都市边缘人:被社会忽视了的群体》,《贵州民族学院学报》(哲学社会科学版)第 1 期,第 115~119 页。

齐美尔,2002,《社会是如何可能的:齐美尔社会学文选》,林荣远编译,广西师范大学出版社。

塞缪尔·亨廷顿、劳伦斯·哈里森,2010,《文化的重要作用:价值观如何影响人类进步》,程克雄译,新华出版社。

沈原,2006,《社会转型与工人阶级的再形成》,《社会学研究》第 2 期,第 13~36、243 页。

孙立平,2004,《转型与断裂:改革以来中国社会结构的变迁》,清华大学出版社。

陶云逵,1943,《论边地汉人及其与边疆建设之关系》,《边正公论》第 2 卷第 1、2 合期,第 28~34 页。

佟新,2006,《社会变迁与工人社会身份的重构——"失业危机"对工人的意义》,《社会学研究》第 2 期,第 1~12 页。

王汉生、陈智霞,1998,《再就业政策与下岗职工再就业行为》,《社会学研究》第 4 期,第 15~32 页。

王建民,2006,《去单位化、社区记忆的缺失与重建——资源枯竭型城市社区建设的社会学分析》,《甘肃社会科学》第 6 期,第 50~52 页。

威廉·朱利叶斯·威尔逊,2016,《当工作消失时》,成伯清、王佳鹏译,上海人民出版社。

韦宇红,2013,《我国社会阶层分化下的边缘人口内涵界定与特征探析》,《桂海论丛》第 6 期,第 89~93 页。

吴庆华,2011,《城市空间类隔离:基于住房视角的转型社会分析》,吉林大学博士学位论文。

吴文藻,1942,《边正学发凡》,《边正公论》第 1 卷第 5、6 合期,第 1~9 页。

徐晓军，2015，《社会弱势群体的边缘化及其应对》，《西北师大学报》（社会科学版）第 6 期，第 57~64 页。

夏雪、秘舒，2009，《新失业国企工人"城市游民"趋势研究——以郑州市为例》，《青年研究》第 2 期，第 18~26 页。

谢桂华，2006，《市场转型与下岗工人》，《社会学研究》第 1 期，第 22~54 页。

谢茂拾，2005，《企业人力资源制度创新：国有企业职工身份退出与就业制度变革研究》，经济管理出版社。

杨中举，2019，《帕克的"边缘人"理论及其当代价值》，《山东师范大学学报》（人文社会科学版）第 4 期，第 129~137 页。

尹志刚等，1998，《下岗与再就业的社会学分析——职业流动阻滞与制度创新》，中国经济出版社。

游名、赵蓉，2006，《论都市边缘群体——农民工社会保障主体地位的确立及权利制度构建》，《兰州大学学报》（社会科学版）第 3 期，第 112~119 页。

余建华，2006，《国外"边缘人"研究略论》，《哈尔滨工业大学学报》第 5 期，第 54~57 页。

余信红，2013，《国企改制中的职工流动（1986-2000）》，暨南大学出版社。

张义祯，2002，《边缘阶层若干问题的探讨》，《中共福建省委党校学报》第 3 期，第 42~44 页。

张黎呐，2010，《美国边缘人理论流变》，《天中学刊》第 4 期，第 64~67 页。

赵延东，2003，《人力资本、再就业与劳动力市场建设》，《中国人口科学》第 5 期，第 24~29 页。

Antonovsky, Aaron. 1956. "Toward a Refinement of the 'Marginal Man' Concept." *Social Forces* 35 (1), 57-62.

Davis, Allison. 1946. "The Motivation of the Underprivileged Worker." Pp. 84 - 106 in William F. Whyte (ed.). *Industry and Society*. New York: McGraw-Hill.

Giavazzi, Francesco, Fabio Schiantarelli, and Michel Serafinelli. 2013. "Attitudes, Policies, and Work." *Journal of the European Economic Association* 11 (6), 1256-1289.

Goldberg, Milton M. 1941. "A Qualification of the Marginal Man Theory." *American Sociological Review* 6 (1), 52-58.

Hannerz, Ulf. 1969. *Soulside: Inquiries into Ghetto Culture and Community*. New York: Columbia University Press.

Hughes, Everett C. 1958. *Men and Their Work*. Glencoe, IL: The Free Press.

Knack, Stephen and Philip Keefer. 1997. "Does Social Capital Have an Economic Payoff? Across-Country Investigation." *The Quarterly Journal of Economics* 112 (4), 1251-1288.

Park, Robert. 1928. "Human Migration and the Marginal Man." *American Journal of Sociology* 33 (6), 881-893.

Pieris, Ralpha. 1951. "Bilingualism and Cultural Marginality." *The British Journal of Sociology* 2 (4), 328-339.

Polavieja, Javier G. 2015. "Capturing Culture: A New Method to Estimate Exogenous Culture Effects Using Migrant Populations. " *American Sociological Review* 80 (1), 166-191.

Simmel, Georg. 1950. "The Stranger. " Pp. 402-406 in Kurt Wolff (Trans.) *The Sociology of Georg Simmel.* Glencoe, IL: The Free Press.

Stonequist, Everett V. 1935. "The Problem of the Marginal Man. " *American Journal of Sociology* 41 (1), 1-12.

Thompson, Sandra Taylor. 1991. *Marginality and Acceptance: Early Black Sociologists and Their Incorporation into the Mainstream Sociological Community.* Doctoral thesis, University of Florida.

Wilson, Anne. 1984. " 'Mixed Race' Children in British Society: Some Theoretical Consideration. " *The British Journal of Sociology* 35 (1), 42-61.

"模糊产权"重要吗？

——林村的集体价值逻辑[*]

〔芬兰〕撒浩轩　臧得顺 李晓霖译[**]

摘　要： 自 20 世纪 80 年代以来，土地产权一直是中国热烈讨论的话题。一方面，经济合作与发展组织（OECD）和许多主流经济学家认为，中国通往繁荣的道路受到定义模糊的地权制度的影响。这些学者认为，这种制度阻碍了土地的有效利用，并引发了社会冲突。另一方面，私有产权理论的批评者认为，对模糊产权的片面否定追求经济效率优势，但以牺牲社会、文化和伦理的考虑为代价。这种两极分化的争论引出了这样一个问题："模糊产权"重要吗？为了解决这个问题，本文分析了厦门市林村的一个土地开发项目。在这个相对富裕的城中村中，对土地所有权的不同理解并没有对村民、村集体和地方政府实施的共同开发项目造成阻碍。这个实证案例质疑了"在不考虑背景的情况下，私有产权制度是城市发展转型的前提"的观点。林村的土地使用制度，作为土地私有制的替代方案，表明由经典制度经济学派土地经济学家捍卫的集体价值逻辑，为城市发展的私有、排他性模式提供了一个替代方案。

关键词： 模糊产权　土地开发　城中村　林村　乡村发展　集体价值

---

*　原文参见 Sa，2020。校对，撒浩轩。

**　撒浩轩，芬兰赫尔辛基大学社会研究学院城市研究专业博士候选人。译者，臧得顺，上海社会科学院社会学研究所副研究员；李晓霖，上海社会科学院社会学研究所硕士研究生。

一 引言

中国的模糊产权制度已经被指责存在许多问题。在这许多"所谓的"问题中，有土地利用效率低下、房地产供过于求和社会冲突（Rawski，2001；Zhu，2002，2004；Lin and Ho，2005；Choy et al.，2013；Lai et al.，2014）的问题。批判者们（Ho，2001；Haila，2007；Lash，2009；Ho，2014）指出，这种对"模糊产权"谴责背后的逻辑是，在不考虑社会、伦理和文化问题的情况下，优先考虑经济增长，中国的土地所有制度更能解决这些问题。迄今为止，这场争论大多是假设性的：基于假设而非实证。为了将这场讨论推向深入，本文提出了"'模糊产权'重要吗？"这个问题。具体来说，这篇文章探索了两个问题：第一，从谁的角度来看，产权是模糊的？第二，"模糊产权"是否会导致社会冲突？本文研究的是林村的一个地产开发项目，因此研究具有针对性，不是一个关于中国城市土地政策轨迹的全面、概括性的工作（He and Wu，2009；Wu，2016）。通过案例研究方法（Flyvbjerg，2006），以中国南方一个经济相对发达的城中村为例，本文说明了实际的土地产权关系，目的是对"无论背景如何，私有化土地和清晰产权的普遍状态（generalised status）是城市成功发展的灵丹妙药"这一说法提出异议。

林村①位于厦门市湖里区，2003年被改造成一个城市居住社区。2006年，一块集体所有的土地被征用为国有资产。除了现金补偿，这块土地（现为国有）的使用权和开发权随后被授予林村村民。因此，这块土地变成了"发展用地"。当地村民②（具有登记的居民身份或户口身份）、林村集体③（又称村/居委会）和地方政府是这块发展用地的主要参与者，他们决

---

① 村落的名字为匿名。
② 尽管当地的户口状态已经从农村转变为城市，但本文不受"村改居"影响，而是重新命名为"村民"。
③ 林村集体是指村改制前由村民委员会代表、村改制后由居民委员会代表的村集体。

定在土地上建设一个购物中心。我分析的第一步：调查清晰产权对这个项目
的必要程度。我询问了村民、居委会代表和地方政府关于谁是发展土地的所
有者的看法。他们在这个问题上持有不同的意见。接下来，为了弄清楚这种
"模糊产权"是否在利益相关者之间引发了社会冲突，我研究了他们关于土
地征用、补偿和购物中心开发的相互协商的情况。调查表明，在林村的案例
中，模糊产权并没有导致社会冲突。尽管他们对土地所有权的见解各不相
同，但是与该项目对当地社区的影响有关的较长期的社会和道德因素——集
体价值逻辑，成为土地使用方式达成共识的驱动力。

　　本文旨在向关于土地市场化形式过渡的讨论贡献一套与中国有关的地租
理论。本文首先介绍了国内外关于"模糊产权"的讨论，接着对厦门市和
林村进行了介绍，随后通过案例论证和研究方法的介绍来说明研究是如何进
行的，最后介绍了对林村土地征用、补偿和开发项目的分析结果。

二　模糊产权问题

　　经济的制度基础一直都是政治经济学家所探索的问题。这样一来，他们
就为正统经济学提供了一个基本的替代方案（Obeng-Odoom，2018）。这些
制度经济学家声称，产权在经济发展过程中发挥着关键作用。然而，对于新
制度经济学家来说，这样的产权必须确保一个占有性的个人主义本体论
（individualist ontology）（Bromley，2019）。相应地，他们把产权理解为一系
列个人权利，它使经纪人有权行使他们对土地的权利（Demsetz，1967）。
从这个角度来看，清晰界定的私有产权显得十分重要。它有助于降低交易成
本，避免"搭便车"，避免短视的决策，因为个人所有者都希望可以从自己
的财产中获得长期回报（Demsetz，1967；North and Thomas，1973；Layard
and Walters，1978；Coase，1994）。新制度经济学家认为土地是一种特殊的
商品，因为它具有"异质性、低流动性、高交易成本和区位固定性"的性
质（Zhu，2004：1250）。

　　这些对产权和土地的理解有很多重要意义，其中一个坚定的信念就是将

土地留在公有领域会导致"公地悲剧"（the tragedy of the commons）（Hardin，1968），因为它缺乏对个人的可持续的激励。另一个由这种过度泛化的论点导致的结果是，"产权理论家在捍卫有保障的产权的必要性时，经常诉诸此法"（Haila，2016：54；Christophers，2018：138），这是埃莉诺·奥斯特罗姆（Ostrom，1990）的开创性贡献，也就是土地必须被视为一种公共资源（common resources）。然而，最近的研究（Obeng-Odoom，2016，2021）表明，奥斯特罗姆只是进一步完善了哈丁（Hardin）的研究，并没有从根本上重新定义它。反过来，奥斯特罗姆的研究已经成为新型土地私有化的试金石。诺贝尔经济学奖得主道格拉斯·诺思（Douglas North）概括了这三个反映私人土地财产不同理由的含义，认为"清晰产权有利于提高生产力水平进而提高市场效率"（转引自 Haila，2016：35）。

分析土地问题的另一种方法是采用或调整经典制度经济学方法。尽管经典制度经济学家（Commons，1934；Polanyi，1957）也强调制度在经济中的重要作用，但他们与新制度经济学家不同，因为他们采用的是整体方法论的本体论（holistic methodological ontology）（Haila，2016）。他们认为，将土地产权正式化并不是实现社会秩序的前提。如果存在合适的文化和制度条件，那么公共产权（common property rights）也可以提高生产效率。经典制度经济学家批评新制度经济学家未能避免以简单的二元（公共和私人）（public and private）术语将土地概念化（Milonakis and Meramveliotakis，2013），将公共土地等同于国家或开放系统（Milonakis and Meramveliotakis，2013），并将土地从其社会和伦理背景中弱化。相反，经典制度经济学家认为土地是一种"虚构的商品"（fictitious commodity）（Polanyi，1944，2001）。这一概念意味着土地不是为消费而生产的，如果像其他商品一样被用作商品，就会导致社会生态危机（Polanyi，1944，2001）。因此，土地问题不能简化为经济分析（Haila，2016），即必须把它放在政治经济框架内去解决。该框架强调在具体地方寻租的空间经济活动的嵌入性（socio-spatial embeddedness of the rent-seeking）。在那里，我们必须仔细分析社会关系、继承的地方习俗和权力差异（Scott，1980；Haila，1990；Jager，2003）。

这些截然不同的立场渗透到今天的许多城市研究中。城市政策，通常被描述为新自由主义式的（neoliberal），它的大部分灵感来自新制度经济学的思想（Haila，2016：35、57；Blomley，2004）。随着世界银行、联合国人居署和亚洲开发银行等许多世界发展机构共同推动这一议程（Obeng-Odoom and Stilwell，2013），城市研究领域的学者和决策者越来越多地将土地使用规划视为市场的一种秩序（Buitelaar and Needham，2007），更具体地说，是行为者之间的一种契约关系（Lai et al.，2016），同时将土地开发权视为可在土地市场上出售的商品（Renaud，2007）。从这个角度来看，土地开发中的模糊产权会导致经济的不稳定。因此，他们建议用定义清晰的私有产权来取代它。

尽管私有产权与经济增长之间的这种紧张关系是一个老生常谈的话题，但近年来，"模糊产权"的问题已成为中国学者研究的一个热门话题。朱介鸣（Zhu，2009）对安妮·海拉（Anne Haila）的著作（Haila，2007）作了激烈的回应。朱介鸣写道："海拉声称她没有看到增长联盟、模糊产权等的经验性的证据。然而这些问题在中国的学术界和商界几乎是常识。"（Zhu，2009：556）最近的文献（Lai et al.，2017；Chen，2020）清楚地表明，我们没有必要去讨论海拉对此的反驳（Haila，2009），只是强调这样的争论至今存在。事实上，正如奥黛丽·雷德福德（Redford，2020）在最近一期《奥地利经济学评论》（*The Review of Austrian Economics*）上发表的论文所显示的那样，中国学界的讨论已经变得相当有影响力，甚至影响了制度经济学的全球议程。因此，研究这个古老的问题和用新的经验证据来做这件事是至关重要的。

三　中国的"模糊产权"、土地开发和城中村

中国的土地制度是复杂的。围绕土地市场化和降低产权模糊程度的争议可以有效地融入中国土地使用权制度的性质之中。自从进入社会主义时代（communist era），中国就区分了城市土地和农村土地的所有权，不承认个

人土地所有权。城市的土地属于国家所有（《宪法》第十条），而农村的土地则属于集体所有。城市国有土地必须经土地管理部门批准、招标或者拍卖取得使用权后才能使用和开发，而使用权是可以转让的（《土地管理法》第二条）。城市郊区和农村土地（包括村民的宅基地）属于人民公社集体所有，20 世纪 80 年代去集体化后，归农村集体所有。集体所有的土地可以通过征地的法律程序转为国家所有。农村集体经济组织、村委员会和村民小组①是集体土地的所有者。迄今为止，它们仍负责管理集体所有的土地，并负责其行政和管理。综上所述，这些包括土地使用权和所有权分离、国家和集体所有权共存、个人所有权缺失、行政划拨土地和租赁土地共存、集体所有土地的各种所有者和征用程序的法律和制度框架，是解释中国 "模糊产权" 制度争议不断的关键要素。

自 20 世纪 80 年代末到 90 年代初税收制度去中心化（de-centralisation）以来，市级政府有更大的空间来征收和控制收入（Lin and Ho，2005），其通过协商、招标和拍卖国有土地使用权获得大量收入。一些城市与土地相关的收入甚至占总收入的 60%（He and Wu，2009：288）。同时，地方政府获得了将集体所有的农村土地转变为城市发展用地的法律权力。新的土地租赁制度极大地加剧了空间的投机性竞争，并促进了房地产对中国城市化形式的塑造。正如吴缚龙（Wu，2016），何深静、吴缚龙（He and Wu，2009），其他中国城市研究领域的学者（Wang，2019）所认为的那样，市场化的空间战略优化和激励了国家以下和城市范围内的资本积累，并为企业创造了追求利润的条件。

从地方政府的角度来看，城中村的土地一直是土地征用的首选。作为土地的合法所有者，城中村村集体也试图寻找利用土地创收的方法。例如，村集体建立房地产公司已经变得相当普遍（Chung and Unger，2013）。关于土地收入分配的问题已经成为人们关注的焦点。靳清扬（Kan，2019：633）

---

① 20 世纪 80 年代去集体化后，生产大队改革为村民自治委员会（简称 "村委会"），生产队则改革为村民小组。一个村落由若干个村民小组组成。在中国南方地区，村民小组一般由 30~50 个家庭组成。它是村落的基层代表团体，受村委会领导。

认为，城中村土地的商品化过程"为剥夺性做法创造了新的领域，精英们通过租赁关系非法地提取和调整价值"。城中村土地征用和开发的复杂情况带来了激烈的争议。

学者们试图找到土地开发中产生冲突的原因。受新制度主义产权理论的启发，一些学者认为中国的土地产权过于模糊，因此导致土地冲突等问题。例如，朱介鸣（Zhu，2004）认为，模糊产权导致资源的利用过度、土地开发效率低下、地方政府与中央政府关系紧张（Zhu，2002）以及地方政府向开发商转移资源（Zhu，2005）。林初昇和 Ho（Lin and Ho，2005）以及 Xie 等（Xie et al.，2002）认为，产权模糊是土地黑市猖獗的原因之一，而田莉（Tian，2008）的结论是，城中村的集体土地所有权具有社会和经济成本，并导致负外部性。经济合作与发展组织（Organization for Economic Cooperation Development，2002：47）回应了这些观点，并揭示了中国的土地制度转型，指责权利的模糊性造成了"无所有者的代理人"的局面，从而导致冲突。

然而，一些中国学者声称，模糊产权具有两面性，清晰产权并不是万能的。例如，何深静等（He et al.，2009）在他们的案例中发现，尽管参与者试图在公共领域获取模糊的权利，并导致失地农民（landless peasants）贫困，但清晰产权不是消除贫困的办法。这是因为中国的土地征用并不是一个单独的市场交易问题。韦伯斯特等（Webster et al.，2016：475）发现，模糊产权既有正面作用，也有负面作用。一方面，由于不确定性，"它会减少整体福利"；另一方面，它可以改变一个家庭的权力分布，并在福利的其他方面减少贫穷。此外，一些学者从制度的角度进行了批评，例如，林初昇（Lin，2010）认为，土地开发的实际做法和土地产权的行使是地方性的做法，而不是西方式的标准法律特权。何·皮特（Ho，2001）认为，模糊产权增强了不确定的流转的灵活性，是后社会主义时期确保经济活力和社会稳定的必要工具。然而，这些论点是全国层面的。为了提供地方层面新的证据来评估这些争论，本文考察了林村的土地流转情况，了解了有关所有权的各种见解，作为中国城市化进程中土地和不动产开发的一个具有指导意义的案例。

四 林村的土地流转：案例论证和研究方法

本文以林村的土地开发项目为研究对象。林村是厦门市湖里区的一个城中村，也是中国高度发达和人口密集的村落之一。厦门市统计局的数据显示，2015 年，湖里区的人口密度为 13745 人/平方千米，高于新加坡的 7807 人/平方千米（World Bank, 2016）。2016 年，厦门人均国内生产总值为 14646 美元（Xiamen Municipal Bureau of Statistics, 2017），几乎是中国人均国内生产总值（7846 美元）的两倍，接近上海国内人均生产总值（16511 美元）（National Bureau of Statistics of China, 2017）。与中国东南地区的许多城中村一样，由于原村民、集体和地方政府之间有着不同的利益，林村也面临着征地、补偿和改造的问题。

上述数字表明，改革开放后的几十年里，中国的经济结构发生了变化，厦门及林村成为"以城市为中心的财富快速积累"的受益者（He and Wu, 2009：284）。值得注意的是，中国促进其"创业城市"的模式是建立在一系列结构性变化和战略之上的，其中包括财政减税、建立自由贸易区、刺激形成有竞争力的次国家区域（sub-national regions）以及地方政府积极参与以吸引投资、授权为目的的城市内部和城市之间的竞争、公共住房私有化、开辟新的收入来源和土地市场发展机会的土地改革（He and Wu, 2009：286-289；Guo et al., 2016）。地方政府在促进地方经济增长战略方面获得了更大的自由裁量权。所有这些发展都在厦门市湖里区和思明区得到了体现。厦门经济特区（SEZ）成立于 1980 年。投资和农民工的涌入导致厦门经济特区对土地的过度需求。20 世纪末，林村居住了 6 万多名没有当地户口的外来农民工（rural migrants without a local hukou status），而拥有本地户口[①]的当地人仅有 2300 多人。与过去形成鲜明对比的是，厦门市政府也试图通过

---

① 户口是中国城乡居民的登记身份，户口所在地给予他们社会保障。本文将研究重点放在拥有本地户籍的林村村民身上，林村是一个积极主动的社区，在分析发展项目中起着关键作用。

征地将集体拥有的农村土地转变为国有的城市土地。

1978 年经济改革开始之前，湖里区是一个食品加工业中心，而林村则是一个向厦门市供应蔬菜的村落。1969 年，林村成为厦门蔬菜公司的蔬菜种植基地。这是林村人在未来数十年内富裕起来的前奏。20 世纪 80 年代初，家庭联产承包责任制进一步增加了林村村民的收入。随着财富的增加，村民们开始改善他们的住房条件，建造新的住房，并将多余的住房租给到村里的人。慢慢地，林村就成为成千上万农民工的聚居地。2000 年左右，林村村民完全放弃了耕种田地，农田被闲置下来。从法律上讲，这时候林村的土地仍然是归集体所有的。2003 年，该村正式转变为一个城市居民社区，当地村民的户口由农业户口转变为城市户口，林村村委会变成了林村居委会，并对村落进行管理。然而，因为在中国有效的立法中，集体所有土地变成国有城市土地需要一个单独的法律程序（《国务院关于深化改革严格土地管理的决定》）（State Council, 2004）来进行，所以这里最初并没有发生变化。

当地的土地流转面临着巨大压力，所以这种停滞不前的情况并没有持续很长时间。2006 年，为重建位于林村边界的"湖边水库"，林村 834 亩（55.6 万平方米）土地被征用。2007 年，当地政府颁布了一项政策，批准林村拥有对这块新的国有发展用地的使用权和开发权，并开始与林村村集体进行协商。村集体随后又与村民进行协商并向村民支付补偿金，支付拆迁区域（intervention area）现有建筑物的拆除费用。

2008 年，厦门市出台的指导意见指出，城中村改造为居住社区后，应该设立集体所有制的股份制公司，对原集体资产进行管理。在这样的背景下，一家属于本地村民的有限股份制公司——林村社区发展中心（Lin Community Development Centre，LCDC）应运而生。而由林村社区发展中心管理①的林村购物中心也计划于 2012 年 9 月建成，其他集体资产则由林村

---

① 有几位人员同时在林村社区发展中心和林村居民委员会工作。例如，林村社区发展中心的领导就是居委会的领导。

居民委员会管理。2009 年，湖里区政府颁布了预留发展用地（reserved developable land）的具体指南，用以发展用地的征用、补偿、开发、招标和银行贷款等。2010 年底，拆迁区域的现有建筑拆除工作已经完成。随后，林村集体利用被授予的开发权，在这块国有土地上开发了林村购物中心。2014 年 7 月，该购物中心向公众开放。然后，林村村集体每月给村民发放 2650 元作为分红收入（见图 1）。

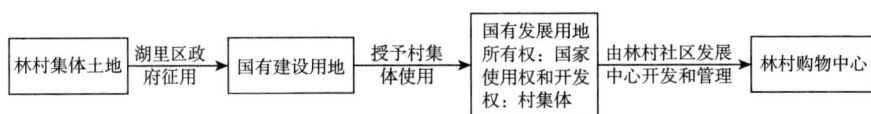

| 林村集体土地 | 湖里区政府征用 | 国有建设用地 | 授予村集体使用 | 国有发展用地所有权：国家使用权和开发权：村集体 | 由林村社区发展中心开发和管理 | 林村购物中心 |

图 1　林村购物广场的开发过程

简而言之，林村购物中心是在新征收的国有城市土地上开发的。在林村村集体的调解下，村民获得了开发权（也就是有"发展用地"），由林村社区发展中心管理。这当中很复杂，甚至算得上"模糊"，所以村民和地方对政府土地所有权有不同的见解很正常。

在这样的背景下，我开始收集和分析数据。城中村非常封闭，所以我花了一些时间在村子里与相关访谈对象建立信任关系。我的实地调研始于 2015 年，结束于 2017 年。在为期两年的密集的民族志研究期间，我收集了与林村相关的媒体文章、法规、法律、政策程序和官方文件，这些材料为我提供了林村的机构背景和人口统计等信息。除此之外，我还访谈了林村开发工作的主要参与者，包括林村居委会 5 名工作人员、12 名村民、湖里区政府 2 名工作人员、厦门市国土资源局 2 名工作人员、湖里区建设局 2 名工作人员、林村购物中心工程领导小组 3 名工作人员和国土资源部 1 名工作人员。我采用的是"链式推荐抽样法"（chain referral sampling approach）（King et al.，1994），因此受访者是由其他可能的受访者介绍和推荐的。

五　林村的土地归谁所有？

我访谈了地方政府工作人员、居委会工作人员和村民，询问了他们谁是发展用地的所有者。表1总结了三个利益相关者群体中受访者的回答，以及他们认为"谁是土地所有权拥有者"的依据。

表1　地方政府工作人员、村民、居委会工作人员对"谁是土地所有权拥有者"的看法及依据

主要参与者	谁拥有土地	谁拥有使用权	依据
地方政府工作人员	国家	集体	使用权和开发权只是补偿，但是不享有所有权
村民	集体	集体	因为集体获得了租金和股息，并支付了补偿，所以它是所有者
居委会工作人员	集体	集体	因为集体有开发、规划和管理权，所以它是所有者

表1显示，在谁拥有土地的问题上，三个利益相关者群体没有达成共识。他们以不同的方式证明了自己对所有权的看法。地方政府工作人员认为土地是国有的，并将政府授予集体的使用权和开发权视为一种补偿形式。相反，村民以自己从土地上获得收入的事实来解释自己所有权的合理性。村民坚称他们是发展用地的所有者。为了证明他们拥有对发展用地的所有权，村民也给出了另一个重要理由，即集体是决策者。

> 过去，集体拥有土地所有权，并分配我们村的资源。在这个项目中，关于如何使用和开发土地的决定一直是由同一个集体做出的，其工作人员和职责没有改变。因此，事实上，除了一些土地被征用外，什么都没有改变。所以，我认为发展用地的所有权没有改变，它仍然是我们的集体所有的土地。

村集体基本上同意村民的看法，认为发展用地是集体所有的。然而，他们对这个概念的理解与村民不同，他们坚持认为集体拥有开发权。用一位居委员会工作人员的话说就是：

> "集体提议并决定在这块土地上建造购物中心。如果我们不是土地的所有者，我们怎么会做出这样的决定呢？"将村集体视为所有者的第二个理由是，其他集体资产仍然归集体所有。正如一位工作人员阐述的观点："我们有若干集体资产。林村购物中心只是其中之一。其他资产也归我们所有，林村购物中心的土地和其他资产没有区别。"

因此，地方政府工作人员、村民和居委会工作人员对开发用地的所有权的意见不一致，也证明了他们对所有权的见解不同。我们完全可以说林村的产权是模糊的。接下来，我通过观察不同参与者之间关于林村购物中心发展的协商的不同意见，仔细分析这种"模糊"的影响。

（一）协商

为了回答"模糊产权"在林村购物中心开发过程中是否会导致社会冲突的问题，我分析了征地、补偿和开发项目本身之间的协商。村民、集体和地方政府在协商过程中出现了多次分歧和利益冲突。然而，它们既没有升级，也没有成为旷日持久的冲突。尽管最初的意见和利益存在分歧，但最终他们在如何开发土地的问题上达成共识。

以居委会为代表的村集体在协商过程中发挥了关键作用，它充当了平衡地方政府和村民利益关系的中间人。在中国，居委会实际上承担了很多行政功能，属于半自治半行政机构。这种机构的设置赋予了地方政府对居委会的管理权。然而，在林村，村民们有他们自己的方式。正如林村居委会的一位理事会成员强调的那样："我们是由政府领导的，但在这个项目中，我们与政府进行了协商，努力满足村民的需求。"

协商分两个阶段进行。在第一阶段，村集体和地方政府就土地征用和补偿问题进行了协商。在第二阶段，村集体和当地村民就土地的开发进行了协商。

（二）地方政府与集体之间的协商

《土地管理法》第四十七条对中国范围内的补偿规定作了概括性的阐述，即"被征地的土地补偿费和安置补助费的标准，由各省、自治区、直辖市参照被征用耕地的土地补偿费和安置补助费的标准规定"。然而，在如何评估和确定相关的土地补偿费方面，其缺乏明确的指导原则。特定情况的赔偿，使村民与政府之间的协商很有必要。通常这些协商的结果是难以预测的，有时支付的补偿金会高于市场价格。高补偿的一个关键原因是国家试图避免社会冲突和保持经济增长。引用一位国土资源部工作人员的话：

> 现在，一个稳定的社会环境有利于国家保持经济快速增长。中央政府和地方政府在获得土地时都在尽力避免社会冲突。所以，有时为了维持社会稳定，市政府或开发商会付出比市场价格更高的补偿获得土地。

在林村，为了在不同的利益者之间获得利益平衡，当地政府试图找到一种评估补偿的方法。作为一个非典型的举措，为了达到这个目标，政府决定让该村村集体参与协商。林村购物中心项目领导小组的一名成员说，让村集体参与协商是为了避免在征用过程中出现问题，"因为村集体是林村中一个重要的角色，如果我们在征用过程中遇到个别村民的反对，它可以起到很大的作用"。

让村集体参与协商是一个有助于解决补偿问题的措施。林村土地的市场价格之所以高，不仅是因为它位于中心位置，还因为它在发展用地上已经建起了厂房。为了避免冲突，对补偿的评估就变得复杂起来。一位在湖里区建设局工作的人员表达了当地政府的担忧。

> 现有的土地使用情况比在登记簿上能看到的要复杂，这使征用过程

变得非常困难。我们必须找到一个适用于林村这种特殊情况的解决方案。其中一个方法就是发挥林村村集体的重要作用。与商业地产开发商或政府相比,村集体与当地人协商更容易。

在湖边水库征地时,林村居委会提出要使用部分征地,以解决当地村民的生活问题。当地政府决定满足这一要求,并将发展用地作为征地补偿预留给村民。村民获得预留地的使用权在厦门的每个村落都很常见,林村也不例外。《关于农村预留村办工业用地的通知》(Xiamen Municipal Government,1991)规定在面临征地时,各村有每人 15 平方米的核定预留用地,以工业用地的形式留给集体建设。这个配额的目的是保证失地农民的生计。此外,2005 年厦门市政府(Xiamen Municipal Government,2005)明确规定,预留用地为被征地的村集体所有,预留用地的所有权属于国家、使用权属于集体,禁止集体将使用权转让给商业地产开发商。然而,在林村的案例中,集体提出将发展用地转为商业用途的权利和获得更多这方面的配额要求。当地政府为满足这个要求,决定将发展的每人 15 平方米的工业用地转换为每人 30 平方米的商业用地,并在官方文件中重新定义预留用地为发展用地。政府有关部门评价说,将工业用地转为商业用地并给予比官方文件规定的更大的配额,是"在特定情况下的一个非常独特的情况"。

随后,在获得商业开发许可后,林村购物中心正式开始开发。林村购物中心项目满足了当地政府和集体的要求,也得到了上级官员的赞扬。一位在湖里区政府工作的人员说:"林村解决农民失地问题,应该成为其他村落学习的模范。"

在给予发展用地开发权和商业用途许可的同时,当地政府希望为失地的农民创造就业机会。林村购物中心项目领导小组的一位工作人员说:"除了厦门,在中国南方的许多其他大城市,失地农民在拿到补偿后陷入赌博和毒品。这是因为他们得到了这么大一笔钱而不去工作。所以,我们必须想办法为他们创造就业机会,让他们有事可做。"

与地方政府一样,村集体也积极为当地失地农民创造就业机会。一位参与协商的居委会工作人员说："我们必须考虑我们村落的未来。我们是一个富裕的村落，因为我们继承了祖先的勤劳精神。如果我们成为为游手好闲的人，我们的孩子就会向我们学习，成为懒惰的年轻人，我们的村落就会衰落。"

在这个过程中，林村村民在短时间内就变成了事实上的投资者，他们热衷于投资的长期效果以及财产的增值。林村居委会的一位工作人员称："5年前，附近商品房的市场价格为每平方米 6000~8000 元，现在大约是每平方米 30000 元。厦门的土地价格飞涨，我们不想失去土地增值的机会。如果我们放弃土地就可以得到可观的现金补偿，但是我们将失去未来的回报。保留开发权和投资项目可以让我们从增值中获益。"

在土地征用和补偿的协商中，当地政府和村集体达成利益上的一致。补偿和开发权是可以协商的，"模糊产权"没有干扰整个过程，最后达成了让利益相关者①都满意的协议。下一个需要协商的问题涉及商业开发的类型。

（三）村集体与当地村民的协商：林村购物中心

在获得商业开发的许可后，居委会与村民协商探讨发展用地的用途。他们成立了一个研究小组，访问了其他城市，学习它们开发项目的经验。在广东，研究小组了解到，广州的村落建造了办公楼，深圳的村落则与投资者合作建造了商业大楼和工厂。经过考察，研究小组提议在可发展用地上建一个购物中心。林村居委会的一位工作人员介绍道：

> 我们村和我们去过的村不一样。我们村自 20 世纪 80 年代以来就有经商传统，所以我们有足够的商业经验。我们不需要外部投资者，因为我们有足够的资金，而且我们相信这个项目会比我们参观学习的其他项目更有利可图。我们村离厦门软件园很近，有很多白领在那里工作。从

---

① 与居住在林村的较贫穷的"无户口"外来务工人员和其他本地投资者不同，在土地开发的协商过程中，林村项目主要参与者当中的任何一方都没有发挥决定性作用。

白领的需求出发，我们计划建造一个购物中心。

一些村民不同意建造一个购物中心并提出建造一座办公楼。他们不相信购物中心项目有盈利的可能性，认为办公楼是一个更安全的投资选择。为了回应这些质疑，村集体的负责人做了我称之为"社会成本-效益分析"（social cost-benefit analysis）的工作。他们聘请了一家咨询公司对购物中心项目进行评估，以向村民们表明该项目是有科学依据的，并表明该项目在技术上是可靠的。但村民们也只是对成本和自己能获得的收益感兴趣而已，并不是对整个项目的总体结果感兴趣。为了让足够多的村民投票支持购物中心项目，居委会采取了一项策略，要求居委会所有成员加上老人代表、妇女代表、党代表等，向他们的朋友和亲戚介绍这个项目和它的预期利润，并说服他们支持购物中心项目。最终，这种本土的"游说"被证明是一种有效的策略。毕竟，林村是一个熟人社会。值得一提的是，当地政府承诺给予居委会减免经营商场税款的权力。

尽管已经做出了这些努力，但仍然有一些村民不相信。他们还认为正在进行的协商并不透明。然而，这样的质疑并没有升级为冲突。一段时间后，各方达成了共识，决定建造一个购物中心。

另一个关于林村购物中心项目投资的不满之处在于，所有村民都被要求必须投资该项目，并成为林村社区发展中心的成员。林村社区发展中心不是一个典型的股份制公司，因为它规定禁止外来投资者参与，任何林村村民只能投资固定的股份——1股。一些富裕的村民希望投资更多也不可以，一些村民则抱怨他们不得不投入大量资金，或者需要很长时间才能从项目中获得收益，还有一些人认为其他投资机会更具吸引力。正如一位村民所言：

1700名本地村民在这个项目上投资了20多亿元，此外，林村居委会还向银行借了30亿元。每个家庭的投资总额都不小。例如，我们家在这个项目上投资了90多万元。如果我用这些钱买一套公寓，并在两年内卖掉它，我可以赚得更多。你知道，厦门的房价一直在快速飙升，特别是在这两年里。

　　为什么这些最初的保留意见以及质疑没有导致冲突？为什么那些持不同意见的人最终服从于大多数人的意见，协商是如何达成共识的？其中一个原因是整体立法。厦门市发布的促进发展指导方针规定，如果三分之二以上的村民接受处置集体资产的方案，那么该方案就是合法的。另一个原因是林村的村规民约鼓励集体决策。一位原来对购物中心项目投反对票的村民说，因为他服从林村的村规，所以他改变了意见。村规规定了所有林村村民的义务：如果超过80%的村民投票赞成这项建议，那么少数村民应该接受。他认为，在大多数人支持的情况下，没有人会投票反对购物中心项目；鼓励集体行为的整体立法和要求村民服从多数人意见的村规，起到了消除分歧的作用。

　　所有这些都促使我们更进一步研究中国的集体主义文化，以解释这个问题：为什么"模糊产权"在林村没有引发冲突？

（四）中国集体主义文化促进土地开发的协商

　　按照惯例，社会被分为两类：一类是崇尚个人目标、自由和独立的个人主义文化，另一类是群体内部相互合作和依赖的集体主义文化（Triandis et al.，1988）。中国是一个集体主义文化传统悠久的国家。长期以来，我们一直强调儒家传统的重要性，倾向于集体价值而不是个人的自我利益（Huang，2006）。调查发现，林村购物中心开发项目在这种文化背景下的嵌入性，是理解林村"模糊产权"为何没有演变为冲突的关键。

　　在集体主义文化中，人们被整合成相对较小的强大而有凝聚力的群体，共享集体主义价值观，并通过紧密的宗族或家族的社会关系联系在一起。费孝通（Fei，1992）在他对农村社区的研究中认为，亲属关系是中国农村成为一个熟人社会的原因之一。李培林（Li，2004）的实证研究进一步为费孝通的主张提供了证据。在杨村，李培林发现每户家庭至少有20户亲戚，一些大姓家庭甚至在村里有100多户亲戚。林村的关系与杨村相似。正如我的一位林村本地受访者所说："林村的许多家庭都是我们家的亲戚。"

虽然林村目前位于一个密集的城市化地区，并且林村人不再从事农业活动，但以村为单位的联系仍然存在。"林"姓是林村唯一的大姓。一位当地村民告诉我，20世纪30年代之前，林村的每个人都有血缘关系。从20世纪30年代后期开始，其他姓氏的家庭开始移居林村，但数量不多，且这些姓氏的家庭通常与林村有亲属关系。因此，林村是一个封闭的熟人社会。林村本地人认为"林村人"是他们社会身份最重要的参考。村民们把林村看成是一个家庭和一个世代存在的家族。正如一位受访者提到的，"我们林村人形成了一个整体，一个集体，就像一个大家庭。我们是亲戚、朋友和邻居，一代又一代。我们这一代不是第一代，当然，我们也不会是最后一代"。

这种集体意识的根源可以追溯到中国传统和土地的重要性。在过去，中国传统的富裕家庭会避免"分家析产"，因为这易于产生斗争并导致家庭的衰落。"分家析产"就是重新分配财产，也会重新安排社会关系并瓦解集体。为了避免冲突和维持集体的稳定，大户人家宁愿不"分家析产"（Li，2004）。像他们的祖先一样，林村村民将保持家庭关系的牢固性列为优先级别，珍惜集体社会也意味着拒绝出售他们的集体资产。正如一位村民所解释的那样："一个团结的家庭是不会轻易出售或分割其财产的。我们也是如此。"

即使在今天的中国，村落作为大家庭式社区也有类似的价值观。在中国南方的一些村落，李培林（Li，2004）研究发现，村民们制定了村规以保护他们的集体资产，并禁止任何人从集体资产中提取或转移他们的份额。村规被用来防止分割集体财产，减少变化和不确定的风险，保持家庭式的村落繁荣。在本文讨论的林村，村民们把国有土地误认为集体所有土地。村民最初的不愿意分割财产和他们希望保持家庭式的村落繁荣与和谐的愿望为我们的研究提供了参考。正如一位村民所说："我们必须考虑我们村落的未来。我们是一个富裕的村落，因为我们继承了我们祖先勤劳的精神。"

除了避免分割财产外，按照李培林（Li，2004）的说法，中国家庭式的村落还起到"避免诉讼的世界"的作用，其特点是用一系列村规民约来处理冲突，并由有威望的人或大姓的长者充当调解人，而村民总体上尽量避免冲突，维护集体（Fei，1992）。在村中，合作、集体贡献和共享是三种基本的价值观，村民的行为受村规民约的指导（Li，2004）。在林村，个人服从大多数人的意见，可以解释为村民对冲突的厌恶，遵守村规民约的规定，以及希望继续获得集体归属感的愿望。正如我的一位受访者回忆的那样，在20世纪80年代初，"尽管国家已经开始推行家庭责任制，但我们的村民仍然在一起工作"。我在调查中发现，尽管最初许多村民对购物中心项目持怀疑态度，但最终这种对村落集体价值观的坚持促成了购物中心的建造。

中国新左翼学派的学者们对集体文化表示赞同（Qin，2003；Cui，2006）。他们批评资本主义、私有化和全球化只让城市居民和政府官员受益，最终导致社会两极分化（Zhou，2014）。他们希望将复兴中国的集体文化作为一种解决方案。对于他们来说，集体文化意味着属于社会的每个个人。秦晖（Qin，2003：94）在提到马克思时写道："在《政治经济学批判大纲》（*Grundrisse*）中，马克思著名地宣称，'我们越深入地回顾历史，个人就显得越依赖于一个更大的整体，越属于一个更大的整体'。在他看来，这些'整体'的演变经历了连续的形式，从单一的家庭到部落，然后经过'冲突和融合'，最终形成完全的统一，凌驾于所有较小的社区之上，这就是'亚洲国家'。在所有这些形式中，个人性格受到压制；作为社会的财产，个人只是附属于整体的一部分；由于个人对社会的依赖，所有成员都依附于他们头上的父权人物。"新左翼学派的学者们想要复兴的集体文化是毛泽东时代强国的集体文化。他们将毛泽东时代的集体文化与马克思对"更大的整体"的渴望的理念联系起来。这与林村的集体文化不同，林村村民通过历史悠久的亲属关系和家庭关系联系在一起，村民对这个熟人社会充满感情。然而，有趣的是，一个林村村民向往"整体"，就像马克思在《政治经济学批判大纲》中提到的那个"整体"一样，他说道："我们是林村人，我们是一个整体。"

集体主义文化在林村仍然存在，它影响了村民的行为，使他们服从于大多数人的意见。与基于等价交换的市场规则不同,集体主义的村规民约是基于不一定是等价交换的利益交换 (Li, 2004)。这就解释了为什么在发展用地的使用上存在分歧,以及关于地租的真正所有者的"模糊"并没有导致冲突。对于村民来说,这个项目的好处不仅是经济上的,还促进了村落和集体主义文化的和谐发展。购物中心项目中达成的土地使用决策主要不是基于使用价值或交换价值逻辑,我建议称之为"集体价值逻辑"。

"集体价值逻辑"这个命名不是任意的。它与中国悠久的传统有关。正如许多经典制度主义者最近的研究 (Obeng-Odoom, 2016, 2021; Obeng-Odoom and Bromley, 2020) 所显示的那样,这种传统很难说是基于奥斯特罗姆等新制度经济学家的启发。将土地视为公地,思考它并使用它,从这种经典制度经济学意义上讲,调和了卡罗尔·罗斯 (Rose, 1986) 所称的"公地喜剧" (the comedy of the commons)。公地并不是悲剧,它们往往是喜剧性的。土地使用和所有权方面的"集体价值逻辑",使其中的权利即便模糊不清,也为中国对外开放的、繁荣的城市发展提供了充满活力的替代方案。

六 结论

城中村已经成为关于土地产权历史性辩论的新场所。本文从经典制度经济学视角出发,以土地租金理论为基础,批判了"私有化土地和清晰产权的普遍状态是城市成功发展的灵丹妙药"的说法,并借助中国集体价值形成的理论,分析了一个将发展用地和开发权作为征地补偿的城中村案例。地方政府、村民和村集体在谁拥有这块土地以及如何开发这块土地的见解上存在分歧。在关于征用、补偿和开发的协商中,各种利益和观点得到了表达和讨论。与新古典主义和新制度经济学派的产权学者的主张相反,关于土地所有权的不确定性和模糊性并没有引发社会冲突。相反,集体所有制促进了利益相关者们寻找利益平衡的协商。村民们遵循村规民约,希望保持由集体创造的村落文化。

当产权学者谈到"模糊产权"时，他们指的是集体所有权。林村的案例表明，集体所有权可以产生积极影响，这支持了何·皮特（Ho，2014）的主张，即在中国的背景下，"模糊产权"并不意味着不安全的产权；相反，这种"模糊"为实验、试错提供了更大的协商空间（Ho，2001：417）。何·皮特声称，他所谓的"所有权的制度性模糊"是由政策制定者故意引入法律的，因为他们担心土地纠纷，并通过给"公众留下集体所有权已经确定的印象"来巩固集体所有权（Ho，2001：407）。

地租理论家安妮·海拉（Haila，2016）认为，西方对土地产权的理解基于经济和社会领域之间的分离。根据这种理解，界定个人产权要求基于对市场交换的信任，这种信任是"按照市场的供求逻辑，以金融计算的方式分配社会利益和负担"（Langegger，2015：654）。林村村民在协商他们的发展项目时，不仅仅局限于经济计算，而是权衡集体利益，考虑了社会和道德价值观以及村落的长期和谐发展。林村的故事回顾了对主流产权学派没有考虑社会、文化和伦理问题的批评（Ho，2001；Haila，2007；Lash，2009；Ho，2014）。"集体价值逻辑"给主流产权学者提出了挑战，因为这与他们的一个基本假设相矛盾，即独立的个人决策者侧重于自身利益并在市场上交换平等的价值（Haila，2016：46）。

本文并不打算将林村作为中国其他城中村的土地再开发模式来推广或概括。相反，这篇文章的目的是讨论这样一个问题："模糊产权"重要吗？答案是，它确实很重要，但不一定像主流新古典主义和新制度经济学的财产权学者所声称的那样重要。与清晰产权（也称私有财产）相反的不是混沌，而是一种不同的产权安排，一种不同的土地使用逻辑，本文称之为"集体价值逻辑"。在林村，关于土地所有权的分歧和不确定性并没有导致社会冲突。相反，集体所有权有助于解决分歧。集体所有的财产，在村民的集体记忆中，它的基本原则甚至是反对分割土地财产，使村民相信集体就是所有者。继承而来的"集体价值逻辑"将村民们联系在一起，以消除个人分歧，优先考虑村落的未来与和谐发展。

参考文献

Blomley, Nicholas K. 2004. *Unsettling the City: Urban Land and the Politics of Property*. New York, NY: Routledge.

Bromley, Daniel W. 2019. *Possessive Individualism: A Crisis of Capitalism*. New York, NY: Oxford University Press.

Buitelaar, Edwin and Barrie Needham. 2007. "Property Rights and Private Initiatives: An Introduction." *Town Planning Review* 78 (1), 1-8.

Cai, Yongshun. 2003. "Collective Ownership or Cadres' Ownership? The Non-agricultural Use of Farmland in China." *China Quarterly* 175, 662-680.

Chen, Xiangjing. 2020. "The Ambiguous Role of China's Collective Land Ownership under Global Capitalism." Pp. 193-213 in Marc Silver (ed.). *Confronting Capitalism in the 21st Century*. Cham: Palgrave Macmillan.

Choy, Lennon H. T., Yani Lai, and Waiming Lok. 2013. "Economic Performance of Industrial Development on Collective Land in the Urbanization Process in China: Empirical Evidence from Shenzhen." *Habitat International* 40 (4), 184-193.

Christophers, Brett. 2018. *The New Enclosure*. London: Verso.

Chung, Him and Jonathan Unger. 2013. "The Guangdong Model of Urbanization: Collective Village Land and the Making of a New Middle Class." *China Perspectives* 3 (3), 33-41.

Coase, Ronald H. 1994. "The Institutional Structure of Production. The 1991 Alfred Nobel Memorial Prize Lecture in Economic Science." In Ronald H. Coase (ed.). *Essays on Economics and Economists*. Chicago, IL: The University of Chicago Press.

Commons, John R. 1934. *Institutional Economics: Its Place in Political Economy*. Volume 2. New Brunswick and London: Transaction Publishers.

Commons, John R. 1990. *Institutional Economics: Its Place in Political Economy*. Volume 2. New Brunswick and London: Transaction Publishers.

Cui, Zhiyuan. 2006. "How to Comprehend Today's China." *Contemporary Chinese Thought* 37 (4), 41-47.

Demsetz, Harold. 1967. "Towards a Theory of Property Rights." *American Economic Review* 57 (2), 347-359.

Fei, Xiaotong. 1992. *From the Soil: The Foundations of Chinese Society* (xiangtu zhongguo). Translated by Gary G. Hamilton and Wang Zen. Berkeley, CA: California University Press.

Flyvbjerg, Bent. 2006. "Five Misunderstandings about Case-study Research." *Qualitative Inquiry* 12 (2), 219-245.

Guo, Qi, Canfei He, and Deyu Li. 2016. "Entrepreneurship in China: The Role of Localisation and Urbanisation Economies." *Urban Studies* 53 (12), 2584-2606.

Haila, Anne. 1990. "The Theory of Land Rent at the Crossroads." *Environment & Planning D Society & Space* 8 (3), 275-296.

Haila, Anne. 2007. "The Market as a New Emperor." *International Journal of Urban and Regional Research* 31 (1), 3-20.

Haila, Anne. 2009. "Chinese Alternatives." *International Journal of Urban and Regional Research* 33 (2), 572-575.

Haila, Anne. 2016. *Urban Land Rent: Singapore as a Property State.* Oxford: Wiley Blackwell.

Hardin, Garrett. 1968. "The Tragedy of Commons." *Science*, New Series, 162 (3859), 1243-1248.

He, Shenjing and Fulong Wu. 2009. "China's Emerging Neoliberal Urbanism: Perspectives from Urban Redevelopment." *Antipode* 41 (2), 282-304.

He, Shenjing, Yuting Liu, Chris Webster, and Fulong Wu. 2009. "Property Rights Redistribution, Entitlement Failure and the Impoverishment of Landless Farmers in China." *Urban Studies* 46 (9), 1925-1949.

Ho, Peter. 2001. "Who Owns China's Land? Policies, Property Rights and Deliberate Institutional Ambiguity." *China Quarterly* 166, 394-421.

Ho, Peter. 2014. "The 'Credibility Thesis' and Its Application to Property Rights: (in) Secure Land Tenure, Conflicts and Social Welfare in China." *Land Use Policy* 40, 13-27.

Huang, Youqin. 2006. "Collectivism, Political Control, and Gating in Chinese Cities." *Urban Geography* 27 (6), 507-525.

Jager, Johannes. 2003. "Urban Land Rent Theory: A Regulationist Perspective." *International Journal of Urban and Regional Research* 27 (2), 233-249.

Kan, Karita. 2019. "Accumulation without Dispossession? Land Commodification and Rent Extraction in Peri-urban China." *International Journal of Urban and Regional Research* 43 (4), 633-648.

King, Gary, Robert O. Keohane, and Sidney Verba. 1994. *Designing Social Inquiry: Scientific Inference in Qualitative Research.* Princeton: Princeton University Press.

Lai, Yani, Yi Peng, Li Bin, and Yanliu Lin. 2014. "Industrial Land Development in Urban Villages in China: A Property Rights Perspective." *Habitat International* 41, 185-194.

Lai, Lawrence W. C., Frank T. Lorne, K. W. Chau, and Ken S. T Ching. 2016. "Informal Land Registration under Unclear Property Rights: Witnessing Contracts, Redevelopment, and Conferring Property Rights." *Land Use Policy* 50, 229-238.

Lai, Yani, Jiayuan Wang, and Waiming Lok. 2017. "Redefining Property Rights over Collective Land in the Urban Redevelopment of Shenzhen, China." *Land Use Policy* 69, 485-493.

Langegger, Sig. 2015. "After the Ban: The Moral Economy of Property." *Antipode* 48 (3), 645–664.

Lash, Scott. 2009. "Against Institutionalism." *International Journal of Urban and Regional Research* 33 (2), 567–571.

Layard, P. R. G. and A. A. Walters. 1978. *Microeconomic Theory*. London and New York: McGraw Hill Book Company.

Li, Peilin. 2004. *The End of Villages—A Story of Yang Village*. Beijing: The Commercial Press.

Lin, George C. S. 2010. "Understanding Land Development Problems in Globalizing China." Eurasian Geography and Economics 51 (1), 80–103.

Lin, George C. S. and Samuel P. S. Ho. 2005. "The State, Land System, and Land Development Processes in Contemporary China." *Annals of the Association of American Geographer* 95 (2), 237–493.

Milonakis, Dimitris and Giorgos Meramveliotakis. 2013. "Homo Economicus and the Economics of Property Rights: History in Reverse Order." *Review of Radical Political Economics* 45 (1), 5–23.

National Bureau of Statistics of China. 2017. *Statistical Bulletin of National Economic and Social Development of P. R. China* 2016.

North, Douglass C. and Robert Paul Thomas. 1973. *The Rise of the Western World: A New Economic History*. Cambridge: Cambridge University Press.

Obeng-Odoom, Franklin. 2016. "The Meaning, Prospects, and Future of the Commons: Revisiting the Legacies of Elinor Ostrom and Henry George." *The American Journal of Economics and Sociology* 75 (2), 372–414.

Obeng-Odoom, Franklin. 2018. "Valuing Unregistered Urban Land in Indonesia." *Evolutionary and Institutional Economics Review* 15 (2), 315–340.

Obeng-Odoom, Franklin. 2021. *The Commons in an Age of Uncertainty: Decolonizing Nature, Economy, and Society*. Toronto: University of Toronto Press.

Obeng-Odoom, Franklin and Daniel W. Bromley. 2020. "Interview with Professor Daniel W. Bromley." *African Review of Economics and Finance* 12 (1), 38–60.

Obeng-Odoom, Franklin and Frank Stilwell. 2013. "Security of Tenure in International Development Discourse." *International Development Planning Review* 35 (4), 315–333.

Organization for Economic Co-operation Development. 2002. *China in the Global Economy China in the World Economy: The Domestic Policy Challenges*. Synthesis Report. Pairs: OECD Publications.

Ostrom, Elinor. 1990. *Governing the Commons: The Evolution of Institutions for Collective Action*. Cambridge: Cambridge University Press.

People Net. 2011. *Meiti Cheng Tudi Wenti Yi Chengwei Nongcun Chongtu Zui Zhuyao Yuanyin Zhiyi* (media said land disputes have become one of the main reason of conflicts in rural China). Retrieved from. http: //politics. people. com. cn/GB/101380/1606 8809. html.

Polanyi, Karl. 1944. *The Great Transformation: The Political and Economic Origins of Our Time*. Boston, MA: Beacon Press.

Polanyi, Karl. 1957. "The Economy as Instituted Process." in Karl Polanyi, Conrad M. Arensberg and Harry W. Pearson (eds.). *Trade and Market in the Early Empires: Economies in History and Theory*. Glencoe, IL: The Free Press.

Polanyi, Karl. 2001. *The Great Transformation: The Political and Economic Origins of Our Time*. Boston, MA: Beacon Press.

Qin, Hui. 2003. "Dividing the Big Family Assets." *New Left Review* 20, 83–110.

Rawski, Thomas G. 2001. "What is Happening to China's GDP Statistics?" *China Economic Review* 12 (4), 347–354.

Redford, Audrey. 2020. "Property Rights, Entrepreneurship, and Economic Development." *Review of Austrian Economics* 33 (1), 139–161.

Renaud, Vincent. 2007. "Property Rights and the 'Transfer of Development Rights'". *Town Planning Review* 78 (1), 41–60.

Rose, Carol. 1986. "The Comedy of the Commons: Custom, Commerce, and Inherently Public Property." *University of Chicago Law Review* 53 (3), 711–776.

Sa, Haoxuan. 2020. "Do Ambiguous Property Rights Matter? Collective Value Logic in Lin Village." *Land Use Policy*, 99, 105066.

Scott, Allen John. 1980. *The Urban Land Nexus and the State*. London: Pion.

State Council. 2004. *Guowuyuan Guanyu Shenhua Gaige Yange Tudi Guanli De Jueding* (Decision of the State Council on Deepening the Reform and Rigidly Enforcing Land Administration). Beijing: State Council Document, No. 28 (2004).

Tian, Li. 2008. "The Chengzhongcun Land Market in China: Boon or Bane? —A Perspective on Property Rights." *International Journal of Urban Regional Research* 32 (2), 282–304.

Triandis, Harry C., Robert Bontempo, Marcelo J. Villareal, Masaaki Asai, and Nydia Lucca. 1988. "Individualism and Collectivism: Cross-cultural Perspectives on Self-ingroup Relationships." *Journal of Personality and Social Psychology* 54 (2), 323–338.

Wang, Yiming. 2019. *Pseudo-Public Spaces in Chinese Shopping Malls: Rise, Publicness and Consequences*. Oxon, UK & New York, US.: Routledge.

Webster, Chris, Fulong Wu, Fangzhu Zhang, and Chinmoy Sarkar. 2016. "Informality, Property Rights, and Poverty in China's 'Favelas'." *World Development* 78, 461–476.

Word Bank. 2016. *Food and Agriculture Organization and World Bank Population, Population Density (people per sq. km of land area)* 1961–2015. Retrieved 24 April, 2017, from. http://data. worldbank. org/indicator/EN. POP. DNST.

Wu, Fulong. 2016. "Emerging Chinese Cities: Implications for Global Urban Studies." *Professional Geographer* 68 (2), 338–348.

Xiamen Municipal Bureau of Statistics. 2017. *Statistical Bulletin of National Economic and So-cial Development of Xiamen* 2016. Xiamen: Municipal Bureau of Statistics.

Xiamen Municipal Government. 1991. *Guanyu Nongcun Yuliu Cunban Gongye Yongdi De Tongzhi* (Notice of Reserving Land for Rural Village Collective for Industrial Use) . Xiamen: Xiamen Municipal Government Document No. 91.

Xiamen Municipal Government. 2005. *Guanyu Jiakuai Nongcun Fazhan Tigao Nongmin Sheng-huo Shuiping De Ruogan Yijian* (several Advices on Speeding up the Development of Vil-lages and Improving Standards of Peasants' Lives) . Xiamen: Xiamen Municipal Gov-ernment Document No. 36.

Xie, Qingshu, A. R. Ghanbari Parsa, and Barry Redding. 2002. "The Emergence of the Urban Land Market in China: Evolution, Structure, Constraints and Perspectives." *Ur-ban Studies* 39 (8) , 1375-1398.

Zhou, Erfang. 2014. *Zhongguo De Xin Zuopai* (Chinese New Left-wing School) . Retrieved from. http://www. aisixiang. com/data/78556. html.

Zhu, Jieming. 2002. "Urban Development under Ambiguous Property Rights: A Case of China's Transition Economy." *International Journal of Urban and Regional Research* 26 (1) , 41-57.

Zhu, Jieming. 2004. "From Land Use Right to Land Development Right: Institutional Change in China's Urban Development during Transition." *Urban Studies* 41 (7) , 1249-1267.

Zhu, Jieming. 2005. "A Transitional Institution for the Emerging Land Market in Urban China." *Urban Studies* 42 (8) , 1369-1390.

Zhu, Jieming. 2009. "Anne Haila's 'The Market as the New Emperor' ." *International Jour-nal of Urban and Regional Research* 33 (2) , 555-557.

《清华社会学评论》征稿启事

　　《清华社会学评论》是由清华大学社会学系主办的学术集刊。自 2000 年创刊以来，始终以"面对中国社会真问题，关注转型期实践逻辑，推动本土化理论研究"为宗旨，刊发了许多在学术界产生过较大影响力的研究成果。近年来，《清华社会学评论》开始以热点主题的形式组稿出版，以独到的视角、精辟的论述，掀起了学界对"面向社会转型的民族志""新生代农民工""社会治理与社区建设""历史社会学""劳工社会学""科技与社会"等问题的讨论热潮，搭建起一个交流共进的学术平台。本集刊先后获得 2017、2019、2020、2021、2022 年度全国优秀学术集刊奖。在 2018 年度人大复印报刊资料转载指数排名中，本集刊全文转载率位列"社会学学科期刊"全国第 1 名，综合指数位列"社会学学科期刊"第 12 名。

　　本集刊现热诚面向国内外专家、学者征稿，欢迎惠赠研究论文、译文和学术书评。《清华社会学评论》编辑部将严格按照学术规范流程进行稿件审核，择优录用。

　　建议投稿之前请仔细阅读下面的格式要求：

　　1. 每篇文稿以 20000 字以内为宜，除海外学者外，稿件一般使用中文。

　　2. 稿件应包括以下信息：（1）文章标题；（2）作者姓名、单位、职称、联系电话、通信地址、E-mail 等；（3）250 字以内的中文摘要；（4）3~5 个中文关键词。

　　3. 基金项目。获得基金资助的文章，应依次注明基金项目来源、名称、项目编号等基本要素。

　　4. 引文必须明确出处。注释（解释、说明）用脚注。文中引文需加括号注明作者、出版年份，例如"××××××××（孙立平，2003）"。详细文献出处作为参考文献列于文后；参考文献的排列顺序按照中文在前，英文在后，按照首写字母排序，具体的格式大致为：作者姓名、文章题目或书名、报刊或出版社名称、年号期号或出版时间，并标明页码。例如：

（1）专著

孙立平，2003，《断裂——20 世纪 90 年代以来的中国社会》，社会科学文献出版社。

（2）期刊文章

郭于华，2008，《作为历史见证的"受苦人"的讲述》，《社会学研究》第 1 期，第 53~67 页。

李强、张莹，2015，《社会运行视角与社会学的本土化》，《社会学研究》第 5 期，第 24~35 页。

（3）报纸文章

李强，2016，《新型城镇化与市民化面临的问题》，《北京日报》11 月 14 日。

（4）未刊文献

①学位论文

方明东，2000，《罗隆基政治思想研究（1913~1949）》，北京师范大学博士学位论文。

②会议论文

〔日〕中岛乐章，1998，《明前期徽州的民事诉讼个案研究》，"国际徽学研讨会"论文。

③工作论文

方慧容，1997，《"无事件境"与生活世界中的"真实"：西村农民土地改革时期社会生活的记忆》，北京大学社会生活口述史资料研究中心。

（5）外文文献

①专著

Fei，Hsiao-tung. 1939. *Peasant Life in China：A Field Study of Country Life in the Yangtze Valley*. London：George Routledge and Sons.

②期刊

Freedman, Maurice. 1962. "Sociology in and of China." *The British Journal of Sociology* 13 (2): 106-116.

Olick, Jeffrey K. and Joyce Robbins. 1998. "Social Memory Studies: From 'Collective Memory' to the Historical Sociology of Mnemonic Practices." *Annual Review of Sociology* 24: 105-140.

③章节

Calhoun, Craig. 1996. "The Rise and Domestication of Historical Sociology." In Terrence J. McDonald (ed.). *The Historic Turn in the Human Sciences*, pp. 305-337. Ann Arbor, MI: University of Michigan Press.

④报纸

Strout, Richard L. 1978. "Another Bicentennial." *Christian Science Monitor*, 10 November 1978.

5. 图表格式应尽可能采用三线表，必要时可加辅助线；表格应有表序和表题，序号和表题居中排于表格上方，两者之间空一格；图注放在图下方，示例格式为"资料来源：2003 年统计年鉴、2008 年统计年报"。

6. 本刊加入网络系统，如有不加入网络版者，请在来稿时注明，否则视为默许。

7. 对未录用的稿件本刊将会于 2 个月内邮件告知作者，请收到退稿邮件之后再另行投稿。

8. 投稿办法：请将邮件主题命名为"《清华社会学评论》投稿"，并将论文 Word 版加至附件，电子邮件发送至严飞老师：feiyan@ tsinghua. edu. cn。

清华大学社会学系

《清华社会学评论》编辑部

图书在版编目（CIP）数据

清华社会学评论. 第十九辑 / 王天夫主编. -- 北京：
社会科学文献出版社，2023.6
ISBN 978-7-5228-2115-3

Ⅰ.①清… Ⅱ.①王… Ⅲ.①社会学-文集 Ⅳ.
①C91-53

中国国家版本馆 CIP 数据核字（2023）第 121367 号

清华社会学评论　第十九辑

主　　编 / 王天夫
执行主编 / 严　飞

出 版 人 / 王利民
责任编辑 / 赵　娜　孟宁宁　李　薇
责任印制 / 王京美

出　　版 / 社会科学文献出版社 · 群学出版分社（010）59367002
　　　　　　地址：北京市北三环中路甲 29 号院华龙大厦　邮编：100029
　　　　　　网址：www.ssap.com.cn
发　　行 / 社会科学文献出版社（010）59367028
印　　装 / 三河市东方印刷有限公司

规　　格 / 开　本：787mm × 1092mm　1/16
　　　　　　印　张：18　字　数：273千字
版　　次 / 2023 年 6 月第 1 版　2023 年 6 月第 1 次印刷
书　　号 / ISBN 978-7-5228-2115-3
定　　价 / 128.00 元

读者服务电话：4008918866